Karl-Heinz Regnat

Vom Original zum Modell

Dornier

Do 17/215

Bernard & Graefe Verlag

Quellenangabe

Die vorliegende Dokumentatioan wurde im Wesentlichen auf der Basis von Originaldokumenten erstellt. Zudem wurden auch folgende Werke zu Rate gezogen (Auszug):

Reihe »Die deutsche Luftfahrt« (Bernard & Graefe Verlag):
Band 2 – von Gersdorff/Grasmann/Schubert »Flugmotoren und Strahltriebwerke«
Band 5 – Köhler »Ernst Heinkel – Pionier der Luftfahrt«
Band 7 – Trenkle »Bordfunkgeräte«
Band 9 – Lange »Typenhandbuch der deutschen Luftfahrttechnik«
Band 15 – Cescotti »Kampfflugzeuge und Aufklärer«
Band 27 – Beauvais|Kössler/Mayer/Regel »Flugerprobungsstellen bis 1945«
Band 28 – Seifert »Der deutsche Luftverkehr 1926–1945«
Balke »Der Luftkrieg im Europa«, Bernard & Graefe Verlag

Andersson »Saab«
Budraß »Flugzeugindustrie und Luftrüstung«
Eichholtz »Die Geschichte der deutschen Kriegswirtschaft«
Lange »Das Buch der deutschen Luftfahrttechnik«
Mönnich »BMW – Eine deutsche Geschichte«
Wachtel »Claude Dornier«
Beiträge aus »Luftwissen«, Jahrgänge 1939 und 1940.

Die wesentliche Zahl der Fotos entstammen der Sammlung des Autors, den Sammlungen verschiedener Damen und Herren, welche nachstehend Erwähnung finden. Die Zeichnungen, ausgewiesen als Originaldokumente, wurde aus Flugzeughandbüchern wiedergegeben.

Abschließend möchte es der Autor nicht versäumen, allen Personen und Institutionen seinen herzlichsten Dank auszusprechen, ohne deren freundliche Unterstützung diese Dokumentation nicht verwirklicht hätte werden können. Besonderer Dank gilt hierbei Frau Burgmaier von Dorniert/Friedrichshafen, welche schon vor geraumer Zeit Material zur Verfügung stellte, Frau Gebhart, Herrn Willbold von EADS, dem MTU-Archiv, Saab in Linköping sowie dem Verlagsarchiv. Weiterer Dank gilt den Herren Michael Baumann, Ruppert Kimpflinger, Arnd Siemon sowie Herrn Ralf Swoboda, welcher die informativen Farbzeichnungen erstellte. Auch bei Herrn Ralf Schlüter möchte sich der Autor herzlich bedanken, der die ansprechenden Do 17-Modelle fertigte und den dazugehörigen Baubericht verfasste.

© Bernard & Graefe Verlag, Bonn 2005
Herstellung und Layout: Walter Amann, München
Satz: B. Krahmer, München
Reproduktionen, Druck- und Bindung: Isarpost, Altheim
Printed in Germany

ISBN 3-7637-6035-0

Inhaltsverzeichnis

KGenerationswechsel – Moderne Bomber für die Luftwaffe 5
Die konkurrierenden Hersteller 5
    Dornier – Die pfeilschnelle Do 17 5
    Heinkel – Das Mehrzweckflugzeug He 111 6
    Junkers – Die Interimslösung Ju 86 8

Der »fliegende Bleistift« **10**
Die erste von vielen - Dornier Do 17 V1 10
    Merkmale der Do 17 V1 11
Dornier Do 17 V2 11
    Merkmale der Do 17 V2 11
Debüt – Das Flugmeeting in Dübendorf 12
Militärische Entwicklungslinien der Do 17-Reihe 14
    Dornier Do 17-Bombervarianten 14
    Dornier Do 17 E-Varianten (E-0, E-1, E-2, E-3) 14
    Dornier Do 17 Ka 1 15
    Dornier Do 17 Kb 2 16
    Dornier Do 17 M-1 16
    Dornier Do 17 Z-Varianten (Z-0, Z-1, Z-2, Z-3, Z-5, Z-9) 17
    Dornier Do 17 RV 1 19
    Dornier Do 17 RV-2 19
Dornier Do 17-Aufklärerversionen 19
    Dornier Do 17 F (F-1, F-2) 19
    Dornier Do 17 P (P-1, P-2) 21
    Dornier Do 17 R 23
    Dornier Do 17 S 23
    Dornier Do 17 Z-3 / Z-6 23
    Dornier Do 17 Ka 2 / Ka 3 24
Dornier Do 17-Nachtjäger 25
    Dornier Do 17 »Kauz I« 25
        Merkmale Do 17 Z-7 25
    Dornier Do 17 »Kauz II« 27
    Dornier Do 17 L / U Führungsflugzeuge 28
    Dornier Do 17 L 28
    Dornier Do 17 U 28
    Dornier Do 17 Z-4 Schulflugzeuge 28
    Dornier Do 17 Z-8 Schlachtflugzeug-Projekt 28
Erstflüge der einzelnen Do 17 / Do 217-Versionen 29
Die Do 17 V-Muster 30

Die Technik der Do 17 .... **31**
Das Rumpfwerk 32
    Rumpfunterteilung der Do 17 E / F 32
    Rumpfaufteilung der Do 17 Z 34
    Cockpits im Vergleich 38
Der Leitwerksbereich 40
    Die Höhenflosse, Die Höhenruder 40
    Die Seitenflossen, Die Seitenruder 41
Das Tragwerk 41
    Der Flügelaufbau 42
    Motoreninstallation – BMW VI 47
    Motoreninstallation – BRAMO 323 47
Die Triebwerke der Do 17-Reihe 47
    BMW VI 47
    Tabelle Technische Daten (BMW III-VI) 50
    BRAMO 323 P 50
    Tabelle Technische Daten 54
    BMW 132 54
        BMW 132 N 55

Tabelle Technische Daten (BMW 132) 55
Tabelle Technische Daten (DB 600, DB 601, Hispano-Suiza 12, Gnôme & Rhône 14) 55
Das Betriebsstoffsystem 56
Das Hauptfahrwerk 59
Das Spornrad 61
Die militärische Ausrüstung 62
    Rheinmetall MG 15 62
    Technische Daten (MG 15, MG-FF, H.S. 404) 62
    Mauser MG 151/15 und MG 151/20 6
    Technische Daten MG 151 63
    Die Abwurfwaffen 63
    Bombenzuladungen verschiedener Do 17-Versionen 63
    Drei der wesentlichen Beladungsformen 63
Die Aufklärungskameras 63
Technische Daten Dornier Do 17 Z und Heinkel He 111 H im Vergleich 64

Die Fertigung des Musters Do 17 .... **67**
In die Do 17-Produktion eingebundene Werke 69
Verwirklichte Stückzahlen der Do 17 69
Do 17-Modifikationen 69

Die Do 17 im Einsatz **75**
Gliederung der Do-17-Verbände am Morgen des 1. September 1939 76
Do 17-Bomber 77
    Do 17-Einheiten während der Luftschlacht um England 81
    Finnische Do 17 83
    Auflistung Bomberverbände mit Do 17 84
    Do 17-Aufklärer 84
    Auflistung der Aufklärerverbände mit Do 17 85
Do 17-Nachtjäger 86
    Gefechtsberichte 86
Do 17-Nachtjagdverbände 87
Do 17 an Flugschulen 87
Do 17 bei Erprobungsstellen 87
Do 17 bei Wetterflugstellen und Wetterstaffeln 88

Die Exportversion Do 215 .... **89**
Do 215 V1 (D-AFFY) 89
Do 215 V2 (D-AIIB) 89
Do 215 V3 (25+C03) 89
Die Ausführungen der Do 215 90
    Do 215 A-1 90
    Do 215 B-0/B-1 90
    Do 215 B-2 90
    Do 215 B-3 90
    Do 215 B-4 91
    Do 215 B-5 91
    Do 215 B-6 91
Vergleichsdaten zu Do 215, Do 17 Z und Saab 18 93
Mit Do 215 ausgerüstete Verbände 94

Der »Fliegende Bleistift« im Modell **95**

Quellenangaben **2**

Farbildteil .... nach Seite **48**

¹) Vgl. Luftwissen Bd 7, N 1, 1940.

Links: Festigkeitsprüfung eines Flugzeugflügels. Jedes neue Flugzeugmuster wird, bevor es geflogen wird, einer Reihe von Belastungsversuchen unterzogen und schließlich bis zum Bruch belastet. Diese Bruchversuche liefern für jeden Bauteil den Beweis, daß auch für die schwierigsten Flugfälle die vorgeschriebene Bruchbelastung einwandfrei getragen wird. Der Bruch darf erst nach Überschreitung der errechneten Belastungsgrenze erfolgen

Mitte: Motor- und Fahrwerksanordnung der Do 215

Unten: Die Do 215 im Serienbau

Werkbilder (3)

Kampfflugzeug Dornier Do 215 über den Alpen

Werkbild

Ein Besuch bei Dornier

Wieder einmal hatten wir Gelegenheit, ein Werk der deutschen Luftfahrtindustrie zu besichtigen. Unser Weg führte diesmal in eine süddeutsche Produktionsstätte der Dornier-Werke G. m. b. H., die bei Kriegsbeginn auf ein erfolgreiches 25jähriges Bestehen zurückblicken konnte[1]). Schon von weitem verrät immer stärker werdendes Motorengeräusch, das von Erprobungs- und Abnahmeflügen herrührt, eine der bedeutendsten Anlagen der Flugzeugproduktion.

Wie sieht es heute nach einjähriger Kriegsdauer in dieser Flugzeugschmiede aus? Wie steht es in Wirklichkeit um die von englischen „Propagandisten" viel gebrauchten Argumente, unser Material sei knapp und minderwertig? Selbst ohne sich augenscheinlich von der Haltlosigkeit dieser Behauptung durch eine einfache Überlegung zu überzeugen, kann man durch eine einfache Überlegung diese „Propaganda" widerlegen, mit der lediglich das englische Volk beruhigt und irregeführt werden soll. Bei Kriegsausbruch war unser gesamter Bedarf an Baustoffen für alle Gebiete der Kriegsführung auf Grund einer bis ins kleinste reichenden Gesamtplanung auf Jahre hinaus sichergestellt. Daß sich dieses Bild, nachdem die Engländer durch unseren schnellen und erfolgreichen Gegenangriff in Norwegen gänzlich von ihrer wichtigsten Erzeinfuhr abgeschnitten sind, nicht zu unseren Ungunsten verändert hat, versteht sich von selbst. Auch die schnelle Durchführung des Feldzuges im Westen machte ungezählte eigene Fertigfabrikate aller Gebiete für andere Zwecke frei. Die Menge der erbeuteten Rohstoffe ist unübersehbar.

Die Behauptung, unser Material sei minderwertig, straft sich selbst Lügen, wenn man die Berichte des OKW verfolgt. Wie oft sind wir bei Luftgefechten zahlenmäßig unterlegen, und wie sieht es trotzdem das Abschußergebnis aus? Es schmälert nicht die Verdienste unserer schneidigen und tapferen fliegenden Besatzungen, wenn man die Frage stellt: Wären die deutschen Flieger mit qualitativ minderwertigem Material in der Lage, solche Erfolge zu erringen?

Was die Menge der Flugzeuge angeht, die wir Tag für Tag herstellen, so ergab die Besichtigung, daß allein bei diesem Werk täglich mehrere Abnahmeflüge stattfinden. Es bot sich uns Gelegenheit zu einem Flug in einem Fernaufklärer vor seiner endgültigen Abnahme durch die Luftwaffe. Die Überzeugung von der Güte und Zuverlässigkeit aller deutschen Flugzeuge wurde auch durch diesen Flug aufs eindrucksvollste geklärt. Ein Gang durch die verschiedenen Abteilungen des Werkes führte zunächst in die Versuchsabteilung. Zahlreiche peinlichst durchgeführte Versuche dienen hier in engster Zusammenarbeit mit den Konstrukteuren der Höherzüchtung aller Leistungen der Flugzeugtypen. Die Aufgabenstellung für die Versuche ergibt sich sowohl aus der Entwicklung und Planung neuer Flugzeuge als auch durch Veränderung und damit Verbesserung bereits bestehender Baumuster. Es werden u. a., wie an dieser Stelle nicht näher ausgeführt zu werden braucht, Untersuchungen und Messungen statischer und dynamischer Art an Tragflügeln, Rümpfen, Leitwerken, Motorböcken usw. durchgeführt. Weiter werden Fragen der Kühlung, der Schmierstoffe, des Verbrauchs, der Lüftung und Heizung untersucht. An wieder anderer Stelle werden flugmechanische Versuche, wie z. B. über Leistungen, Geschwindigkeiten, Steigzeiten, Gipfelhöhen, Start- und Landevorgänge, Verhalten beim Katapultieren usw. gemacht. Im Windkanal des Werkes werden Luftkraftkomponenten gemessen und im Rauchkanal Untersuchungen über aerodynamisch günstige Formen durchgeführt. Die Ergebnisse aller Arbeiten und Berechnungen werden durch Wissenschaftler und Ingenieure des Werkes laufend bearbeitet und dem Konstrukteur zugeleitet.

Das Ergebnis des vorbildlichen gemeinsamen Schaffens aller Werkangehörigen erblicken wir dann in der Endmontage. In langen Reihen sieht man eine große Anzahl von Flugzeugen kurz vor der Fertigstellung. Besondere Erwähnung verdient hier das in Serie aufgelegte Dornier-Kampfflugzeug Do 215, das zweimotorige Mehrzwecke-Flugzeug, das aus der Do 17 entwickelt wurde. Seine hervorstechendsten Eigenschaften: Schnelligkeit, Wendigkeit und ungewöhnliche Reichweite machen es zum Fernaufklärer wie zum Kampfflugzeug gleich geeignet. Der lange schmale Rumpf, der in einer völlig verglasten Vollsichtkanzel ausläuft, ermöglicht bequeme Aufnahme aller vier Besatzungsmitglieder. Ohne Trennwände in einem einzigen Raum untergebracht, kann die Besatzung ideal zusammenarbeiten und sich leicht verständigen. Die Do 215 wurde wiederholt als Kampfflugzeug, und Fernaufklärer außerordentlich erfolgreich bei Flügen gegen England eingesetzt.

Beim Verlassen des Werkes treffen wir einen Leutnant der Luftwaffe, der an den Kämpfen um Narvik teilnahm und nun anläßlich eines Überführungsfluges ebenfalls im Werk weilte. Die Unterredung mit ihm gab uns die Gewißheit, daß die deutsche Luftwaffe, die ihre täglichen Aufgaben und Aufträge mit der Präzision eines Uhrwerkes erfüllt, gestützt auf solches Material voller Zuversicht dem Befehl des Führers zum letzten großen Einsatz und damit zur endgültigen Befriedung Europas entgegensieht!   Hpl.

Generationswechsel – Moderne Bomber für die Luftwaffe

Bei den bisher eingesetzten Bombertypen konnte es sich lediglich um eine Übergangslösung handeln. Die Do 17, zunächst als Postflugzeug entwickelt, sollte künftig zu einer neuen, militärisch brauchbaren Bombergeneration zählen. Der erste Do 17-Bomber der E-Serienversion startete im Mai 1936. Ein Jahr zuvor hatte man mit großem finanziellen und industriellen Aufwand mit der Wiederaufrüstung der deutschen Streitkräfte begonnen. Solche umfassenden Rüstungsanstrengungen verlangten von der Industrie absolute Höchstleistungen. Um den Bedarf der drei Teilstreitkräfte decken zu können, hatte man zunächst die notwendigen Produktionskapazitäten zu schaffen. Wie alle Großauftragnehmer dieser Zeit stießen hierbei auch Heinkel, Junkers und Dornier an ihre Grenzen. So musste nicht selten ein Teil der Produktion ausgelagert und auf Lizenzbasis von einem anderen Hersteller mit noch freien Kapazitäten übernommen werden. Selbstverständlich war diese Praxis beim Orginalhersteller nicht sonderlich beliebt, da in diesem Fall die Lizenzkosten die Töpfe spärlicher füllten. Umgekehrt war man beim Lizenznehmer oft ebenfalls nicht sonderlich erbaut, Fremdprodukte fertigen zu müssen. Trotz schnell wachsender Produktionskapazitäten, die mit staatlicher Hilfe aufgebaut wurden, hat man diese Verfahrensweise bis Kriegsende beibehalten, da auch der Bedarf entsprechend stieg. Engpässe waren aus den verschiedensten Gründen immer vorhanden. Gemäß diesem Schema wurde die Do 17 bei Henschel, HFB, Junkers und Siebel in Lizenz gefertigt. Ihr Konkurrent, die He 111, verließ als Lizenzprodukt die Werkhallen von Arado, ATG, NDW und Junkers. Die Produktion der Ju 86 beschränkte sich hingegen auf die Junkers-Werke selbst. Im Krisenfall sollte die Produktion zugunsten der Muster Do 17 und He 111 halbiert werden.

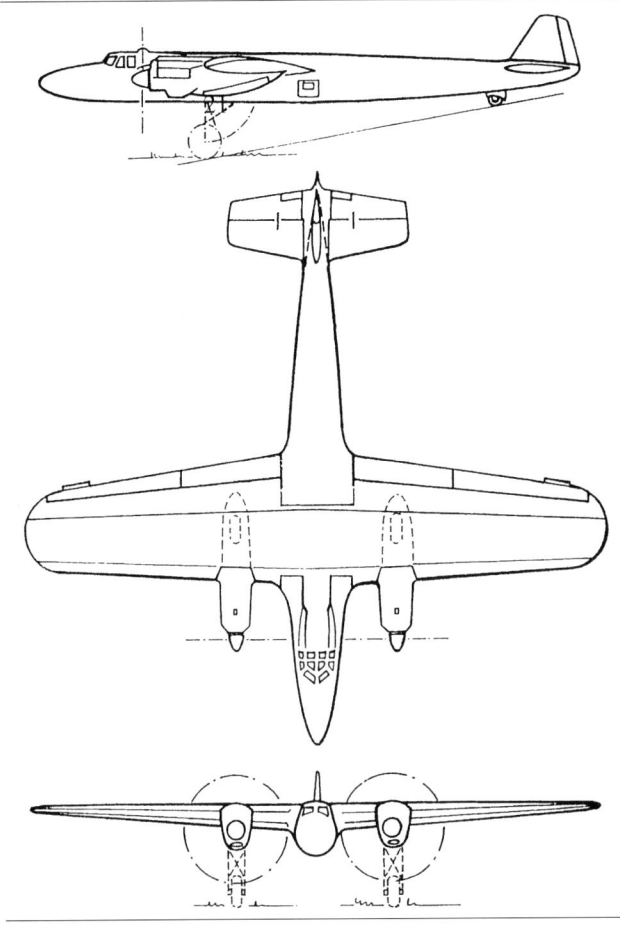

3-Seiten-Ansicht der Do 17 V1.

Die konkurrierenden Hersteller

Dornier – Die pfeilschnelle Do 17

Wie im Fall der He 111 und Ju 86 fand auch hier die Entwicklung in zwei parallel verlaufenden Schritten statt. Zunächst noch als Do 15 bezeichnet, wurden die entsprechenden Pläne eines Postflugzeugs Anfang August 1932 vorgelegt. In der Folge entstand hieraus die Do 17. Dornier erhielt im Mai 1933 zunächst den Auftrag, zwei Prototypen zu erstellen und diese eingehend zu erproben. Gegen Ende desselben Jahres wurde ein Entwicklungsauftrag für die Do 17 in der Rolle eines Schnellverkehrsflugzeugs vergeben. Gleichzeitig beschloss man im April 1934 im RLM den Bau einer Do 17-Bomberausführung. Das entsprechende Mockup stand bereits im Folgemonat zur Verfügung. Etwa ein halbes Jahr später, genauer am 23. November 1934, startete die Do 17 V1 zu ihrem Jungfernflug. Die Versuchsmuster V2 und V3 absolvierten ihre Erstflüge im Mai bzw. September 1935. Die darauf folgenden Testprogramme in Rechlin zeitigten gute Ergebnisse, so dass weitere Bestellungen des RLM die Auftragsbücher der Dornier-Werke füllten. Es handelte sich hierbei um die Beschaffung der Prototypen V4 bis V14 (30. Dezember 1936). Die Order

Die Do 17 V1 startete am 23.11.1934, nach etwa einjähriger Verspätung, zum Erstflug. Der Entwurf besticht durch seine klare und schnittige Formgebung.

wurde später um die Versuchsmuster V15 bis V17 erweitert. Der künftige, nun sehr erfolgreiche Entwicklungsweg der Do 17 brachte zahlreiche Bomber und Aufklärer der Typen Do 17 (-E/F/P), Bomber (-Z) und Nachtjäger (Z-7/Z-10) hervor.

Das Muster Do 17 kam hingegen bei der Lufthansa nie zum Einsatz.

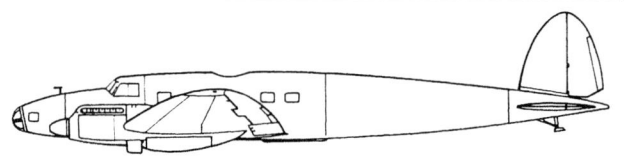

Seitenriss der He 111 V1.

Heinkel – Das Mehrzweckflugzeug He 111

Beste Erfahrungen mit der gleichermaßen leistungsstarken wie formschönen Heinkel He 70 bewog die Verantwortlichen der Lufthansa, eine größere Maschine gleicher Güte, jedoch mit einer höheren Transportkapazität bis zehn Passagiere in Auftrag zu geben. Die Ausführung des Schnellflugzeuges sollte im Gegensatz zur He 70 mindestens zweimotorig sein. Eine Forderung, die auf Grund der höheren Transportkapazität aber auch bezüglich der Erhöhung des Sicherheitsstandards unumgänglich war. Ein entsprechender Entwicklungsauftrag erging folglich an Heinkel und Junkers (Ju 86). Angesichts der am anderen Ende des Atlantiks entstehenden modernen Konstruktionen, wie DC-2 oder Boeing B 247, entschied man sich bei Heinkel für eine Konfiguration mit ähnlichen Merkmalen. Das Technische Amt des RLM meldete gleichfalls Bedarf an. Die Heinkel- sowie Junkers-Entwürfe sollten in der Folge einen Teil der im Entstehen begriffenen Bomberwaffe bilden. Heinkel übertrug die Leitung der Entwicklungsarbeit an Siegfried Günter. Die Vorarbeiten beinhalteten zunächst die Durchrechnung verschiedener Grundentwürfe. Nach der definitiven Entscheidung machte man sich an die Erstellung einer 1:1-Attrappe. Bis zum Tag des Jungfernfluges sind bereits zirka 200 000 Stunden Konstruktions- und Bauzeit aufgewendet worden.

Bereits nach verhältnismäßig kurzer Entwicklungs- und Bauzeit rollte die He 111 V1 (WNr. 713), die erste von künftig Tausenden He 111, aus einer Werkhalle des noch nicht zur Gänze fertiggestellten Heinkel-Werks Marienehe. Dennoch konnten die ursprünglich für November 1934 vorgesehenen Flugtests auf Grund Verzögerungen im Bauablauf erst am 24. Februar 1935 begonnen werden. Dem Betrachter bot sich ein Flugzeug, dessen konstruktive Merkmale sehr stark an die He 70 »Blitz« erinnern. Eine wahrlich frappierende Ähnlichkeit. So erhielt die ungleich größere Zweimotorige die elliptische Flächenform, desgleichen die bewährte, aerodynamisch gut durchgebildete tropfenförmige Bauart des Rumpfes. Im Gegensatz zur »Blitz« handelte es sich bei der He 111 um eine Ganzmetallkonstruktion. Lediglich die anfänglichen Exemplare bildeten hier eine Ausnahme. Das erste Versuchsmuster V1 verfügte über stoffbespannte Flächen mit einer Spannweite von 25,00 m (Fläche 92,4 m²). Die des 2. Prototypen wurde auf 23,00 m (Fläche 88,5 m²) reduziert. Man verwendete zunächst Räder der Größe 1000 x 375, später 1140 x 410. Alle Ausführungen der He 111 erhielten Spornräder. Die einzige Ausnahme bildete hierbei die dauerhaft mit einem Schleifsporn ausgestattete V1. Die V2 und V3 wurden zu einem späteren Zeitpunkt mit Sporn-

rädern nachgerüstet. Die benötigte Energie erzeugten bei der V1 zwei BMW VI-Reihenmotoren mit jeweils 660 PS Startleistung. Bei einem Fluggewicht von 7500 kg erreichte die Maschine eine Höchstgeschwindigkeit von 350 km/h. Die Reichweite lag bei 1530 km, die Dienstgipfelhöhe bei 5500 m. Die erwähnten Daten wurden jedoch ohne Nutzlast erflogen. Eine wesentliche Leistungssteigerung gegenüber der Ju 86 ließ sich somit nur mit einem stärkeren Antrieb erreichen. Die Flugerprobung dieser Maschine begann mit ihrem Jungfernflug am 24. Februar 1935. Heinkels Testpilot Nietschke gab der He 111 nach dem ersten Flug beste Zensuren. Die positivsten Eigenschaften bestanden in der für damalige Verhältnisse relativ hohen Geschwindigkeit sowie sehr gutmütigen Flug- und Landeeigenschaften, welche im nahenden Krieg so mancher Besatzung eines Heinkel-Bombers das Leben retten wird. Bereits während des zweiten Versuchsfluges offenbarte die V1 (zunächst He 111a genannt) ihre Schwächen, die sich während des Fluges mit voller Leistung in einer mangelhaften Längsstabilität zeigten. Im Zuge der Erprobung zeigten sich zudem Mängel im Bereich des Höhenleitwerks, dessen Größe und Einstellung nicht den optimalen Gegebenheiten entsprach.

Das Vergleichsfliegen mit ihrem Konkurrenten in Rechlin bestätigte, dass eine gravierende Überlegenheit zur Ju 86 nur mit stärkeren Triebwerken zu erreichen war.

Wie schon bei der Do 17 gabelte sich auch hier der Stammbaum in einen militärischen und zivilen Entwicklungszweig. Ab 1932 nahm die He 111 in den heinkelschen Konstruktionsbüros langsam Gestalt an. Wie erwähnt, stand hierbei die He 70 Pate. Abgesehen hiervon, ob ihre Wurzeln im zivilen Bereich oder im militärischen Metier lagen, in diesem Punkt scheiden sich die »Geister« in der einschlägigen Literatur. Fakt ist ein zweifellos militärischer Hintergrund, der sich in Form des Bomberbugs der He 111 V1 (He 111a) widerspiegelt. Zudem ist überliefert, dass Heinkel vom RLM ein »streng Geheim« eingestuftes, so genanntes »Pflichtenheft« erhielt, welches die genauen Anforderungen an das neue Bombenflugzeug enthielt. Somit waren die genauen Richtlinien mitgeteilt worden, an denen sich die weitere Entwicklung der He 111 zu orientieren hatte. Tatsächlich wurde hier die He 111 als »Mehrzweckflugzeug« bezeichnet, eine Bezeichnung, die beide Optionen offen lässt. Die He 111 V2 (He 111b) ist hingegen als rein ziviles Projekt zu betrachten, das in der Folge die Grundlage des He 111-Airliners bildete. Die He 111 V3 war wiederum ein Spross des militärischen Entwicklungszweigs. Gemeinsam

Das Mehrzweckflugzeug He 111 konnte im Gegensatz zur Do 17 zumindest in bescheidenem Maße auch im zivilen Bereich Fuß fassen.

Die Zivilausführung der He 111 am Beispiel der V4 (D-AHAO).

mit der V 4 verliefen die Testreihen in beiden Bereichen nahezu parallel. Dies bestätigt auch die Bemerkung von Siegfried Günter: »*Ein Kompromiss zwischen einem Verkehrsflugzeug für die DLH mit BMW VI 6.0Z und einem Bombenflugzeug für die Luftwaffe mit moderneren Triebwerken.*« Zudem bemerkte Siegfried Günter, ebenfalls gut zwanzig Jahre nach dem Krieg, dass die He 111 wohl ein besseres Verkehrsflugzeug geworden wäre, wenn die militärischen Forderungen dies nicht verhindert hätten. Die Luftwaffe war damals gezwungen, sich schnell nach einem neuen Bombermuster umzusehen, da die im Zivilluftverkehr fast zeitgleich eingeführten Ju 86-Bomber im militärischen Bereich auf Grund mangelnder Leistung kläglich scheiterten. Nun war der Weg der He 111 als Standardbomber der zweiten Generation vorgezeichnet. Heinkel bemerkte hierzu: »*Angesichts dieses Fehlschlages war es verständlich, dass*

die Luftwaffe den Umbau der He 111 zum Kampfflugzeug mit besonderer Eile und besonderer Sorgfalt betrieb. Sie verfuhr hierbei ähnlich wie bei der Ju 86. Es wurden drei Maschinengewehrstände eingebaut, die allerdings räumlich günstiger gelegen waren, vor allen Dingen, als später der ganze Rumpfbug, einschließlich des Führerstandes, zu einer rings-um verglasten Vollsichtkanzel ausgebaut wurde. Niemand hatte meinem Schnellverkehrsflugzeug an der Wiege gesungen, was nun in der Folgezeit geschah.«

Für die Heinkel-Werke sollte die He 111 in Bezug auf die Produktionszahlen die weitaus bedeutendste Konstruktion im Rahmen seiner Typenpalette darstellen. Die künftigen Dimensionen des He 111-Projekts konnte Heinkel zu diesem Zeitpunkt bestenfalls erahnen. Gemäß den Plänen des RLM sollte die He 111 bis zur Verfügbarkeit der Ju 88 zunächst nur eine Interimslösung darstellen. Wie die Geschichte zeigt, kam es anders.

Wartungsarbeiten an einer He 111 B, einem Muster der Vorkriegszeit.

In dieser Bauform war die He 111 bis zum Ende des Zweiten Weltkriegs an der Ost- und Westfront anzutreffen.

Im Vergleich zur Do 17 und He 111 war die Ju 86 (Erstflug V1 am 4.11.1934) nicht sonderlich erfolgreich. Hier eine zivile Ju 86 in den Markierungen der Swissair.

Junkers – Die Interimslösung Ju 86

Parallel zur He 111 entstanden außerdem zwei weitere Bombertypen der zweiten Generation. Diese nahmen auf den Reißbrettern der Dornier- und Junkers-Werke Gestalt an.

Wie die He 111 wurde auch dieses Flugzeugmuster in zwei Entwicklungslinien verwirklicht. Die Ju 86 V1 stellte einen Bomber-Prototyp dar (Erstflug 4.11.1934), die V2 hingegen diente dem zivilen Entwicklungszweig (Erstflug 22. März 1935). Die militärisch genutzten Versuchsmuster setzten sich mit den Prototypen V3 und V5 fort. Letzterer verließ im Dezember 1935 die Endmontage. Das Flugzeug zählte zur Vorserie A-0. Die Prototypen V5 und V11 dienten künftig als Mustermaschinen der A-1-Serienversion. Ab Frühjahr des Folgejahres verließen die ersten A-1-Serienmodelle die Endmontage. Im Zuge der weiteren Geschehnisse begann im Spätsommer 1936 die Fertigung der Version Ju 86 D. Im Spätsommer des folgenden Jahres erschienen die ersten Exemplare der Ju 86 E, im Frühjahr 1938 begann die Fertigung der Ju 86 G. Die Bomberentwicklung setzte sich mit den Kampfflugzeugen Ju 86 H, K und den Höhenbombern Ju 86 P-1, P-4, P-5 sowie der Version R-3 fort. Die Varianten Ju 86 P-2, P-5 und R-1 stellten Höhenaufklärer dar. Während des Krieges gelangte die Ju 86 nur als Höhenaufklärer, im Schulungsbereich und im Zuge der Partisanenbekämpfung im Osten zum Einsatz. Die Produktion dieses weder im zivilen, noch im militärischen Bereich befriedigenden Flugzeugmusters lief im April 1939 aus. Junkers wurde daraufhin in die He 111-Produktion eingebunden. Im Zuge späterer Ju-86-Umbauten entstanden verschiedene Höhenvarianten.

Betrachten wir nun den zweiten Part der Ju 86-Entwicklung. Die Geschichte der Ju 86-Airliner führt zurück in das Jahr 1933. Zu diesem Zeitpunkt modernisierte die Lufthansa ihren Flugpark und benötigte im Zuge dieser Maßnahmen ein schnelles, zweimotoriges Verkehrsflugzeug. Die Junkers-Werke sollten hierzu den JUMO 205 aus eigener Fertigung nutzen. Für die konstruktionsbedingten Belange im Rahmen des Ju 86-Programms zeichnete Ernst Zindel verantwortlich, der im Zusammenwirken mit seinem Ingenieurteam ein Flugzeug in Glattblechbauweise entstehen ließ. Der schädliche Widerstand des Wellblechs gehörte bei der Ju 86 nun der Vergangenheit an. Die Ju 86 war hierbei das erste zweimotorige Junkers-Flugzeug, das anstelle von Wellblech-Bauweise in Glattblech gefertigt wurde. Ernst Zindel griff hier allerdings auf die zwar bewährte, doch zu diesem Zeitpunkt bereits veraltete sogenannte »aufgelöste Bauweise« zurück. Der Hauptabnehmer für die zivilen Versionen war logischerweise die Lufthansa, welche ihre Absicht zur Beschaffung von Flugzeugen dieser Kategorie bereits Anfang 1933 erklärte. Das RLM akzeptierte, ebenfalls 1933, allerdings nur unter der Bedingung, dass die an die Lufthansa gelieferten Flugzeuge jederzeit und ohne großen Aufwand in eine militärische Konfiguration mittels Rüstsätzen dem militärischen Einsatzzweck angepasst werden können. Hierbei entstand nur ein schwer lösbares Problem. Die entsprechenden Maschinen mussten entsprechend der neuen Aufgabenstellung weit aufwendiger modifiziert werden. Im Anfangsstadium des Ju 86-Programms sollte so jede zweite Maschine in ziviler Ausführung erstellt werden. Nach etwa eineinhalbjähriger Zeitspanne seit der Auftragserteilung stand am 4. November 1934 das erste Versuchsmuster zu seinem Jungfernflug bereit. Es handelt sich hierbei um die Werknummer 4901, welche als Ju 86 V1 bezeichnet wurde (D-AHEH). Im Zuge der weiteren Testprogramme wurde die Ju 86 V1 Ende April 1935 nach Rech-

In ihrer Eigenschaft als Bomber fand die Ju 86 lediglich in der Vorkriegs-Luftwaffe Verwendung. Schon bald wurde sie den Schulungseinheiten zugeteilt. Das Bild zeigt zwei Ju 86 der schwedischen Luftstreitkräfte.

lin überführt. Das hierbei durchgeführte Vergleichsfliegen mit der He 111 brachte keine gravierenden Leistungsunterschiede. Dies war auf die vergleichsweise leistungsschwachen BMW VI-Motoren der Heinkel zurückzuführen. Bei Verwendung stärkerer Triebwerke änderte sich dieses Patt zugunsten der Heinkel-Konstruktion. Auf Grund der in Rechlin gewonnen Leistungsdaten und den daraus gezogenen Schlüssen des RLM gelang es den Junkers-Werken – neben Heinkel –, einen Serienauftrag zu erhalten. Die finanziellen Aufwendungen zur Verwirklichung der Ju 86 waren beträchtlich. Die Kosten schlugen alleine im Geschäftsjahr 1934/35 mit 3,8 Millionen RM zu Buche (4,5 % vom Gesamtumsatz d. J.).

Die Teilnahme an internationalen Veranstaltungen oder die Durchführung spektakulärer Flüge, in deren Verlauf Brükken zu anderen Kontinenten geschlagen wurden, war dem Image der Ju 86 sehr zuträglich. Dies beweisen die Exportaufträge dieses Musters. Weder die konkurrierende He 111 noch die Do 17 konnten entsprechende Zahlen vorweisen. In der Gesamtbilanz der Fertigungszahlen sah das Ergebnis jedoch gänzlich anders aus. Hierbei dominierte die He 111 unangefochten mit annähernd 8000 in Deutschland produzierten Flugzeugen. Dieser enormen Zahl stehen lediglich 840 gebaute Ju 86 der zivilen und militärischen Ausführungen gegenüber. Im militärischen Metier war der Heinkelbomber der Ju 86 weitaus überlegen. Junkers gelang in der Kategorie des zweimotorigen Bombers der Durchbruch erst mit der vielseitigen Ju 88. Die Ju 86 wurde bei der stetig zunehmenden Verfügbarkeit von moderneren Bombermustern schnell aus der ersten Linie der Luftwaffenverbände verdrängt. Sie diente jedoch noch über einen langen Zeitraum für Transport- und Schulungsaufgaben. Im Bereich der deutschen Zivilluftfahrt ging die vergleichsweise kurze Ära der Ju 86 bereits im Jahre 1941 zu Ende.

Wie würde die Entwicklung der genannten Flugzeugmuster künftig aussehen? Die Do 17 bildete die Ausgangsbasis zur Entwicklung der in verschiedenen Serienversionen verwirklichten Do 217, welche wiederum zum Höhenbomber Do 317 (nur V-Muster) weiter entwickelt wurde. Den Abschluss dieser Linie bildete das Projekt Do 417.

Die He 111 war neben der Ju 88 und der Do 217 das sprichwörtliche »Arbeitspferd« der Bomberverbände. Diese Muster standen bis Kriegsende im äußerst verlustreichen Einsatz an allen Fronten. Die Ju 86 hatte hingegen während der Kriegsjahre sekundäre Aufgaben zu verrichten. Anders als der »große Wurf« der Junkers-Werke, der Ju 88, wurde die Ju 86 in der Aufklärung und im Transport- und Schulungswesen eingesetzt.

Die nächste Bombergeneration ließ nicht lange auf sich warten. Im Bild die Ju 88 V1, welche am 21.12.1936 ihren Jungfernflug absolvierte.

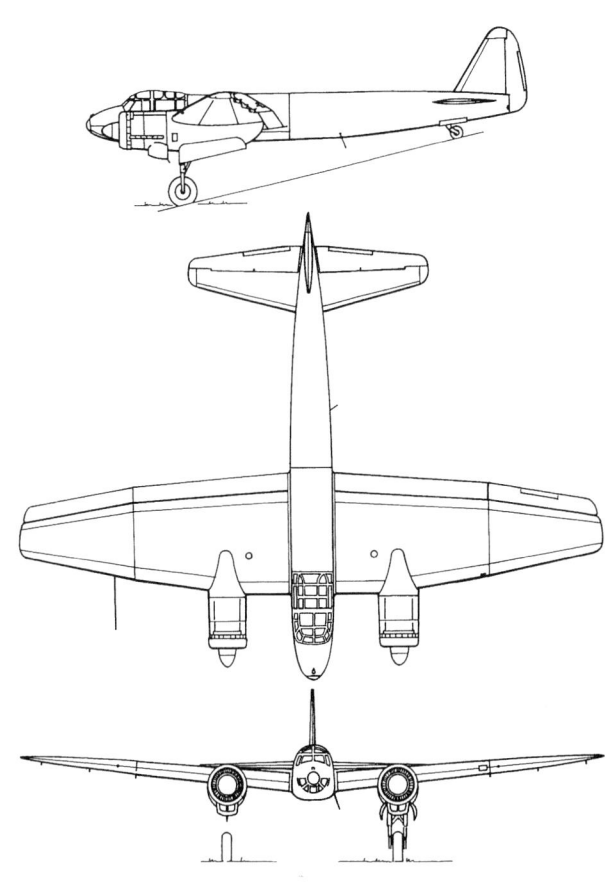

3-Seiten-Ansicht der Do 17 V1.

Das nächste Kapitel befasst sich ungleich eingehender mit dem Muster Do 17, genauer mit dessen Prototypen und Serienausführungen.

Technische Daten	Do 17E	He 111 B-2	Ju 86 D
Spannweite	18,00 m²	22,60 m	22,50 m
Länge	16,35 m	17,51 m	17,87 m
Höhe	4,62 m	4,00 m	5,06 m
Fläche	55,00 m²	87,60 m²	82,00 m²
Leergewicht	5170 kg	5840 kg	5150 kg
Fluggewicht	7040 kg	8600 kg	8060 kg
Höchstgeschwindigkeit	356 km/h	370 km/h	300 km/h
Dienstgipfelhöhe	5500 m	7000 m	5900 m
Reichweite	1590 km	1660 km	—-
Triebwerke	BMW VI.7.3	DB 600 C	JUMO 205 C
Leistung	750 PS	950 PS	600 PS
Crew	3	4	4

Der fliegende Beistift

Die Erste von vielen – Dornier Do 17 V1

Die Do 17 war nicht das alleinige »Schnellverkehrs-« oder »Schnellpostflugzeug«, welches im Dienst der DLH Passagiere, Fracht oder Post in verhältnismäßig kurzer Zeit von A nach B befördern sollte. Es handelte sich insbesondere bei diesem schlanken und schnellen Flugzeugtyp um ein Projekt mit militärischem Hintergrund. Warum sollte das RLM im Fall der Do 17, wie schon bei der Ju 86 und He 111, zwei Entwicklungslinien befürworten? Forciert wurde freilich der militärisch nutzbare Entwicklungszweig. Dass man von Anfang an »zweigleisig« zu fahren gedachte, beweist der nachfolgend wiedergegebene Auszug einer Lufthansa-Studie.

»Die Vorarbeiten der DLH auf Schaffung zweimotoriger Schnellflugzeuge beginnen 1933. Mit Heinkel werden die technischen Vorarbeiten für die He 111 im Frühsommer 1933 abgeschlossen, jedoch die Entwicklung vom RLM bis gegen Ende 1933 zunächst zurückgestellt. Dann werden die Arbeiten wieder aufgegriffen. Infolge erhöhter Anforderungen seitens des RLM wird das Rüstgewicht stark erhöht, sodass das Fluggewicht bei ungeänderter Zuladung (2 Mann Besatzung, 10 Fluggäste) etwa 750 kg höher liegt. Die ersten Flüge Ende November 1934 ergaben eine Höchstgeschwindigkeit von mehr als 340 km/h. Eine ähnliche Geschwindigkeits-Leistung zeigt das unter den selben Bedingungen entwickelte Junkersflugzeug Ju 86. Die ersten Versuchsflüge wurden ebenfalls im November 1934 gemacht.
Als drittes Glied in der Entwicklungsreihe ist die von Dornier gebaute und vom RLM entwickelte Do 17 zu nennen. Dieses Flugzeug ist erst in zweiter Linie für Verkehrszwecke bestimmt. Infolgedessen mussten für den Luftverkehr manche Unbequemlichkeiten in Kauf genommen werden. Gastraum mit drei Einzelabteilen, Hauptgepäckraum nur von der Rumpfoberseite zugänglich. Das Flugzeug hat bis jetzt eine Höchstgeschwindigkeit von 375 km/h erreicht. Weitere Geschwindigkeitsverbesserung ist zu erwarten.«

Im Entwicklungsauftrag an Dornier wurde unmissverständlich festgehalten, dass »ein Flugzeug für die Zwecke des Reichsverbandes der Deutschen Luftfahrtindustrie und eines für die Zwecke der DLH vorgesehen ist«. Weiter hieß es: »Jedoch mit der Maßgabe, dass die von Ihnen in Aussicht genommene gewisse Trennung beider Projekte nicht vorgenommen wird, und dass die Belange des Reichsverbandes den Vorrang vor denjenigen der Luft Hansa haben.« Für die zu diesem Zeitpunkt noch übliche Geheimhaltung eine durchaus deutliche Sprache.
Aufgrund ihres sehr geringen Rumpfquerschnitts war sie

Der Rumpf der Do 17 V1. Gut erkennbar ist der rechteckige Rumpfausschnitt für die Einstiegstüre.

naturgemäß denkbar ungeeignet für den Passagiertransport. Die Einbuße an Komfort wurde in dem historischen Textdokument auch verdeutlicht. Aus Gründen der Geheimhaltung war logischerweise nur das Wort »Schnellflugzeug« im Gebrauch. Der Begriff »Bomber« wurde tunlichst vermieden. Dennoch handelte es sich bei der Do 17 V1 um einen militärischen Prototyp, welcher am 23.11.1934 mit etwa einjähriger Verspätung seinen Erstflug absolvierte. Bei Dornier war man sichtlich verärgert über die Beanstandungen des RLM, die oft nur vergleichsweise unwichtige Details betrafen. Entsprechende Kommissionssitzungen verzögerten somit immer wieder den Erstflug der Do 17. Ganz klar hieß es in einem Schreiben vom 31.10.1933, dass die Do 17 »längst hätte fliegen können«. Gleichzeitig drängte das RLM

Das in seine einzelnen Komponenten noch geteilte Rumpfwerk der Do 17 V1. Im Hintergrund die Luftschiffhalle in Friedrichshafen.

auf eine beschleunigte Erprobung, die aufgrund der Gegebenheiten erst im November 1934 beginnen konnte. Drei Tage zuvor, am 20. November, gab die Bauaufsicht Luft die Do 17 V1 zur Flugerprobung frei. Das Flugzeug wurde zunächst als Do 17 C bezeichnet. Am 23.11.1934 startete Werkspilot Egon Fath mit der Maschine zum Erstflug. Die

Seitenansicht der schnittigen Do 17 V1. Der erste Prototyp erhielt als einzige Do 17 ein zentrales Seitenleitwerk.

Frontansicht der Do 17 V1.

Leistungen des Flugzeugs sowie sein Flugverhalten wurden für gut befunden. Der Mitte Februar 1935 durch Fahrwerksbruch erlittene Schaden konnte schnell wieder repariert werden. Am 18. März wurden Versuchsflüge durch Personal der Erprobungsstelle plangemäß durchgeführt. Das Flugzeugleben währte jedoch nur kurz. Im Dezember 1935 musste dann das Flugzeug nach einer Bruchlandung (21.12.) mit schweren Beschädigungen abgeschrieben werden. In der Folge wurde die verunglückte V1 (WNr. 256) durch die WNr. 686 mit identischer Zulassung (D-AJUN) ersetzt.

Merkmale der Do 17 V1
- Unbewaffneter Prototyp mit dem für dieses Muster typischen schlanken Rumpf, konstruiert nach damals neuesten aerodynamischen und bautechnischen Erkenntnissen.
- Die Triebwerksanlage bestand aus zwei BMW VI 6,0.
- Ausstattung mit einem Zentralleitwerk. Schon früh erkannte man, dass diese Lösung ungenügend war. Die V1 blieb in dieser Ausführung ein Unikat. Bereits ab der V2 kam das Doppelleitwerk zur Anwendung. Die Do 17 V1 soll ebenfalls auf das Endscheibenleitwerk umgerüstet worden sein. Wahrscheinlicher ist, das es sich hier um die mit identischer Kennung fliegende Ersatzmaschine handelte.
- An der Rumpfmitte waren beidseitig je vier runde Öffnungen angeordnet.

Dornier Do 17 V2

Im Gegensatz zur Do 17 V1 war das zweite Versuchsmuster als Verkehrsflugzeug konzipiert und trug die Werknummer 257. Etwa ein halbes Jahr nach der V1, genauer am 5. Mai 1935, startete dieses V-Muster zu seinem Jungfernflug. Nach der werksseitigen Erprobung wurde das Flugzeug für Testzwecke der Lufthansa übergeben. Die hier im Jahr 1936 durchgeführten Erprobungsflüge erstreckten sich lediglich über den Zeitraum eines Monats. Schon bei einer ver-

gleichsweise oberflächlichen Betrachtung der Konstruktionsmerkmale wurde die mangelhafte Eignung des Flugzeugtyps zum Airliner offenkundig. Waren die Platzverhältnisse in der He 111 schon als nicht sonderlich »üppig« zu bezeichnen, so waren diese bei der Do 17 angesichts des geringen Passagierkomforts nicht akzeptabel. Besonders störend wirkte sich die Durchführung der Flächenholme durch die Kabinen aus. Hinzu kam ein weiteres Manko: Der Hauptgepäckraum war nur von der Flugzeugoberseite aus zugänglich. Auch das Ein- und Aussteigen wäre für so manchen Passagier eine Zumutung gewesen. Die Höhe des Einstiegs konnte aus konstruktionsbedingten Gründen nur ungenügend bemessen werden. Zwar hätte die Lufthansa mit diesem Flugzeugtyp über ein sehr schnelles Verkehrsmittel verfügt, die geschilderten Mängel schlossen den Einsatz zumindest im Passagiertransport aus. Die Zeiten, in denen Fluggesellschaften mit umgebauten Militärmaschinen flogen und Passagiere in eine dicke Fliegerkombi gezwängt wurden, waren zu dieser Zeit längst Geschichte. Zunehmender Fortschritt ging auch mit Bequemlichkeit einher. Zudem waren die Preise für ein Flugticket im Vergleich zu unseren Tagen unverhältnismäßig hoch. Schon aus diesem Grund hatte man dem zahlungskräftigen Passagier etwas zu bieten. Die D-AHAK »Rhein« wurde bereits nach einmonatiger Erprobungsdauer an Dornier Friedrichshafen retourniert.

Die Merkmale der Do 17 V2
- Airliner-Prototyp mit dreiteiliger Kabine für zehn Fluggäste, zuzüglich zwei Mann Besatzung. In Heckrichtung blickend befanden sich zwischen dem abgeteilten Cockpit und dem Vorderholm zwei Passagierplätze. Weitere vier Sitze nahm das zwischen Vorder- und Hauptholm platzierte Abteil auf. Die Kabinenhöhe betrug nur 140 cm! Zugänglich war der Passagierbereich (per Leiter) bei der in der schrägen Rumpfpartie installierten Tür. Hinter dem Hauptholm war noch ein Bereich für vier Passagiere geplant. **In der überwiegenden Zahl der Quellen ist jedoch nur die sechssitzige Ausführung erwähnt.**

Die Aufnahme zeigt die Do 17 V2 (D-AHAK). Mit diesem Flugzeug begann die Einführung des Doppelleitwerks. Durch diese Maßnahme konnte die mangelhafte Längsstabilität der V1 beseitigt werden.

- Ausstattung mit einem trapezförmigen Endscheibenleitwerk. Diese Bauart wurde bei allen nachfolgenden Do 17 beibehalten.
- Die Motorisierung bestand aus zwei BMW VI 6,0-Triebwerken mit je 690 PS und Dreiblatt-Metallluftschraube.
- Ausstattung mit einem konisch zulaufenden, langgestreckten Rumpfbug. Später mit einem teilweise verglasten Bug ausgestattet.

Im Zusammenhang mit der V2 sind zudem die V-Muster V5, V6 und V9 zu nennen. Das Schnellverkehrsflugzeug Do 17 V5 (D-AKOH) wurde mit Hispano-Suiza 12-Krs-Motoren ausgestattet. Die Startleistung betrug hier 775 PS. In 4000 m leisteten die Triebwerke jeweils 860 PS. Die für damalige Verhältnisse überragende Geschwindigkeit von 390 km/h (Tendenz eher noch steigend) resultierte nicht zuletzt aus der aerodynamisch durchdachten Formgebung der Do 17, welche selbst die Geschwindigkeit von Jägern erreichte und teils sogar in den Schatten stellte. Die Do 17 V5 und V6 gingen im Herbst 1935 in die Flugerprobung. Hierbei entsprach die V6 in vielen Punkten dem militärischen Prototyp V4. Das Muster V6 (D-AKUZ) war im Gegensatz zur V5 mit BMW VI 7,3-Motoren (750 PS Startleistung/Dauerleistung 585 PS) bestückt. Auch die Do 17 V9 verfügte über diese Triebwerksversion.

GFM Milch und Willi Polte vor der Siegermaschine Do 17 V8.

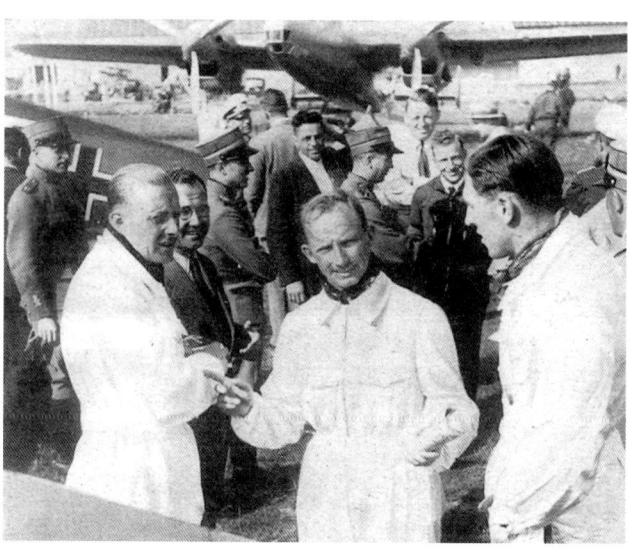

Die Sieger im Internationalen Alpenflug der Dreierpatrouillen. Im Bild Oberstleutnant Schleib, Hauptmann Restmeier sowie, damals noch Leutnant, Hannes Trautloft.

Debüt – Das Flugmeeting in Dübendorf

Nicht unbeträchtliches Aufsehen erregte die Do 17 V8, genannte Do 17 MV1, im eidgenössischen Dübendorf. Ein Flugplatz, auf dessen Areal auch ein Stück Luftfahrtgeschichte stattfand und in unseren Tagen drei alte Junkers-Tanten der Ju Air noch immer ihre Heimstatt haben. Im Jahr 1937, als die drei genannten Ju 52 noch nicht existent waren, fand dort das Internationale Flugmeeting statt. Es gingen in verschiedenen Disziplinen zwischen dem 22. Juli und dem 1. August 60 Flugzeuge aus 14 Nationen an den Start. Furore machte hierbei Dornier mit der von Flugkapitän Polte geflogenen Do 17 MV1. Stolze 425 km/h wurden gemessen. Dor-

Die pfeilschnelle Do 17 V8 während des Flugmeetings in Dübendorf/Schweiz.

Mit abgedecktem Cockpit und verhüllten Motoren wartet die V8 auf neue Aufgaben im Abstellbereich des Platzes Dübendorf. Sie trägt die Startnummer 10.

nier ging als Sieger des Alpenrundfluges vom 27. Juli hervor. Der Kurs führte von Dübendorf nach Thun. Von dort nach Bellinzona und Rückflug nach Dübendorf. Die Route Maß insgesamt 367 km. Die »Dornier« flog in der Klasse »B« gegen Fairey Fox und die in der Schweiz entstandene C35. Die Witterungsverhältnisse waren gut, dennoch war die Navigation laut Polte sehr anspruchsvoll. Die Crew, bestehend aus Erhard Milch, Flugkapitän Polte und den Flugingenieuren Franz und Hänsgen, siegte überlegen. Allerdings waren die italienischen Konkurrenten mit den Flugzeugtypen Breda R20 und Savoia-Marchetti S.M. 79 beim Alpenrundflug nicht vertreten. Offiziell hieß es, dass der Flugplatz Bellinzona für eine Landung dieser Muster nicht geeignet sei. Natürlich handelte es sich bei der Do 17 nicht um den Leistungsstandard eines Serienflugzeuges. Die Triebwerksanlage bestand, zumindest offiziell, aus zwei DB 600 A-Motoren. In Wirklichkeit handelte es sich um deren Weiterentwicklung, bezeichnet als DB 601A. Für das internationale Fliegertreffen erhielt die MV 1 zwei der raren Vorserien-DB 601 A-0.

Leistungsvergleich:

- DB 600 A (Vergasermotor, Hubraum 33,9 l, Startleistung 1000 PS).
- DB 601 A-0 (Einspritzmotor, Hubraum 33,9 l, Startleistung 1100 PS). Es ist anzunehmen, dass die Kraft durch weitere leistungserhöhende Maßnahmen erhöht wurde.

Ein historischer Bericht aus »Luftwissen«, Jahrgang 1937, schildert im damaligen Stil die Ereignisse in Wort und Bild.

»Seit 1922 wird in Zürich alle fünf Jahre das Internationale Flugmeeting veranstaltet. In früheren Jahren war Deutschland auf dieser Veranstaltung ein bescheidener Gast gewesen: die wichtigsten Wettbewerbe, nämlich diejenigen für Militärflugzeuge, waren uns verschlossen; für die wenigen Deutschen, die überhaupt das Züricher Meeting besuchten, war es die seltene Gelegenheit, neuzeitliche Militärflugzeuge des Auslandes bewundern zu können.
Dieses Jahr, vom 23. Juli bis 1. August, war es anders. Zum ersten Male seit Bestehen der neuen deutschen Luftwaffe flogen wieder deutsche Kriegsflugzeuge in einem internationalen Wettbewerb mit. Gesiegt haben wir schon oft im Wettbewerb mit anderen Fliegernationen, aber in Zürich war es endlich wieder das alte vertraute Balkenkreuz, das unsere Siegerflugzeuge schmückte.
Alle Wettbewerbe des Meetings, an denen Deutschland mit Militärflugzeugen beteiligt war, endeten mit einem deutschen Sieg: Den Internationalen Geschwindigkeitswettbewerb bestritten Generalmajor Udet auf BFW Bf 109 mit 950 PS Daimler Benz DB 600 und Dipl.-Ing. Francke auf BFW Bf 109 mit 640 PS Junkers JUMO 210. Als Gegner stand diesen BFW Einsitzern nur eine Percival ›Mew Gull‹ gegenüber. Sieger auf der viermal zu durchfliegenden Dreiecksstrecke von 50,5 km blieb Dipl.-Ing. Francke mit 409,6 km/h Durchschnittsgeschwindigkeit. Generalmajor Udet fiel wegen Schadens an der Kraftstoffzuleitung aus.
Im Internationalen Alpenrundflug für Militärflugzeuge starteten für Deutschland in der Klasse der Einsitzer Generalmajor Udet und Major Seidemann, beide auf BFW Bf 109, gegen fünf fremde Wettbewerber. Wieder fiel Generalmajor Udet wegen einer Motorstörung aus, aber Major Seidemann

Die Do 17 V8 vor dem Start zum Alpenrundflug.

Der unvergessene Ernst Udet im Gespräch mit Oberstdivisionär Baudi, dem Kommandeur der Schweizer Flieger- und Flab-Truppen.

auf seiner Bf 109 mit 640 PS Junkers Jumo 210 wurde über die 367 km lange Alpenstrecke Erster mit 388 km/h Durchschnittsgeschwindigkeit. In der Klasse der Mehrsitzer stand gegen sechs Gegner nur ein deutsches Mehrzweckeflugzeug Dornier Do 17 mit der Besatzung General der Flieger Milch (Kommandant), Major Polte (Führer), FL-Ing. Hänsgen und Franz (Funker und Bordwart). Überlegener Sieger blieb die mit zwei 950 PS Daimler DB 600 ausgerüstete Do 17, die nur wenig langsamer war als das Siegerflugzeug.
Zürich hat uns aus einem bestimmten Grunde mit berechtigtem Stolz erfüllt: Jahre lang haben unsere Flugzeugkonstrukteure keine Kriegsflugzeuge bauen können. Aber in nur wenigen Jahren unter den Fahnen des neuen Reiches haben sie erreicht, was niemand für möglich gehalten hätte: mit neuen Flugzeugen, mit neuen Motoren wieder an der Spitze zu liegen. Der deutsche Flugzeug- und Motorenbau wird auch schwerere Wettbewerbe als auf dem Züricher Meeting zu bestehen vermögen.«

Militärische Entwicklungslinien der Do 17-Reihe

Dieser Kapitelteil befasst sich mit der Vielfalt der einzelnen Do 17-Versionen und deren Untervarianten. Wie bei vielen anderen damaligen Serienflugzeugen entstand auch hier eine breite Palette von Varianten, die ein umfangreiches Einsatzspektrum abzudecken hatten. Die Aufgabenbereiche der Do 17 beinhalten folgende Einsatzarten:

- Bomber / Schnellbomber
- Aufklärer / Fernaufklärer / Wetteraufklärer
- Nachtjäger
- Schulflugzeug
- Führungsflugzeug / Pfadfinder
- Schlachtflugzeug

Die folgende Darstellung konzentriert sich, bedingt durch die beschränkte Seitenzahl, meist nur auf die wesentlichen Aspekte. Die Systematik richtet sich nach dem Einsatzzweck, nicht gemäß der jeweiligen Do 17-Baureihe.

Dornier Do 17-Bombervarianten

Die Do 17-Entwicklung brachte folgende Bomberversionen hervor:

- Do 17 E (E-0, E-1, E-2, E-3)
- Do 17 Ka 1
- Do 17 Kb 2
- Do 17 M (M-1)
- Do 17 R (RV1, RV2)
- Do 17 Z (Z-0, Z-1, Z-2, Z-5, Z-9)

Do 17 E-Varianten

Der Serienbau dieses Musters begann gegen Ende 1936. Der entsprechende Prototyp entstand in Form der V7. Weitere Versuchsmuster der E-Reihe wurden mit V15, V16 und V17 bezeichnet. Die Do 17 E wurde in den Dornier-Werken Manzell, Löwenthal, Allmannsweiler und München gefertigt. Henschel (Berlin-Schönefeld) und HFB (Hamburg) produzierte diese Version ebenfalls.

Do 17 E-0

Dies ist die Vorserienausführung der Do 17 E.
Ausstattung mit Motoren des Typs BMW VI 7,3 mit 750 PS Startleistung.
Betriebsstoff in ungeschützten Flächentanks. Gesamtkapazität 1400 Liter.
Die Motorenenergie wurde auf VDM 3-Blatt-Luftschrauben übertragen.
Die lange verglaste Bugnase wich nun einer ebenfalls teilweise verglasten, jedoch ungleich kürzerer Bauform.
Bewaffnung bestand aus: 1 x MG 15 in der Cockpit-Frontverglasung, offen gestalteter B-Stand mit MG 15, RAW 14 (Reihenabwurfgerät).

Do 17 E-1

- Erste Serienversion dieses Musters.
- Das erste Serienexemplar flog am 30.5.1936.
- Gemäß der E-0 wurde auch die E-1 mit BMW VI 7,3, also Motoren mit erhöhter Verdichtung, ausgestattet.

Eine Do 17 E der 7./KG 255 (1938). Man beachte die Markierungen in Art der »Legion Condor«, kombiniert mit der Hakenkreuz-Flagge am Seitenleitwerk.

Startszene mit zwei Do 17 E in Friedrichshafen. Im Hintergrund befand sich noch die auf Befehl Görings abgerissene Luftschiffhalle.

Zwei Do 17 E (53+A25, 53+C25) kurz vor dem Abheben. Der Fotograf befand sich in beneideswert guter »Schussposition«.

- Die Treibstoffkapazität entsprach mit 1400 l der E-0. Es kamen auch hier ungeschützte Tanks mit jeweils 700 l zum Einbau.
- Verwendung von VDM 3-Blatt-Metallpropellern, Durchmesser 3,20 m.
- Die Defensivbewaffnung bestand aus einem MG 15 im Cockpitbereich, einem mit MG 15 bestücktem B-Stand und A-Stand mit 1 x MG 15.
- Die Bombenanlage, bestehend aus RAW 14, Zielgeräte Lotfe C7A oder Goerz GVZ 19d. Die Bombenlast konnte wahlweise wie folgt mitgeführt werden: 10 x SC 50, 4 x SC 100 oder 2 x SC 250. Die Last konnte auf Kurzstrecken auf maximal 750 kg erhöht werden.
- Ausstattung mit Askania-Kurssteuerung.

Do 17 E-2

Diese Variante ging nicht in Serie. Bekannt sind in diesem Zusammenhang nur drei Flugzeuge, welche lt. Luftfahrzeugrolle für die DVL flogen und deren Zulassungen D-AADO, D-AIDO und D-AOFU lauteten.

- Das Muster E-2 entsprach in den Abmessungen den Vorgängermodellen.
- Auch hier fand die Motorisierung der E-0 und E-1 Verwendung.
- Die wesentlichsten Änderungen waren im Bereich der Bordelektrik zu verzeichnen.

Do 17 E-3

Auch im Fall der Ausführung E-3 kam es zu keiner Serienfertigung.

- Bordelektrik entsprechend der E-2.
- Das Staurohr wurde nun ab der WNr. 2003 an der steuerbordseitigen Fläche installiert.
- Die genaue Anzahl der gebauten Maschinen ist nicht bekannt. Ein Flugzeug erhielt die DVL (D-AOTI). Die HANSA LUFTBILD, eine Tochter der Lufthansa, nutzte die Do 17 V14 (D-AFOU).

Do 17 Ka 1

Hierbei handelte es sich um eine für den Export bestimmte Bomberversion, geordert von Jugoslawien. Dessen Luftwaffenführung interessierte sich aufgrund des Rekordfluges in Dübendorf für die Do 17. Es sollte eine aus der Do 17 E

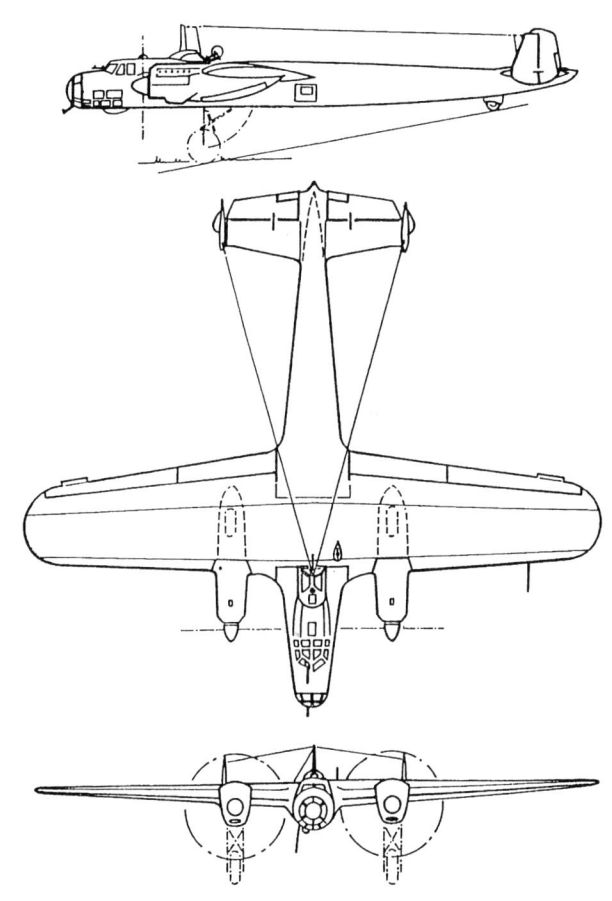

3-Seiten-Ansicht der Do 17 E. Das erste Serienflugzeug flog Ende Mai 1935.

abgeleitete Version beschafft werden. Diese wies gegenüber der Luftwaffenausführung folgende Unterschiede auf:

- Anstelle der BMW VI-Motoren fanden französische Triebwerke des Typs Gnôme & Rhône 14 K, mit jeweils 870 PS Startleistung, Verwendung.
- Die Motorenenergie wurde auf VDM-Dreiblatt-Metallluftschrauben übertragen.

- Die Abwehrbewaffnung bildeten Maschinengewehre belgischer Bauart (FN).
- Geänderter Rumpfbug mit reduzierter Verglasung.

Für die Luftwaffe Jugoslawiens entstanden zudem die Muster Ka 2 und Ka 3, beides Aufklärervarianten auf Basis der Do 17 E/F sowie die nachstehend erwähnte Kb 2.

Do 17 Kb 2
Nur geringfügige Änderungen unterschieden diese ebenfalls für die jugoslawischen Streitkräfte bestimmte Variante.
- Verwendung leistungsgesteigerter Motoren des Typs Gnôme & Rhône 14 NO mit jeweils 980 PS Startleistung.
- Geänderter B-Stand.
- Auch hier entsprach die Bugform der Do 17 MV1.
- Elektrische Anlenkung von Fahrwerk und Landeklappen.

Die Muster Ka 2 und Ka 3 sollten vorwiegend in der Aufklärerrolle zum Einsatz kommen. Es bestand jedoch die Möglichkeit, die Flugzeuge auch für Bombermissionen zu nutzen.

Das Flugmeeting zeigte in beeindruckender Weise die Leistungen der einer neuen Bombergeneration zugehörigen Do 17. Das jugoslawische Beschaffungsamt orderte zirka zwei Monate später 20 Maschinen. Wie bereits dargestellt, wichen diese Flugzeuge vom deutschen LW-Bauzustand ab. Zudem sollte parallel hierzu die Do 17 in Lizenz gefertigt werden. In der Nähe von Belgrad wurden auch die Gnôme & Rhône-Motoren auf Lizenzbasis gefertigt.

Den Erstflug absolvierte die Do 17 K hingegen am 6. Oktober 1937 in Manzell. Etwa drei Wochen später, genauer am 25.10.1937, überführte Egon Fath das Flugzeug nach Jugoslawien. Die Produktion im Lande selbst lief jedoch erst im Jahr 1939 an. Der Staatsbetrieb Drzauna Fabrika Aviona in Kraljevo lieferte die erste Maschine Anfang 1940 aus. Maximal 50 Flugzeuge verließen dort bis zur Einstellung der Fertigung die Endmontage. Als im April des Folgejahres deutsche Truppen die Grenzen Jugoslawiens überschritten, standen insgesamt 60 Do 17 in drei Versionen im Dienst. Da diese modernen Flugzeuge gegenüber den von Jugoslawien hauptsächlich eingesetzten doch meist veralteten Mustern eine nicht zu unterschätzende Kampfkraft besaßen, war man darauf bedacht, diese schnellstens »auszuschalten«. Entsprechend heftigen Angriffen sahen sich die Einsatzbasen gegenüber. Nach Beendigung der Kampfhandlungen bildeten die noch verbliebenen jugoslawischen Do 17 ab 1942 einen Teil der neu entstandenen und auf deutscher Seite kämpfenden Kroatischen Luftstreitkräfte. Diese Flugzeuge wurden aus Beständen der Luftwaffe mit Do 17 sowie der Exportausführung Do 215, welche der Do 17 Z entsprach, ergänzt.

Der Dornier-Messestand auf der Pariser-Luftfahrtausstellung 1938. Das Paradestück bei Dornier war zweifellos diese Do 17 M. Schon bald sollten sich viele der von verschiedenen Nationen dort ausgestellten Flugzeugtypen ganz anders gegenüberstehen.

Do 17 M-1
Die M-Version bildete in den Jahren 1937/38 den Ersatz für das Muster Do 17 E. Die Do 17 M zeichnete sich durch eine ganze Reihe von Änderungen und der daraus resultierenden Leistungssteigerung aus. (Musterflugzeug Do 17 MV 3). Merkmale wie folgt:
- Verwendung des BRAMO 323 A-1 mit jeweils 900 PS Startleistung. (Höchstgeschwindigkeit 365 km/h mit 1000 kg Startgewicht, Dienstgipfelhöhe 6700 m.)
- Kraftübertragung auf VDM-Dreiblatt-Metallluftschrauben, Durchmesser 3,6 m).
- Die Anlenkung des Fahrwerks und der Landeklappen erfolgte elektrisch.
- Verbesserungen im Bereich der Flugzeugzelle.
- Die Überlebensfähigkeit im Einsatz wurde durch die Verwendung von selbstdichtenden Tanks erhöht. Die beiden Flächenbehälter und ein Rumpftank verfügten über eine Gesamtkapazität von 1910 l (Raspe-Behälter).
- Das Abgassystem wurde mit einem Wärmetauscher zur Flügelenteisung ausgestattet.
- Zur Reduzierung von Schwingungen wurden die Motoren mit sogenannten Schwingmetalllagerungen im Stahlrohr-Motorträger installiert.
- Im Gegensatz zur Do 17 E bestand nun die gesamte Beplankung der Tragflächen aus Duralumin.
- Ausrüstung mit FuG IIIaU, Peil GV, E.V., Fu.BI.1, Siemens-Kurssteuerung.
- Bombenlast 1000 kg. Ausstattung mit geschlossenem B-Stand (mit MG 15 und Linsenlafette). C-Stand (MG 15).

Die Do 17 M basierte auf dem Muster Do 17 E. Der BMW VI wich nun Sternmotoren des Typs BRAMO 323 A.

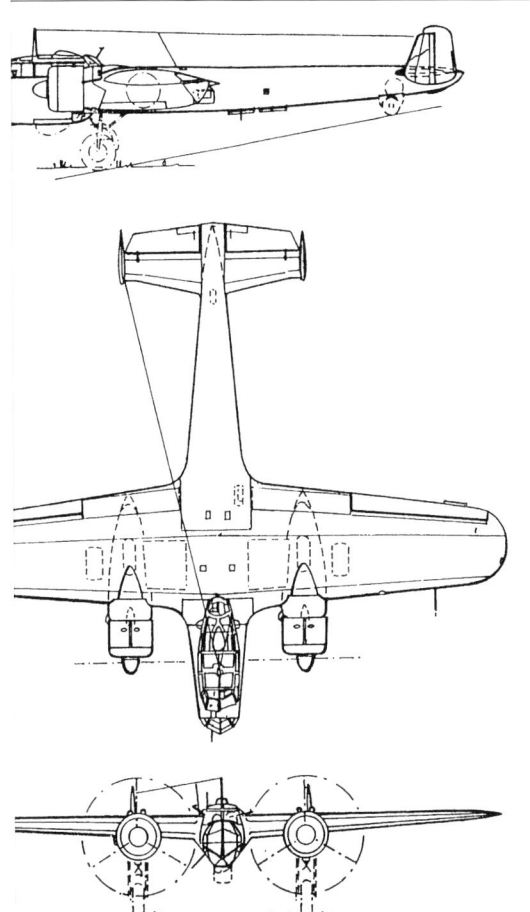

nsicht der Do 17 Z.

der Do 17-Evolution zeichnete sich diese Version Artenvielfalt aus. Do 17 Z flogen in der Rolle als Aufklärer oder Nachtjäger. Auch in der Schlachtflie- ihr Einsatz vorgesehen. Die als sog. »Geier« Do 17 Z-8 existierte nur als Projekt. Die Darstellung Kapitelbereich beschränkt sich jedoch nur auf die sführungen. Der entsprechende Prototyp der Do 17 /D) begann die Flugerprobung im März 1938.

Do 17 Z-0

Die im Wesentlichen auf der Do 17 M basierende Z-Version unterschied sich im Bugbereich sehr deutlich. Das neu gestaltete Cockpit mit integriertem B-Stand sowie die kantig verglaste Vollsichtkanzel am Bug des Flugzeugs bildeten das augenfälligste Merkmal.

Ausstattung der 0-Serie wie folgt:

- Verwendung von BRAMO 323 A-1-Motoren.
- Fahrwerk und Klappen entsprechend der Do 17 M.
- Bewaffnung bestehend aus: 3 x MG 15 (B- u. C-Stände mit Linsenlafette).
- Das Rüstgewicht betrug 6200 kg, die Abflugmasse 8600 kg.
- Erhöhung der Besatzung auf vier Mann.
- Aufgrund der Konstruktionsänderung (breiterer Rumpfvorderbereich) erhöhte sich der Motorenabstand und damit die Spurweite des Fahrwerks auf 5,40 m.

Do 17 Z-1

Dieses Muster entsprach weitest gehendst der Vorserienausführung Z-0. Diese Maschinen wurden zu einem späteren Zeitpunkt an den Stand der Do 17 Z-2 angeglichen. Die Bewaffnung bestand aus vier MG 15. Die Besatzung aus vier Crewmitgliedern. Z-1 hatte noch einen BRAMO 323 A.

Do 17 Z-2

Die Z-2 erhielt eine stärkere Ausführung des BRAMO 323, einhergehend mit erhöhter Treibstoffmenge und militärischer Nutzlast. Die Merkmale dieser Variante:

- Die Verwendung des BRAMO 323 P-1, ein Muster der 1000-PS-Klasse, führte zu einer weiteren Leistungssteigerung ab der Z-2-Serie.
- Leistungsübertragung auf VDM-Dreiblatt-Metallpropeller.
- Tankanlage mit zwei Flächentanks und einem Rumpfbehälter mit gesamt 2435 l Fassungsvermögen. Durch die Reduzierung der Bombenlast und Mitnahme eines Zusatzbehälters (895 l) im vorderen Bereich des Bombenschachtes konnte die Reichweite erhöht werden.
- Die militärische Nutzlast betrug maximal 1000 kg. In der Regel gestaltete sich die Zuladung aus 20 x SC 50- oder wahlweise aus 4 x SC 250-Bomben.
- Bei Halbierung der Abwurflast und gleichzeitiger Mitnahme des erwähnten Zusatzbehälters konnte die Eindringtiefe des Flugzeugs auf 1150 km gesteigert werden. Völlig ungenügend war der entsprechende Wert hingegen bei maximaler Bombenlast. Hier sank die Eindringtiefe auf ungenügende 330 Kilometer.
- Die Defensivbewaffnung der Do 17 Z-2 beinhaltete sechs MG 15. Waffen dieses Kalibers boten jedoch auf Dauer keinen ausreichenden Schutz mehr. Solange die Do 17 im Einsatz stand, blieb dies stets das Manko. Daran änderte auch der Einbau eines MG FF oder MG 151/20 nur wenig. Ausstattung mit FuG 10 und FuG 25.
- Besatzungsstärke vier Mann.

Die Do 17 Z-2 war mit 421 km/h, trotz eines Abfluggewichts von über 8800 kg, die bisher schnellste Serienausführung. Dieser meistgebauten Do 17 Z-Variante folgte das Muster Do 17 Z-3.

Do 17 Z-3

Die Z-3 fand nicht nur im Einsatz als Bomber, sondern auch als Erkunder Verwendung. In diese Rolle konnte sie durch den Einbau von Reihenbildkameras (1 x Rb 20/30, 1 x Rb 30/50) schlüpfen. Diese Flugzeuge wurden den Stabsstaffeln zugeführt.

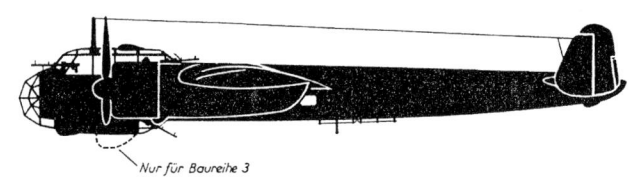

Nur für Baureihe 3

Ein Schattenriss der Do 17 Z. Die wannenförmige Ausbuchtung an der Einstiegsklappe nahm eine Luftbildkamera auf. Ein spezielles Erkennungsmerkmal der Do 17 Z-3.

Die Merkmale der Z-3:

- Einbau von BRAMO 323 P-1 mit jeweils 1010 PS.
- Luftschrauben und Tankanlage entsprechend der Z-2.
- Bombenzuladung wahlweise bestehend aus 20 x SC 50 oder 4 x SC 250. Bei Mitnahme eines Zusatzbehälters halbierte sich auch hier die militärische Nutzlast. Wie im Fall der anderen Do 17 Z-Ausführungen lagerten die Bomben horizontal in den entsprechenden Aufhängungen. Die He 111 verfügte hingegen über sogenannte Vertikalmagazine.
- Die aus insgesamt sechs MG 15 bestehende Defensivbewaffnung wurde in folgenden Positionen installiert: A-Stand (1), Cockpitfront (1), B-Stand (1), seitliche Positionen neben dem B-Stand (je 1), C-Stand (1). Zu einem späteren Zeitpunkt wurde im A-Stand das MG 15 durch ein MG 151/15 ersetzt. Diese Maßnahme betraf jedoch nicht alle Maschinen der Z-3-Reihe.
- Die Crew umfasste vier Besatzungsmitglieder.
- Bei der Z-3 zählte eine Seenotausrüstung zum Standard.
- Für die Einsatzrolle als Stabsstaffelerkunder konnten Bildgeräte des Typs Rb 20/30 mitgeführt werden. Diese waren in der Einstiegsklappe installiert. Allerdings betrafen diese Änderungen nur eine geringe Anzahl von Flugzeugen.

Soweit die wesentlichen Details zur dritten Serienausführung des Musters Do 17 Z. In numerischer Reihenfolge entstand durch Umrüstung des Musters Z-4 kein Bomber, sondern eine Trainervariante mit Doppelsteuerung. Die nächste Bomberausführung wurde mit Z-5 bezeichnet.

Do 17 Z-5

Dieses Muster entsprach in seinen technischen Merkmalen weitgehendst der Do 17 Z-3. Die harten und verlustreichen Einsätze gegen England zeigten mehr als deutlich, dass auf eine umfangreiche Seenotausrüstung nicht mehr verzichtet werden konnte. Bereits bei der Z-3 wurde hier der Anfang in Form eines Schlauchbootes gemacht. Im Fall der Z-5 versuchte man die Rettungsmöglichkeiten der Besatzung durch zusätzliches Equipment zu steigern. Insgesamt 40 Flugzeuge der Z-5 Variante wurden verwirklicht.

Die Merkmale der Do 17 Z-5:

- Installation der stärkeren BRAMO P-1 (1010 PS).
- Tankanlage im Bauzustand der Z-3.
- Militärische Nutzlast und Defensivbewaffnung wie Z-3.
- Die erwähnte Seenotausrüstung beinhaltete neben dem obligatorischen Schlauchboot ein Notsendegerät mit Drachenantenne und Auftriebskörper. Diese waren aufblasbar und wurden im hinteren Bereich der Motorgondeln sowie linksseitig am Rumpfbug positioniert.

In der Typenfolge wurden der Wetteraufklärer Z-6, eine Versuchs-Nachtjagdausführung mit Z-7, ein Schlachtflugzeug-Projekt als Z-8 bezeichnet. Die letzte von insgesamt sechs Bombervarianten stellt die Do 17 Z-9 dar.

Die Seenotausrüstung der Do 17 Z-5 (Werkzeichnung).

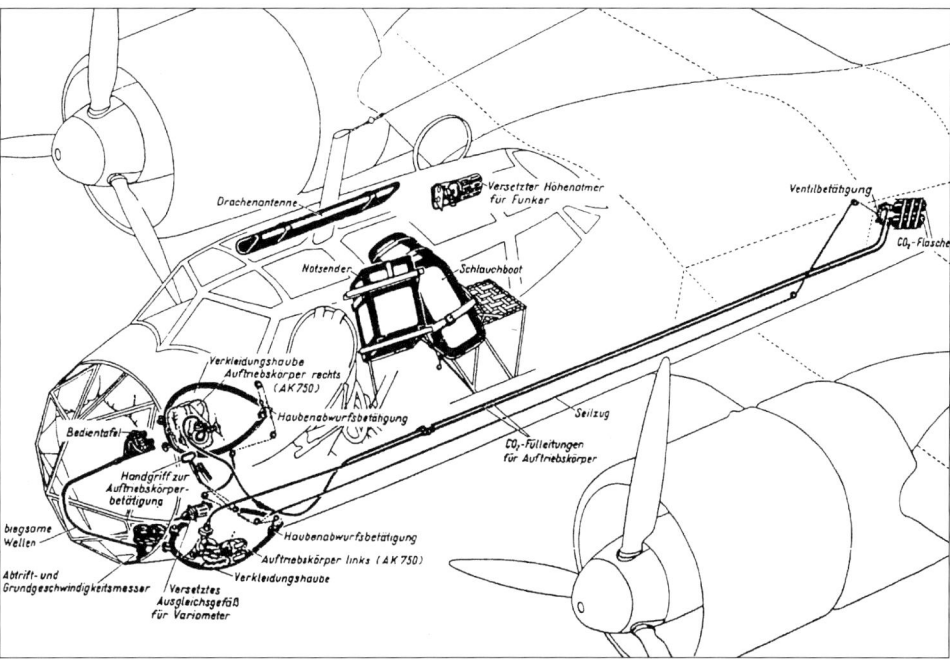

Do 17 Z-9

Im Gegensatz zu den bisherigen Do 17 Z-Bomberausführungen, welche ihre Angriffe meistens aus größeren Höhen vortrugen, entschied man sich hier für eine speziell für Tiefangriffe geeignete Variante. Aufgrund der Schnelligkeit und der nicht unbeträchtlichen Wendigkeit der Do 17 lag eine Verwendung im »Parterre« nahe.

Bau- und Ausrüstungszustand der Z-9:
• Ausrüstung mit BRAMO 323 P-1.
• Umbau der Bombenräume und Ausrüstung mit anderen Bombenschlössern. Bisher kamen Schlösser der Bauart Träg 5 Schloss 50/IX sowie EHVC 500/VIII zum Einbau. Bei Tiefangriffen sollte nicht großkalibrige Abwurfmunition abgeworfen werden, sondern für diesen Zweck ungleich mehr geeignete 10-kg-Splitterbomben. Die entsprechenden Abwurfeinrichtungen wurden mit ELVEMAG 5C10 bezeichnet. Insgesamt 16 dieser Geräte, geeignet für jeweils fünf der genannten Splitterbomben, wurden in die Bombenräume installiert. Die 80 SD 10 wurden in senkrechter Lage mitgeführt. Die korrekte Auslösung wurde mit dem Reihenabwurfautomaten RAB 14 c, welcher in den anderen Z-Varianten ebenfalls Verwendung fand, gesteuert. Für den sicheren Abwurf der tödlichen Last mussten die Öffnungen der Bombenräume modifiziert werden. Auf die Bombenschachtklappen konnte hierbei verzichtet werden. An deren Stelle kamen aufgesetzte Schächte und mit Öffnungen versehene Abdeckbleche zum Einbau.
• Die Besatzung der Z-9 bestand ebenfalls aus vier Mann.
• Die Seenotausrüstung entfiel.

Mit der Z-9 endete die Bomberentwicklung des Musters Do 17 Z. In der Typenreihe folgte lediglich noch das Muster Z-10, ein Nachtjäger namens »Kauz II«. Ergänzend ist noch die Schwimmerausführung der Do 17 Z mit DB-Motoren hinzuzufügen, welche jedoch im Projektstadium verblieb. Angesichts eines leistungsfähigeren Nachfolgers, gemeint ist die Ju 88, wurde die Fertigung der Do 17 Z zu Beginn des Krieges reduziert und im Frühsommer des Folgejahres eingestellt.
Erwähnenswert sind noch die Schnellbomberversionen Do 17 RV1 und RV2, eine parallele Entwicklungslinie zur Do 17

M. Beide Muster-Ausführungen gingen nie in Serie. Es handelte sich hier um zwei V-Muster, mit denen Triebwerke und Bombenzielgeräte erprobt wurden.

Do 17 RV 1

Das Unikat, eine ehemalige Do 17 E-1, wurde mit zwei DB 600 G-Motoren (1050 PS Startleistung) ausgestattet. Das Flugzeug wurde in der Folge für Motorentestreihen und Versuche mit Zielgeräten genutzt.

Do 17 RV 2

Auch hier kamen Daimler-Benz-Motoren (DB 601A) zum Einbau. Wie schon im Fall des DB 600 erhielt der DB 601 ebenfalls höchste Priorität für die Jägerproduktion. Bomber sollten hingegen mit dem JUMO 211 (He 111, Ju 88) oder BRAMO 323 und BMW 132-Sternmotoren bestückt werden. Die bulligen BMW 801 oder die DB-Doppelmotoren waren erst zu einem späteren Zeitpunkt verfügbar. So blieb auch die RV 2 ein Unikat, welches hauptsächlich in die Motorenerprobung eingebunden wurde. Beide Muster scheiterten somit nicht an der unzureichenden Qualität der Technik des Flugzeuges selbst, sondern an produktionsbedingten Sachzwängen des Motorenbaus. Noch so manche vielversprechende Konstruktion sollte in den kommenden Kriegsjahren an Verzögerung in der Entwicklung, Motorenengpässen oder unausgegorener Technik scheitern. Um Verwechslungen zu vermeiden, sei an dieser Stelle erwähnt, dass zudem eine Aufklärerversion namens Do 17 R entwickelt wurde. Diese Muster trugen die Typenbezeichnung Do 17 R-1 bis R-4.

Dornier Do 17-Aufklärerversionen

Auf der Basis der Do 17 E entwickelte Dornier den Fernaufklärer Do 17 F, welcher in der Ausführung F-1 (Musterflugzeug V8) ab 1936 parallel zum Bomber E-1 produziert wurde. Do 17-Bomber und -Aufklärer erhielten bereits in Spanien ihre »Feuertaufe«.

Do 17 F-1

Die technischen Merkmale:
• Die Zellenabmessungen entsprachen dem Muster E-1.

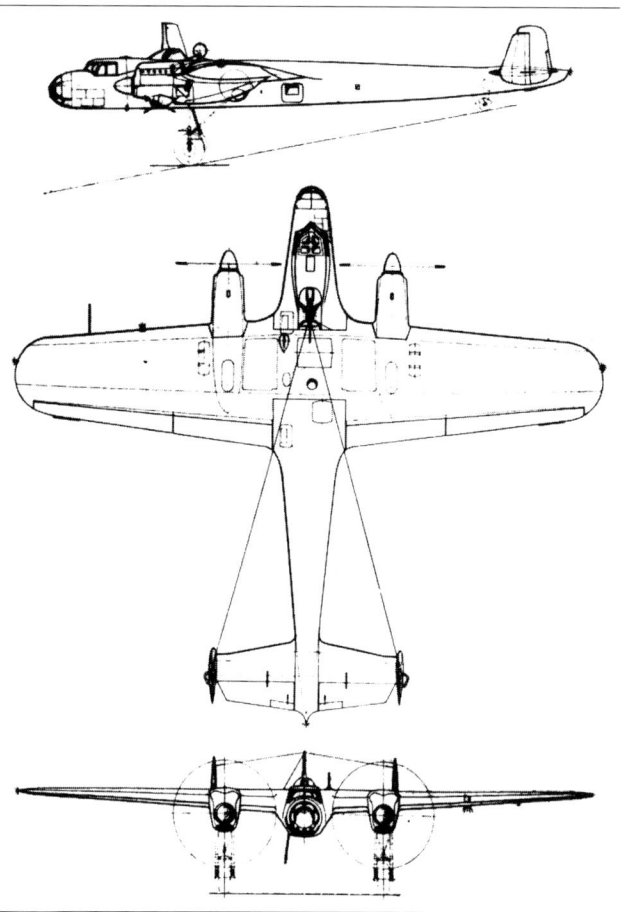

Auch der Do 17 F-Aufklärer basierte auf dem E-Muster. Abgebildet eine Do 17 F (verm. Aufkl.Gr.(F)122) in der Vorkriegszeit.

Aufnahme einer Do 17 F-1 ohne Verbandskennung. Auch dieses Foto entstand noch in der Vorkriegszeit.

3-Seiten-Ansicht der Do 17 F.

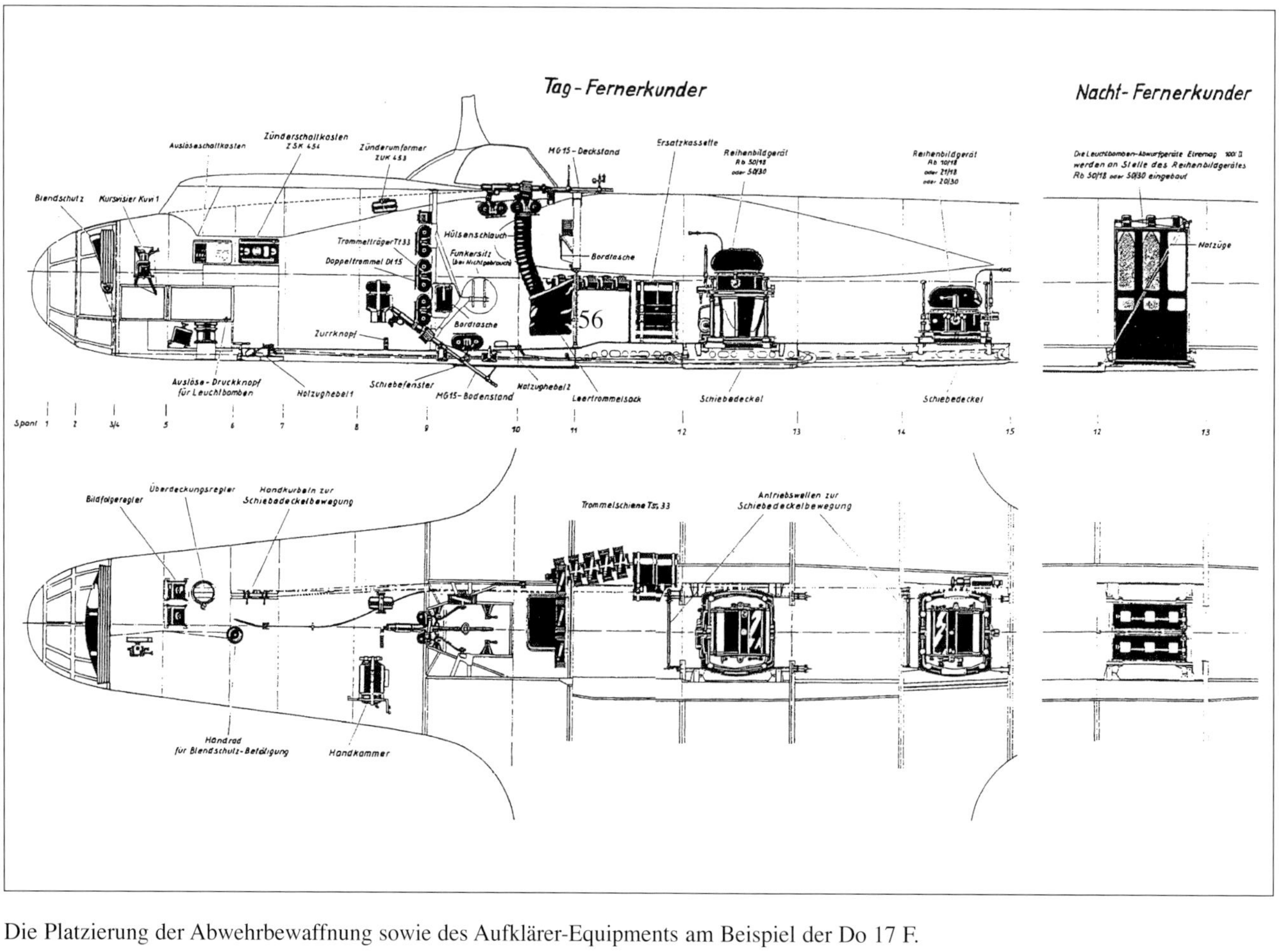

Die Platzierung der Abwehrbewaffnung sowie des Aufklärer-Equipments am Beispiel der Do 17 F.

- Aufgrund unterschiedlicher Aufgabenstellung gegenüber dem Bomber kamen im Rumpf anstelle des Bomberequipments zusätzliche Treibstofftanks zum Einbau.
- Die Triebwerksausstattung entsprach mit zwei BMW VI 7,3 der Do 17 E-1.
- Die auch hier ungenügende Defensivbewaffnung gestaltete sich aus drei MG 15.
- Die Ausstattung an Bildgeräten bestand aus je 1 x Rb 10/18, Rb 20/30 und Rb 50/30 sowie einer Handkamera.
- Die Funkanklage bildeten das FuG IIIaU, Peil GV und FuBl.1.
- Sauerstoffanlage für drei Mann (3 Atmer, 15 Flaschen).
- 6 x Blitzlichtbomben LC 50 F im Rumpf. Hier bestand nun die Möglichkeit, auch in der Dunkelheit Aufklärung zu fliegen und brauchbare Informationen zurückzubringen. Zudem standen in der Dunkelheit meistens die Chancen einer unbeschadeten Rückkehr besser als bei Tageseinsätzen.

Ab Frühjahr 1937 kamen insgesamt 15 Maschinen zur Auslieferung an die 1.A/88, einem Verband der »Legion Condor«. Auch die Hansa Luftbild, eine Tochter der Lufthansa, flog mindestens drei Exemplare dieses Musters (D-AAFO, D-AILU, D-AUBU). Die Do 17 F wurde bei Dornier in München, bei HFB und Siebel in Halle gefertigt.

Do 17 F-2
Die F-2 blieb hingegen höchstwahrscheinlich ein Unikat. Das entsprechende Musterflugzeug, Do 17 V11, war mit BMW VI 7,3 (der gegenüber dem 6.0 höher verdichteten Version) und Zweiblatt-Holzpropeller ausgestattet. Größere Unterschiede zur F-1 sind nicht bekannt. Äußerlich ist die F-2 leicht von der F-1 durch das an der Fläche befindliche Staurohr zu unterscheiden.

Do 17 P-1
Gemeinsam mit der Do 17 F bildete die »P« in der Vorkriegszeit und auch noch in der Kriegsphase das »Rückgrat« der weitreichenden Aufklärerverbände. Sie wurden jedoch bei Verfügbarkeit der Ju 88 Zug um Zug ersetzt und anderen Aufgaben, beispielsweise bei Schulverbänden, zugeführt.
Im Gegensatz zur Do 17 F basierte die »P« auf dem Bomber Do 17 M. Auch hier wich die Bomberausrüstung zusätzlichem Treibstoff und der Aufklärerausrüstung.

Dicht gedrängt stehen diese Do 17 P (Aufkl.Gr.(F)123) in der Wartungshalle. Eine Szene aus der Anfangszeit des Zweiten Weltkriegs.

Wartungsarbeiten an einer Do 17 P-1 der 3.(F)/33. Ein interessantes Detail ist, dass die Maschine offensichtlich von Zivilpersonal (möglicherweise v. Dornier) gewartet wird.

Eine Do 17 P (50+E11) der 3.(H)/15. An Stelle der BRAMO 323 kamen bei der P-Version BMW 132 N-Motoren zum Einbau.

Seitenansicht der Do 17 P-1 (WNr. 4013).

Bau- und Ausrüstungszustand Do 17 P-1:
- Klappen und Fahrwerk gemäß der Do 17 M mit elektrischem Antrieb.
- Die Motorisierung bestand aus zwei BMW 132 N-1, einem Höhenmotor mit Getriebe (910 PS Startleistung). Diese Einspritzmotoren waren durch die an der oberen Frontpartie platzierten Luftansaugstutzen leicht zu identifizieren. Dieses Merkmal galt zudem für die Baureihe BMW 132 M (970 PS Startleistung).
- Verwendung von VDM-Dreiblatt-Metallpropeller (3,7 m Durchmesser).
- Das Treibstoffsystem beinhaltete neben den beiden Flächentanks zwei Rumpfbehälter mit einer Gesamtkraftstoffmenge vom 2095 l (Aufteilung: 2 x Fläche je 760 l, 1 x Rumpf mit 350 l, 1 x Rumpf mit 225 l).
- Die Defensivbewaffnung bestand weiterhin aus drei MG 15.
- Bildgeräteausstattung wie folgt: je 1 x Rb 10/18, Rb 20/30, Rb 50/30 und eine Handkamera.
- Sauerstoffanlage für drei Mann mit drei Atmer und 18 Flaschen.

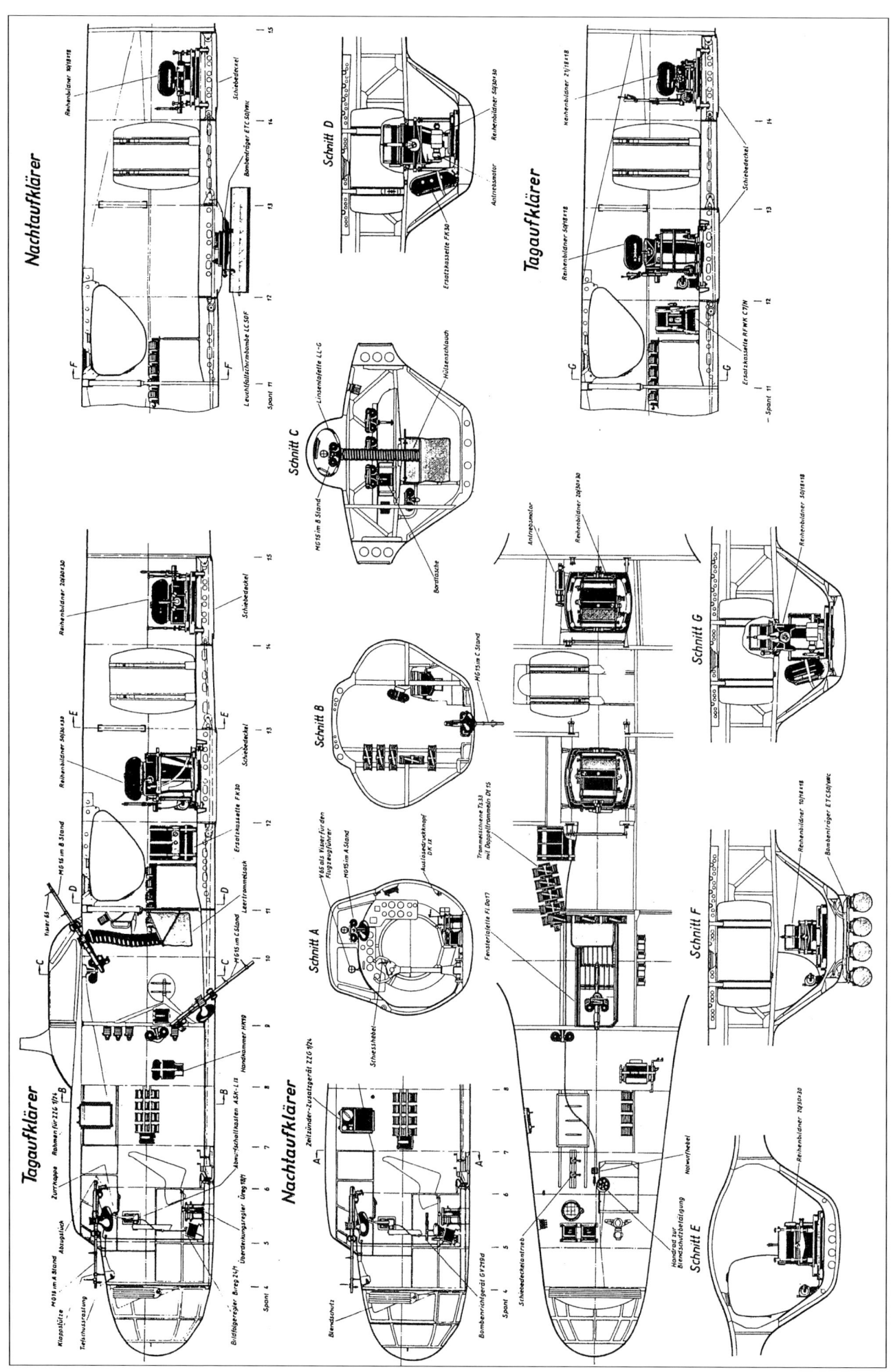

Nachtaufklärer

Tagaufklärer

Tagaufklärer

Nachtaufklärer

Schnitt A

Schnitt B

Schnitt C

Schnitt D

Schnitt E

Schnitt F

Schnitt G

22

- Im Gegensatz zur Do 17 F verfügte die P-Version über eine Rumpfheizung.
- Die Summe der Einbauten schlugen gegenüber der Do 17 F-1 (4500 kg) mit 5640 kg Leergewicht zu Buche. Das Fluggewicht stieg von 7040 kg (F-1) auf 7650 kg bzw. 7730 kg im Maximalfall.

Die Do 17 P absolvierte am 18.6.1938 ihren Jungfernflug. Noch im gleichen Jahr begann die Fertigung dieser Aufklärerversion. An deren Ende standen 330 produzierte Flugzeuge. Die Maschinen entstanden in folgenden Produktionsstätten: Dornier (8), Henschel (100), HFB (149) und Siebel (73).

Do 17 P-2

Diese Variante unterschied sich lediglich durch die Möglichkeit, Blitzlichtbomben unter dem Rumpf mitzuführen. Bei der Mitnahme der Blitzlichtbomben (4 x 20 kg) musste das Rb 50/30 ausgebaut werden, da es sich direkt am Einbauort der Trägerschlösser (ETC 50/III C) für die Blitzlichtbomben befand. Die anderen beiden Geräte verblieben am hierfür vorgesehenen Platz. Die Do 17 P kam 1938 zur Truppe. Sie bildete zunächst gemeinsam mit der Do 17 F den Flugpark der Fernaufklärerverbände, löste jedoch dann die Do 17 F bei den Einheiten ab und wurde ihrerseits durch die Ju 88 ersetzt.

Do 17 R

In einer vergleichsweise geringen Stückzahl wurde die Do 17 R verwirklicht. Lediglich vier Exemplare entstanden für Aufklärungseinsätze bei der sogenannten »Lichtbildsonderstaffel« Rowehl (andere Bez. »Fliegerstaffel Staaken«). Die Basis für diese vier Maschinen bildete die Do 17 M.

Merkmale der Do 17 R1-R4:
- Alle Zellen-Großbaugruppen und das Fahrwerk entsprachen der Do 17 M.
- An Stelle der im M-Muster verwendeten BRAMO 323 kamen hier Reihenmotoren des Typs DB 601 B zum Einbau. Die Motoren erzeugten in 33,9 l Hubraum 1100 PS Startleistung. Ein Leistungsplus gegenüber dem BRAMO 323 A-1 von 200 PS.
- Verwendung von VDM-Dreiblatt-Metallluftschrauben mit 3,4 m Durchmesser.
- Die Tankanlage mit je zwei Flächen- und Rumpftanks.
- Funkausrüstung bestehend aus: FuG IIIaU, Peil GV, FuBl.1.
- Installation von drei Reihenbildgeräten (2 x Rb 20/30), 1 x 50/30).

Das Foto zeigt die Dornier Do 17 RV 2 (D-ATJU) mit Daimler-Benz 601-Motoren.

Die Kennungen von zwei Flugzeugen (D-ARZI und D-ATJU) sind bekannt. Das Muster Do 17 R zeichnete sich einerseits durch seine große Reichweite von 2250 km sowie durch die hohe Geschwindigkeit von 532 km/h aus. Die Reichweite hatte sich mit diesem Wert gegenüber der »F« zwar nicht verbessert, es verschob sich jedoch die Dienstgipfelhöhe auf 9000 m. Ein Unterschied von stolzen 3500 Höhenmetern. Das Muster Do 17 P lag in dieser Disziplin bei 6400 m. Detaillierte Angaben findet der Leser in der entsprechenden Tabelle.

Do 17 S

Ebenfalls für die Lichtbildstaffel Rowehl entstanden die Muster Do 17 S-1 bis S-3. Es handelte sich hierbei auch um Fotoaufklärer, deren Wurzeln jedoch zur Do 17 Z führen. Alle Großbaugruppen stammten von dieser Version. Als herausragende Merkmale dieser Do 17-Ausführung sind DB 601-Triebwerke zu nennen. Folgt man der einschlägigen Literatur, so kamen drei verschiedene Varianten des DB 601 zum Einbau. Zum einen der DB 601 A (1100 PS), die gleichstarke B-Version sowie die N-Variante mit 1175 PS und C-3 Betriebsstoff. Zudem wird in einer englischsprachigen Publikation der DB 600 G erwähnt, was wohl kaum zutreffen dürfte. In diesem Zusammenhang wird die Do 17 S-0 genannt.

Das weitere Equipment entsprach weitgehend der 1938 gebauten Do 17 R. Wie bei der Do 17 R verzichtete man, wie bei der Do 17 R, auch hier auf die Defensivbewaffnung.

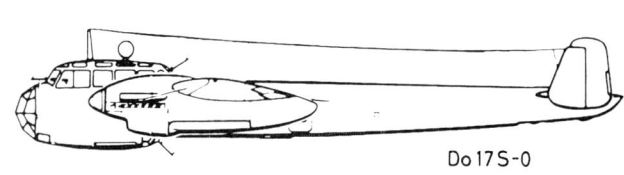

Do 17 S-0

Seitenansicht einer Dornier Do 17 S.

Do 17 Z-3/Z-6

Im Zuge der variantenreichsten Ausführung Do 17 Z wurden auch die Aufklärermuster Z-3 und Z-6 entwickelt. Bei erstgenanntem Typ handelte es sich um den bereits erwähnten Stabsstaffelerkunder bzw. Bomber, welcher mit einem Bildgerät in der Einstiegsklappe ausgestattet werden konnte. Siebzehn Flugzeuge wurden in dieser Ausführung ab 1939 verwirklicht.

Im Fall der Do 17 Z-6 handelte es sich hingegen um einen reinen Wetteraufklärer, der höchstwahrscheinlich nur als Unikat existierte. Die entsprechenden Einheiten oder Organisationen waren für diesen Zweck mit Do 19 P und -Z sowie mit einer Vielzahl anderer Muster wie Do 215, Do 217, He 111, Ju 52, Ju 86, Ju 88 und Siebel 204 ausgestattet. Die Do 17 kamen bei den Wetterflugstellen Berlin, Hamburg, Königsberg oder München zum Einsatz. Wetterbedingte Ursachen, Feindeinwirkung oder technische Ausfälle forderten auch bei diesen vergleichsweise unkriegerischen Einsätzen bei den Westa- und Wekusta-Verbänden ihren Tribut.

Die Merkmale der Do 17 Z-6:
- Verwendung des BRAMO 323 P-1 mit 1000 PS Startleistung und 900 PS Dauerleistung.
- Verzicht auf jegliche Bomberausrüstung.
- Ausstattung mit meteorologischen Geräten.
- Die Defensivbewaffnung verblieb an den üblichen Positionen.

Do 17 Ka 2 / Ka 3

Wie die Kennung schon vermuten lässt, handelte es sich bei diesen Flugzeugen um zwei aus der Do 17 E abgeleitete, für Jugoslawien bestimmte Versionen. Diese waren jedoch im Gegensatz zu den schon erwähnten Maschinen als Aufklärer konzipiert. Wie bei den bereits vorgestellten Exportversionen fanden auch hier Gnôme & Rhône 14 K-Motoren mit VDM-Luftschrauben, FN-MG´s (7,92 mm) und H.S. 404 (20 mm) MK zur Abwehr Verwendung. Die Ka 2 basierte auf dem Bomber Ka 1 (Grundversion Do 17 E).

Das Muster Ka 3 entsprach weitgehend der erwähnten Ka 2. Die Unterschiede betrafen die Kameraanlage sowie das Fehlen der Hispano-Suiza-Maschinenkanone im Bug. Auch diese Maschinen konnten in sekundärer Rolle als Bomber eingesetzt werden.

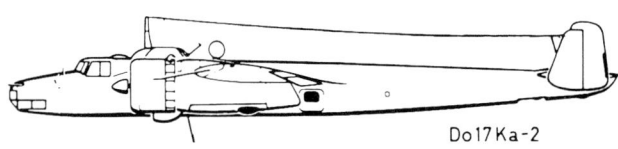

Seitenansicht der Do 17 Ka 2.

Eine Do 17 Ka-2, welche im Gegensatz zu den von der Luftwaffe genutzten Maschinen mit Gnôme & Rhône 14 N-Motoren ausgestattet wurde.

Ansicht einer Do 17 Ka-2 in den Farben der jugoslawischen Luftwaffe. Man beachte die Beschriftungen am Seitenleitwerk.

Frontansicht einer noch unlackierten Do 17 K. Die Bugform unterschied sich gänzlich von den in Deutschland genutzten Maschinen.

Technische Daten	Do 17 E-1	Do 17 M	Do 17 Z-2	Do 17 F	Do 17 P
Einsatzart	Bomber	Bomber	Bomber	Aufklärer	Aufklärer
Spannweite	18,00 m	18,00 m	18,00 m	18,00 m	18,00 m
Länge	16,25 m	16,10 m	15,80 m	16,25 m	16,25 m
Höhe	4,62 m	4,55 m	4,55 m	4,62 m	4,55 m
Fläche	55,00 m²	55,00 m²	55,00 m²	55,00 m²	55,00 m²
Flächenbelastung	128 kg/m²	147,9 kg/m²	156,1 kg/m²	128 kg/m²	140 kg/m²
Leergewicht	5170 kg		5210 kg	4500 kg	5640 kg
Startgewicht	7040 kg	8135 kg	8800 kg	7040 kg	7650 kg
Höchstgeschwindigkeit	355 km/h i. 4000 m	410 km /h in 4000 m	412 km/h in 1220 m	355 km/h in 4000 m	410 km/h in 4000 m
Dienstgipfelhöhe	5500 m	6700 m	8200 m	5500 m	6400 m
Reichweite (max.)	1590 km (ohne Zul.)	1359 km	1160 km	1590 km	1875 km
Reichweite (norm)	Takt. Radius 574 km	Takt. Radius 500 km			1250 km
Triebwerke	BMW VI 7,3	BRAMO 323 A-1	BRAMO 323 P	BMW VI 7,3	BMW 132 N-1
Leistung (Start)	750 PS	900 PS	1000 PS	750 PS	910 PS
Treibstoffkapazität	1400 l	1910 l	2435 l		2095 l
Defensivbewaffnung	1 x MG 15 (Cockpit) 1 x MG 15 (A-Stand) 1 x MG 15 (B-Stand)	1 x MG 15 (Cockpit) 1 x MG 15 (A-Stand) 1 x MG 15 (B-Stand)	6 x MG 15 1 x MG 151/20	1 x MG 15 (Cockpit) 1 x MG 15 (A-Stand) 1 x MG 15 (B-Stand)	1 x MG 15 (Cockpit) 1 x MG15 (A-Stand) 1 x MG15 (B-Stand)
Abwurflasten	Normal 500 kg, Kurzstrecken 750 kg	1000 kg	1000 kg	6 x Blitzlichtbomben LC 50 F	4 x Blitzlichtbomben LC 50 F
Besatzung	3	3	4	3	3

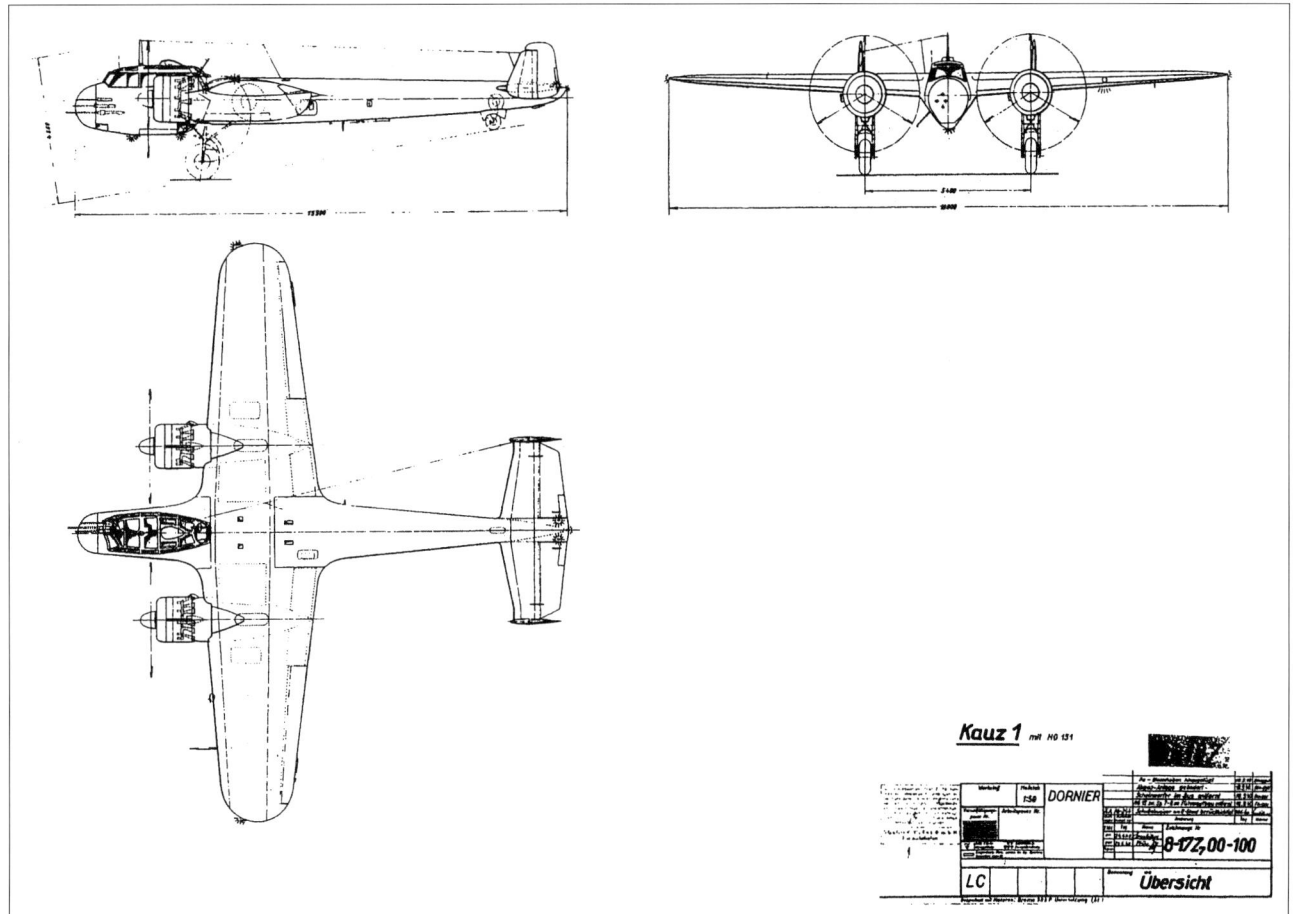

Werkzeichnung der Do 17 Z-7 »Kauz I«.

Do 17-Nachtjäger

Für die Jagd im Dunkeln entwickelte Dornier innerhalb der Do 17-Z-Reihe zwei Ausführungen. Im Zuge dieser Bemühungen entstand die Do 17 Z-7 »Kauz I« (oft auch fälschlich als Z-6 bezeichnet) und dessen optimierter Nachfolger Do 17 Z-10 (»Kauz II«). Diese Ausführungen unterschieden sich auf die Ausrüstung bezogen sehr stark von den bisher dargestellten Do 17-Mustern. Im Gegensatz zu den Bomber- und Aufklärerversionen wich die bisher verglaste Form des Bugs einer anderen voll beplankten Form. Beide Muster wurden in nur sehr geringen Stückzahlen gefertigt. Den Löwenanteil an Nachtjagdflugzeugen bildeten die Bestände an Ju 88, Me 110 und Do 217. In ungleich geringerem Maße waren die He 219 und Do 215 (»Kauz III«) verfügbar. Von der Me 262 oder der kuriosen Do 335 standen lediglich NJ-Versuchsmuster zur Verfügung.

Do 17 Z-7 »Kauz I«

Die Ausführung »Kauz I« wurde nur in sehr wenigen Exemplaren gebaut. Verschiedentlich ist zu lesen, dass es sich um ein Unikat gehandelt haben soll. Eine nicht zutreffende Annahme. Die Do 17 »Kauz I« flog bei der I./NJG 1 sowie bei deren 2. Gruppe im Zeitraum 1940 bis Winter 1941.

Merkmale der Do 17 Z-7
- Das hauptsächliche Augenmerk richtet sich auf den nun voll verkleideten, kurzen Waffenbug der Ju 88C. Dieser nahm ein MG 151/20 oder MG FF sowie drei MG 17 nebst entsprechender Munitionsmenge auf. Eine 11 mm starke Panzerplatte schirmte diesen Bereich zum Cockpit hin ab.

- Die Motorisierung bestand aus zwei BRAMO 323 P-1 mit jeweils 1000 PS Startleistung.
- Ausbau der MG 15 aus dem Seitenfenstern und dem C-Stand.
- Die Besatzung wurde auf zwei Mann reduziert.
- Versuchsweiser Einbau des Infrarot-Ortungsgerätes »Spanner«.
- Reduzierte Abwehrbewaffnung mit lediglich einem MG 15 im B-Stand.

Eine Maschine trug das Verbandskennzeichen R4+HK, deren Bauchlandung (9.11.1940) durch eine Reihe von Fotos in älteren Publikationen dokumentiert ist.
Besonders interessant an der Do 17 Z-7 ist deren Ausstattung, das sogenannte »Spanner«-Gerät. Betrachten wir diese damalige Hightech-Entwicklung anhand Orginaldokumenten etwas näher. Die Beschreibung befasst sich mit der Ausführung »Spanner II«.

»Die im 3. Teilbericht mitgeteilten Messergebnisse über ›Auspufferkennbarkeit durch Spanner‹ wurden mit dem Gerät ›Spanner IV‹ gemessen. Dieses Gerät war entwickelt worden, um unter Ausnutzung der mit Gerät ›Spanner I‹ festgestellten Tatsache der Auspufferkennbarkeit auf größere Entfernungen ein Suchgerät für fliegende Ziele zu schaffen. Gegenüber ›Spanner I‹ musste es zu diesem Zweck insbesondere einen größeren Öffnungswinkel erhalten, wobei die Empfindlichkeit gleich bleiben sollte. Dieses Gerät sollte die seinerzeit bestehende Lücke ausfüllen, die bei der dunklen Nachtjagd insofern vorhanden war, als ein Bordgerät für die mittleren Entfernungen von ca. 2-1 km bis auf 300 m Ziel-

abstand fehlte. Das hierfür vorgesehene elektrische Gerät ›Lichtenstein‹ war zwar in Mustern vorhanden, aber in größeren Zahlen nicht schnell genug einsatzfähig.

Anlass zu dieser Entwicklung waren Messergebnisse, die mit ›Spanner I‹ vom Boden aus an Flugzeugen gewonnen waren, und gewissen Flugzeugmustern bis zu ca. 10 km ergeben hatten. Diese Ergebnisse mussten mit dem fertigen Gerät ›Spanner IV‹ aus dem Flugzeug nachgeprüft werden, und das Gerät auf seine taktische Anwendbarkeit als Nachtjagdgerät untersucht werden.

Die Schwierigkeiten für die Konstruktion des Gerätes lagen in der Forderung, die Reichweite gegenüber ›Spanner I‹ nicht zu verringern, gleichzeitig aber ein Gesichtsfeld von 30 Grad Öffnungswinkel möglichst unverzerrt und in möglichst gleicher Schärfe über den gesamten Bereich abzubilden.

Das Forschungsinstitut der AEG entwickelte auf Grund seiner bisherigen Konstruktionserfahrungen für diesen Zweck ein neues Bildwandlerrohr, für das von Fa. Leitz, Wetzlar, die Optik mit 19 cm Öffnung und 30° Öffnungswinkel gebaut wurde. Hierbei lag eine besondere Schwierigkeit darin, dass das Bild der Optik der gewölbten Kathode des Bildwandlerrohrs möglichst fehlerfrei angeglichen werden musste.

Das Hochspannungsgerät ist das gleiche wie das für ›Spanner I‹ verwendete. Bei Benutzung für ›Spanner IV‹ (!) muss lediglich die negative Spannung auf einem geeichten Spannungsteiler im Innern des Gerätes von -7 kV auf 5 kV verstellt werden.

Das Gewicht beträgt: Optik 11,70 kg, Patrone: 7,00 kg, Hochspannungsgerät mit Kabeln: 21,77 kg, Gesamtanlage: 40,47 kg.

Die Verfahrenserprobung unter 3. fand in der Versuchsstelle Werneuchen statt, weil nur dort (außer an Frontstellen) die für einen vollständigen Nachtjagdansatz benötigten Bodengeräte wie W-Geräte mit Seeburgtisch vorhanden sind. Die in den Monaten September und Oktober durchgeführte Erprobung wurde sehr stark dadurch beeinträchtigt, dass infolge von Schäden an den Bodengeräten und ungenügendem Ausbildungsstand der Besatzungen mehrere angesetzte Flüge ausfallen mussten bzw. ungenügende Ergebnisse lieferten. Es war aus diesen Gründen während dieser Zeit z. B. nur ein einziges Mal möglich, dass der Versuchsträger der E-Stelle Travemünde, eine Do 17 Z, mit eigener Besatzung Geräteansätze fliegen konnte, und hierbei konnten außerdem von der Gerätebesatzung keine Höhenangaben gemacht werden, so dass kein einwandfreier Ansatz erzielt wurde. Weitere Ansätze wurden mit einer von Travemünde ausgerüsteten BF 110 durch die V-Stelle Werneuchen geflogen, wobei in einigen Fällen Bearbeiter der E-Stelle Travemünde mitflogen. Zielmaschine war in diesen Fällen eine Ju 88, deren Sichtweite gemäß z. Teilbericht zu nur 700–800 m gemessen wurde. Nur einmal wurde in Werneuchen als Zielmaschine eine Do 17 Z mit Sammelauspuff (Reichweite ca. 3 km) verwendet, wobei aber wegen Geräteschadens kein Ansatz möglich war und infolgedessen auch keine Entfernungen gemessen wurden.

Die Versuche wurden in drei Stufen durchgeführt:
1. Vorversuche vom Boden aus.
2. Flugversuche mit verschiedenen Flugzeugmustern.
3. Verfahrenserprobung in V-Stelle Werneuchen.

Die Versuche unter 1. fanden folgendermaßen statt:
Verschiedene Spannergeräte, wie ›Spanner I‹ und einige

Versuchsmuster der Forschungsanstalt der Deutschen Reichspost, wurden auf einem Beobachtungsturm aufgestellt. Dieser Turm wurde von einem Flugzeug (He 111 H 2 mit JUMO 211, Sammelauspuff) in verschiedenen Höhen überflogen. Beim Abflug wurde die Zeit gemessen, während welcher die Auspuffflammen mit dem Gerät noch sichtbar waren und daraus auf Grund der geflogenen Geschwindigkeit die erreichte ›Spannersichtweite‹ errechnet. Die jeweilige Messung der Reichweite beruhte in Ermangelung eines genauen Entfernungsmessers wie Gerät Lichtenstein darauf, das auf Grund einer Zeitmessung aus der Unterschiedsgeschwindigkeit der beiden Flugzeuge die Entfernung festgestellt wurde.

Die Ergebnisse der Bodenversuche mit fliegendem Ziel zeigen eine Höchstreichweite von 12-13 km, während im Mittel etwa 8-9 km erreicht werden. Die Entfernungen in Richtung Osten sind durchschnittlich etwas geringer als die nach Westen. Im einen Fall rührt dies von dem in Richtung Südosten stehenden Mond her, im anderen Falle von einer dort liegenden starken Dunstschicht. Besonders bemerkenswert ist aber das starke Abfallen der Reichweiten bei niederen Flughöhen. Diese Erscheinung rührt daher, dass die Auspufföffnungen bei kleiner werdendem Beobachtungswinkel immer mehr durch die Flächen abgedeckt werden.

Dies ist auch der Hauptgrund dafür, dass bei Beobachtung aus dem Flugzeug die Reichweiten wesentlich geringer werden, wie die Werte zeigen, die im z. Teilbericht zusammengestellt sind. Hierbei schrumpft die Reichweite bei demselben Flugziel wie bei den Bodenversuchen (He 111 mit JUMO 211) auf höchstens 4 km zusammen. Andere Flugzeugmuster ergaben teilweise, besonders bei ungünstigem Wetter wie Mondschein, noch erheblich kleinere Werte. So ist die Ju 88 ebenso wie die He 111 H-5 in vielen Fällen erst unter 1000 m erkennbar. Nur bei besonders günstigem Wetter steigen diese Reichweiten auch über 1000 m. Da jedoch nach Frontaussagen die Feindflugzeuge zur Zeit noch größtenteils sehr helle Auspuffflammen zeigen, so wie etwa die Do 17 oder die He 111 H-2, so kann man dafür mit einer durchschnittlichen Sichtweite von 2 km rechnen. Voraussetzung dafür ist jedoch, dass der Jäger in der Höhe so liegt, dass die Auspuffanlagen nicht durch Flugzeugteile abgedeckt werden, d. h. bei unten liegenden Auspuffanlagen muss der Anflug von unten geschehen und im anderen Falle von oben. Hierdurch wird natürlich eine erhebliche Unsicherheit für dies Verfahren verursacht, da ja der Nachtjäger nicht weiß, welchen Typ mit welcher Abgasanlage er vor sich hat, wozu noch der Umstand kommt, dass die Höhenangaben der Bodengeräte oft ungenau sind.

Wie weiter aus dem Teilbericht ersichtlich, setzen sachgemäße Auspuffverkleidungen die Reichweite für Spannersichtbarkeit bis auf Null herab, so dass für die Zukunft auch mit derartigen Maßnahmen des Gegners gerechnet werden muss, wodurch die Unsicherheit noch größer wird. Diese Unsicherheiten bedingen aber, dass bei einem Ansatz auf ein unbekanntes Ziel keine vollkommene Konzentration nur auf die Anzeige des Spanners stattfinden kann und darf, sondern dass die Möglichkeit der Augenbeobachtung nicht gestört werden darf. Da das Gerät ziemlich umfangreich ist, bedeutet es jedoch für das Blickfeld immer eine gewisse Störung, die wiederum der Augenbeobachtung eine größere Unsicherheit gibt. Diese Blickfeldstörung kann auf zweifache Weise gemildert werden, und zwar einmal durch einen Einbau, der hierauf besonders Rücksicht nimmt, wie bei einem ausgeführten Mustereinbau in BF 110. Eine weitere Möglichkeit besteht darin, dass dieses Gerät nur in Typen wie Do 215 und Do 217 verwendet wird, wo zwischen den beiden vorderen

Besatzungsmitgliedern eine Arbeitsteilung durchgeführt wird, insofern, als der Flugzeugführer nur Augenbeobachtung und der Bordwart nur Spannerbeobachtung macht. Dieser Fall besteht in dem Versuchsträger Do 17 Z.
Bei den Flugversuchen der Versuchsstelle Werneuchen, insbesondere mit der BF 110, ist kein günstiges Ergebnis zu erzielen gewesen, und zwar hauptsächlich aus den bereits geschilderten Gründen. Dazu kommt, dass die wenigen möglichen Versuche in der Hauptsache bei Mondschein stattfanden, so dass sämtliche ungünstigen Bedingungen zusammentrafen. Als größte Sichtweite wurde bei der Ju 88 900 m festgestellt. Dieser Wert stimmt mit dem von Travemünde bei den gleichen Wetterbedingungen gemessenen Wert (700/800 m) gut überein.

Als störend ist es von Werneuchen außerdem empfunden worden, dass eine Möglichkeit zur Verwechslung von Sternen auftritt. Dies ist bei geübter Besatzung nicht mehr der Fall, da das Bild von Auspuffflammen gegenüber dem eines Sternes unterscheidbar ist. Allerdings ist es unvermeidlich, dass das Gefühl der schon beschriebenen Unsicherheit durch die dem Auspuffbild sehr ähnlichen SternLichtpunkte noch erhöht wird.
Bei günstigeren Zielen wie z. B. Do 17 konnten in Werneuchen aus den erwähnten Gründen keine Entfernungen gemessen werden.

Im Hinblick auf einen Einsatz des Gerätes ›Spanner II‹ als Suchgerät sind demnach folgende Eigenschaften festzuhalten:

Vorteil: Auspuffflammen sind im Gerät ca. 1-3 km weit sichtbar, während die Augensicht je nach Wetterlage 1/3 bis 1/2 dieser Entfernung beträgt.

Nachteile: Die Anwendung wird eingeschränkt durch folgende Gegebenheiten:

- *Je nach Lage der Abgasanlagen am Zielflugzeug ist ein Ansatz von oben oder unten erfolglos.*
- *Bei Anwendung von Flammenvernichtern ist jeder Ansatz erfolglos.*
- *Da das Bild von Auspuffflammen gegenüber der Abbildung von Sternen oder Bodenlichtern nicht auffällig gekennzeichnet ist, liegt bei ungeübten Besatzungen die Möglichkeit der Verwechslung vor.*
- *Das Gerät stört das normale Blickfeld für Augenbeobachtung, besonders bei Flugzeugen mit nur einem Vordersitz.*

Im Hinblick auf die aufgezählten Nachteile des Gerätes, die eine Anzahl von Unsicherheitsfaktoren in die Anwendung beim Ansatz bringen, wird ein allgemeiner Einsatz des Gerätes nicht empfohlen. Ein Einzeleinsatz in einer Do 215, deren Besatzung das Gerät als zusätzliches Hilfsmittel anzuwenden wünscht, ist jedoch durchaus empfehlenswert und wurde bereits von Travemünde vorgeschlagen. Insbesondere würden die damit gewonnenen Fronterfahrungen besonders wertvoll für die Weiterentwicklung ähnlicher Geräte sein.
Wie bereits des öfteren zum Ausdruck gekommen, bedeutet das Gerät ›Spanner II‹ den Versuch, einen vorübergehenden Mangel an Suchgeräten auf elektrischer Basis (Lichtenstein) durch Ausnutzung der Ultrarotstrahlung der Abgasanlagen zu beheben. Dieser Anwendung haften, wie gezeigt, mehrere Mängel an, die nicht durch Änderung des Gerätes behoben werden können.
Anders ist grundsätzlich die Anwendung des Bildwandlers

zusammen mit einem Ultrarotstrahler als Zielgerät wie ›Spanner I‹ bzw. die Weiterentwicklung ›Spanner III‹. Hierbei wird das Ziel in seiner ganzen Ausdehnung angestrahlt und infolge der Reflexion dieser Strahlung als wirklichkeitsgetreues Bild wahrgenommen. Diese Möglichkeit ist nur auf diese Weise erreichbar, und sie ist daher auch das einzige Mittel zum Zielen und Schießen im Dunkeln. Die grundsätzliche Entwicklung und Erprobung dieses Gerätes (Steigerung der Empfindlichkeit, Erhöhung der Scheinwerferleistung und damit Vergrößerung der Reichweite) ist eine unbedingte Notwendigkeit zur Vervollkommnung der Nachtjagd.«

Soweit die Beschreibung sowie die Bewertung des »Spanner«-Gerätes aus historischen Unterlagen. Diese Technik war zwar brauchbar, jedoch noch nicht voll ausgereift, und konnte so die in sie gesetzten Erwartungen nicht erfüllen. Folglich setzte man auf das Funkmessverfahren, dem fortan alle Aufmerksamkeit geschenkt wurde. Eine Technik, die trotz aller feindlichen Störversuche dennoch größere Erfolge zeitigte. In der Folge entstand die Do 17 »Kauz II« und andere ungleich erfolgreichere Nachtjagdmuster.

Do 17 Z-10 »Kauz II«

Dieses Muster unterschied sich in der Ausrüstung gravierend vom Vorgänger »Kauz I«. Das aus neun Flugzeugen bestehende Baulos wurde mit den ersten raren »Lichtenstein«-Geräten ausgestattet. Versuchsweise wurde auch ein »Spanner«-Gerät in die Rumpfspitze (Q-Rohr) mit Einbau des Sichtgeräts in die Frontscheibe erprobt. Die Testergebnisse sowie die Beurteilung im Einsatz bewogen das RLM, die Fertigung nach neun Flugzeugen einzustellen, zumal erfolgversprechendere Muster, wie die Ju 88, schon zur Verfügung standen.

Die Merkmale der Do 17 Z-10 »Kauz II«

- Die Ausführung Do 17 Z-10 erhielt nun einen neu konstruierten Waffenbug, welcher sich von der ersten Form des bei »Kauz I« verwendeten Ju 88-Waffenbugs wesentlich unterschied. Deutlich länger und voluminöser in seiner Form, konnte hier die Bewaffnung sowie die Munitionsbevorratung erhöht werden. Die Bugbewaffnung gestaltete sich nun aus 4 x MG 17 sowie 1-2 x MG 151/20 oder 1-2 MG FF. Hinzu kam zentriert in der Bugspitze das Q-Rohr des »Spanner«-Gerätes.
- Die Triebwerksanlage entsprach mit 2 x BRAMO 323 P-1 der Do 17 Z-7.
- Die Anzahl der Besatzungsmitglieder wurde auf drei Mann erhöht.
- Verwendung des Revi C12D.
- Defensivbewaffnung mit je einem MG 15 im B- und C-Stand. Die Angriffsbewaffnung bestand aus 4 x MG 17 sowie je 1 x MG 151/ 20 oder je 1 x MG FF.
- Das »Spanner«-Gerät fand auch im »Kauz II« Verwendung. Da es zu keinem Zeitpunkt die Erwartungen erfüllte, verschwand dieses Gerät bei Verfügbarkeit der FuG 202 »Liechtenstein« aus den Flugzeugen. Dennoch wurde auch in den folgenden Kriegsjahren versucht, die Infrarottechnik (damals »Ultrarot« genannt) zu optimieren.
- Die Funkanlage bestand aus den Geräten FuG X, FuG 25, Peil GV, Fu.Bl.1.

Abschließend zum Thema Nachtjagd eine Tabelle mit technischen Daten der erwähnten Do 17-Varianten:

Technische Daten	Do 17 Z-7 Kauz I	Do 17 Z-10 Kauz II
Spannweite	18,00 m	18,00 m
Länge	15,90 m	15,72 m
Höhe	4,55 m	4,55 m
Fläche	55,00 m²	55,00 m²
Höchstgeschwindigkeit	420 km/h i. 4000 m	420 km/h i. 5900 m
Dienstgipfelhöhe	8000 m	8000 m
Reichweite (max.)	2000 km	2000 km
Reichweite (norm)		
Triebwerke	BRAMO 323 P	BRAMO 323 P
Leistung (Start)	1000 PS	1000 PS
Treibstoffkapazität		
Defensivbewaffnung	1 x MG 15*	**2 x MG 15**
Bewaffnung	1 x MG FF,	4 x MG 17, 1 x MG
	3 x MG 17	FF oder MG 151/20
Ortungsgeräte	Spanner	Spanner / FuG 202
Besatzung	2	3

* Werkszeichnung mit einem zusätzlichen MG 15 im C-Stand.

Die Bezeichnung »Kauz III« kennzeichnete die Nachtjagd-Ausführung der Do 215. Die entsprechenden Daten findet der Leser im Kapitel Do 215.

Do 17 L/U Führungsflugzeuge

Do 17 L

Von diesen Pfadfinder/Führungsflugzeugen wurden nur zwei Exemplare gefertigt. Sie trugen die Bezeichnungen LV 1 und LV 2 bzw. V11/V12. Dieses Baumuster entstand auf der Basis der Do 17 E. Die Unterschiede bestanden hauptsächlich im Einbau von BRAMO 323 A-Motoren und der Verstärkung der Crew auf vier Mann. Das Leergewicht der Do 17 L betrug 5160 kg. Im beladenen Zustand hingegen bis zu 8800 kg.

Do 17 U

Do 17 L (D-AYZE).

Flugzeuge der Version Do 17 L wurden als Pfadfinder oder zur Verbandsführung eingesetzt.

Diese Version eines Führungsflugzeuges wurde hingegen ab 1937 in einer Kleinserie gefertigt. Die Produktion gliederte sich in drei Do 17 U-0 sowie zwölf Do 17 U-1.

Die Merkmale:
- Der Rumpfaufbau entsprach der Do 17 S mit der vergrößerten Kanzel der Do 17 Z. Dieser Bereich wurde zur Aufnahme von bis zu sechs Personen modifiziert. Aufgrund der neuen Aufgabenstellung wich die Ausstattung drastisch von der sonst üblichen ab. Die Maschinen wurden mit zwei Arbeitsplätzen für Funker ausgestattet und mit FuG X, Peil GV und Fu.Bl.1 bestückt. Zudem wurde Platz für den Kartentisch des Geschwaderführers geschaffen.
- Motoren des Typs DM 600 A kamen bestenfalls in der Do 17 U-0 zum Einbau. Die U-1 verfügte hingegen über zwei BRAMO 323 A-1. Es ist kaum anzunehmen, dass auch die U-1 mit DM-Motoren ausgestattet wurde, da hier die Jägerseite Vorrang hatte. Eine Werkszeichnung zeigt die U-1 mit BRAMO-Triebwerken.
- Verwendung von dreiblättrigen VDM-Metallluftschrauben mit 3,6 m Durchmesser.
- Treibstoffanlage mit zwei Flächentanks und zwei Rumpfbehältern mit gesamt 2660 l Fassungsvermögen.
- Die Defensivbewaffnung bestand aus je einem MG 15, platziert in der Frontscheibe, sowie im B- und C-Stand. Optional zwei MG 15 in den Seitenscheiben neben dem B-Stand. Bomben wurden wegen der beiden Rumpftanks nicht mitgeführt.
- Sauerstoffanlage mit sechs Atmern und 30 Flaschen.

Die Maschinen des Typs Do 17 U wurden 1938 den Kampfverbänden als Führungsflugzeuge zugeteilt.

Do 17 Z-4 Schulflugzeuge

Hierbei handelte es sich um keine Werksserie, sondern um in Feldwerften oder beim Hersteller umgerüstete Do 17 Z, welche aus den Verbänden stammten und nun für Schulungsaufgaben entsprechend modifiziert wurden. Die wesentlichen Änderungen bestanden im Ausbau von verschiedenem militärischen Equipment und Ausstattung mit einer Doppelsteuerung.

Do 17 Z-8 (Schlachtflugzeug-Projekt)

Seine Fähigkeiten an der Front konnte »Geier« nie beweisen. Das Projekt eines Schlachtflugzeugs auf der Basis der Do 17 Z verblieb am Reißbrett. Gemäß der Aufgabenstellung wäre eine umfangreiche Panzerung der neuralgischen Stellen nötig gewesen. Hieraus resultierte der unakzeptable Gewichtszuwachs. Die auf mathematischem Weg ermittelten Leistungsdaten waren dementsprechend unbefriedigend. Verwirklicht wurde hingegen die Do 17 Z-9, welche ebenfalls für Tiefangriffe entwickelt wurde.

Den Abschluss der Do 17-Reihe bildete die Ausführung Z-10, der sog. »Kauz II«. Unter der gleichen Benennung entwickelte Dornier ein Do 17-Seekampfflugzeug mit Schwimmern. Was beispielsweise bei der »Tante Ju« funktionierte, sollte auch hier möglich sein.

Die Merkmale:
- Das Seekampfflugzeug sollte mit Motoren des Typs DB 601 A ausgestattet werden.
- Zudem waren Sturzflugbremsen im Stil der Ju 88 vorgesehen.
- Die Bewaffnung im verglasten Rumpfbug sollte aus zwei MG 17 und zwei MG 204 (20 mm) bestehen. Favorisiert wurde jedoch die Lösung mit 2 x MG FF.

Da schon bald geeignetere Flugzeuge verfügbar waren, verblieb auch diese Ausführung der Do 17 im Reißbrettstadium.

Erwähnenswert ist auch das Muster Do 17 J. Diese Bezeichnung steht im Zusammenhang mit den beiden Prototypen Do 17 V18 und V19. Beide waren Erprobungsträger bei Testreihen für BMW 132 F. Auch hier kam es nicht zu einer Serienproduktion. Der Vollständigkeit halber sollen noch folgende Bezeichnungen erwähnt werden:
- Do 17 MV 1 (Musterflugzeug für Do 17 M)
- Do 17 MV 2 (Erprobungsträger für Kurssteuerung Siemens K4ü)
- Do 17 MV 3 (Musterflugzeug für Do 17 M)
- Do 17 LV 1 (Musterflugzeug für Do 17 F-2)
- Do 17 LV 2 (Motorenerprobung DB 600)
- Do 17 RV 1 (Prototyp d. Schnellbomberversion)
- Do 17 RV 2 (Prototyp d. Schnellbomberversion)

Die Geschichte der in einem breiten Einsatzspektrum einsetzbaren Do 17 begann im Jahre 1934 mit dem Muster V1. Bis zur Einstellung der Produktion verließen ca. 2100 Flugzeuge bei Dornier und den Lizenznehmern die Endmontage. Die hierbei am stärksten vertretene Ausführung stellte die Do 17 Z mit 913 gebauten Exemplaren dar. Dornier arbeitete bereits an einem Nachfolger, welcher unter der Bezeichnung Do 217 V1 sich am 4. Oktober 1938 in sein natürliches Element begab. Der Erstflug der letzten Do 17-Serie »Z« wurde am 1. März des gleichen Jahres absolviert. Bereits Anfang des Jahres 1938 reichte Dornier eine Baubeschreibung für ein Nachfolgemuster ein, welches zu einem späteren Zeitpunkt die RLM-Typennummer 217 erhielt. Das Muster lehnte sich stark an die Do 17 M bzw. Do 215 an. Als Antriebsquelle waren zwei DB 601 vorgesehen. Die Eckdaten mit 520 km/h bei einem Fluggewicht von 10 200 kg, einer Bombenlast von 1500 kg gegenüber den 1000 kg der Do 17 und die Erhöhung der Anzahl von Hauptbaugruppen von vier auf sechs wurde im RLM positiv betrachtet. Gleichzeitig machte man sich dort Gedanken bezüglich eines Seekampfflugzeuges. Daraufhin entstand der Entwurf einer auf Schwimmer gesetzten Do 217, deren Attrappenbau schon weit gediehen war. Das RLM wandte sich jedoch dem Landflugzeug zu, welches bei entsprechender Ausstattung für den Kampf über See geeigneter erschien. Es blieb daher bei der Landversion der Do 217. Die Do 217 V1 sah der Do 17/215-Reihe noch sehr ähnlich. Im Zuge der nachfolgenden Prototypen sowie der Serienmuster differierte dieses Bild zusehends. Eine Entwicklung, die sich bei der Do 217 K, M, P und Do 317 besonders deutlich bemerkbar machte. Trotz dieses Entwicklungsschritts konnte die Do 217 ihre Wurzeln nicht verleugnen. Die Grundkonzeption der Do 17 und somit die »Verwandtschaft« zu dieser blieb bei allen »217« erhalten.

Die Do 217 und generell alle nachfolgenden Flugzeuge dieses Typs bestanden im Gegensatz zur Do 17 aus sechs Hauptbaugruppen. Die Do 17 hingegen aus vier Gruppen. Aufteilung wie folgt:
Do 17: Kanzelbereich, Rumpfmittelteil, Tragwerk und Leitwerk.
Do 217: Rumpfvorderteil, Rumpf/Flächenmittelstück, Rumpfmittelstück, Rumpfende, Außenflächen und Leitwerk.
Die konstruktionsmäßigen wichtigsten Änderungen gegenüber der Do 17 beinhalteten folgende Punkte:
- Vergrößerte Grundabmessungen der Zelle.
- Verwendung von BMW 139, BMW 801, DB 601, DB 603 und JUMO 211-Motoren.
- Einbau eines verstärkten und elektrisch angelenkten Fahrwerks.
- Installation von Sturzflugbremsen, da auch hier nun wie

Diese Do 17 M wurde während eines Testfluges zur Erprobung der Sturzflugbremse für die Do 217 fotografiert.

bei so vielen anderen Flugzeugen, unsinnig oder nicht, die Sturzflugfähigkeit verlangt wurde. Mit diesem Kriterium machte das RLM nicht einmal vor der He 177 halt. Die Erhöhung der Spannweite und eine größere Flügeltiefe erhöhte die Flügelfläche.
Die ersten Do 217-Flugzeuge, es handelte sich hierbei um sechs Fotoaufklärer (Lichtbildflugzeuge) der Version A-0, wurden 1940 an die Truppe ausgeliefert. Die erste Großserie stellte die Do 217 E dar. Die letzten beiden Do 217 wurden im Mai 1944 von der Luftwaffe übernommen. Danach wurden die Produktionskapazitäten für die Jägerfertigung bereitgestellt. Die Fertigung der Do 17 endete im Sommer 1940.

Die Erstflüge der einzelnen Do 17/217-Versionen:
- Do 17 V1 (23.11.1934)
- Do 17 E (30.5.1936)
- Do 17 F (1936)
- Do 17 K (6.10.1937)
- Do 17 M (7.4.1937)
- Do 17 P (18.6.1938)
- Do 17 Z (1.3.1938)
- Do 217 V1 (4.10.1938)
- Do 17 E (1.10.1942)
- Do 217 J (15.3.1942)
- Do 217 K (31.3.1942)
- Do 217 M (16.7.1942)
- Do 217 N (31.7.1942)
- Do 217 PV1 (6.6.1942)
- Do 317 A (8.9.1943)

Die Technik sowie die historischen Belange der Do 217-417 wird in der Reihe »Vom Orginal zum Modell« noch in einer gesonderten Dokumentation dargestellt.

V-Muster	WNr.	Zulassung	Weite-

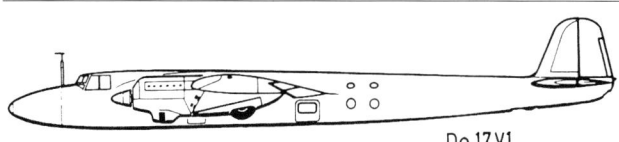

Seitenriss der Do 17 V1. Diese ursprüngliche Form der Do 17 veränderte sich im Rahmen der Entwicklung dieses Flugzeugtyps ganz erheblich.

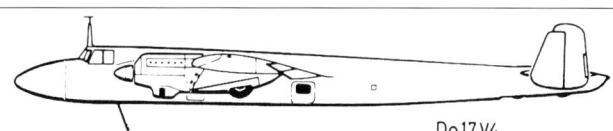

Der Entwicklungsstand am Beispiel der Do 17 V4. Bereits die V2 verfügte über ein Endscheibenleitwerk.

Frontansicht der Do 17 V8. Hier kamen an Stelle der BMW VI leistungsstärkere Daimler-Benz-Reihenmotoren zum Einbau.

Die Do 17 V-Muster

V-Muster	WNr.	Zulassung	Weitere Zulassung	Konfiguration	Weitere Bezeichn.	Triebwerke	Erstflug	Bemerkung
Do 17 V1	256	D-AJUN		Schnellflugzeug		BMW VI 6.0	23.11.1934	Bei Bruchlandung zerstört (21.12.1935)
Ersatz V1	686	D-AJUN		Schnellflugzeug				Erprobungsträger für Vertikalmagazine
Do 17 V2	257	D-AHAK		Verkehrsflugzeug		BMW VI 6.0	5.5.1935	
Do 17 V3	258	D-ABIH		Bomber		BMW VI 6.0	15.5.1935	
Do 17 V4		D-AGYA		Bomber		BMW VI 6.0	Spätsommer 1935	Auch zur Erprobung in Rechlin (MG 15 u. 20-mm-Waffe)
Do 17 V5		D-AKOH		Schnellverkehrsflugzeug				
Do 17 V6	656	D-AKUZ	GL+AJ (Rechlin)	Reiseflugzeug		Hispano-Suiza 12 Ykrs	Herbst 1935	Reisemaschine d. RLM
Do 17 V7		D-AQYK	KD+NE	Bomber		BMW VI 7.3	Herbst 1935	Musterflugzeug für E-2-Variante
Do 17 V8	691	D-AXOM	D-AELE	Bomber, Rekordflugzeug	MV1	DB 600 A (DB 601)		
Do 17 V9		D-ABOY		Reiseflugzeug		BMW VI 7.3		
Do 17 V10		D-AKUU	RB+DK	Bomber		BMW VI 7.3		Musterflugzeug Do 17 E
Do 17 V11		D-ATYA		Aufklärer	LV1	BMW VI 7.3		Musterflugzeug für F-2-Variante
Do 17 V12		D-AKYU			LV2	**DB 600 C**		Motorenerprobung für DB 600
Do 17 V13	692	D-ATAH	(D-AUQO?)		MV2	**BRAMO 323 A-1**		**Erprobung für Kurssteuerung K4Ü**
Do 17 V14		D-AFOU		sog. »Lichtbildflugzeug«	MV3	BRAMO 323 D	7.4.1937	Einsatz bei Hansa Luftbild.
Do 17 V15						BMW VI 7.3	1937	Musterflugzeug für Do 17 M
Do 17 V16						BMW VI 7.3	1937	Musterflugzeug für Do 17 E
Do 17 V17						BMW VI 7.3	1937	Musterflugzeug für Do 17 E
Do 17 V18						BMW 132 F		Musterflugzeug für Do 17 E
Do 17 V19						BMW 132 F		Musterflugzeug für Do 17 J,
Do 17 V20						BMW 132 F		Musterflugzeug für Do 17 J,
Do 17 V21						BMW 132 F		Erprobung BMW 132 F

Die Technik der Do 17

Im vorherigen Kapitel wurde bereits auf die Unterschiede der einzelnen Versionen eingegangen. Die technische Beschreibung in diesem Teil konzentriert sich auf die Muster E/F und Do 17 Z im Besonderen. Werkszeichnungen und Fotos dokumentieren die einzelnen Bereiche.

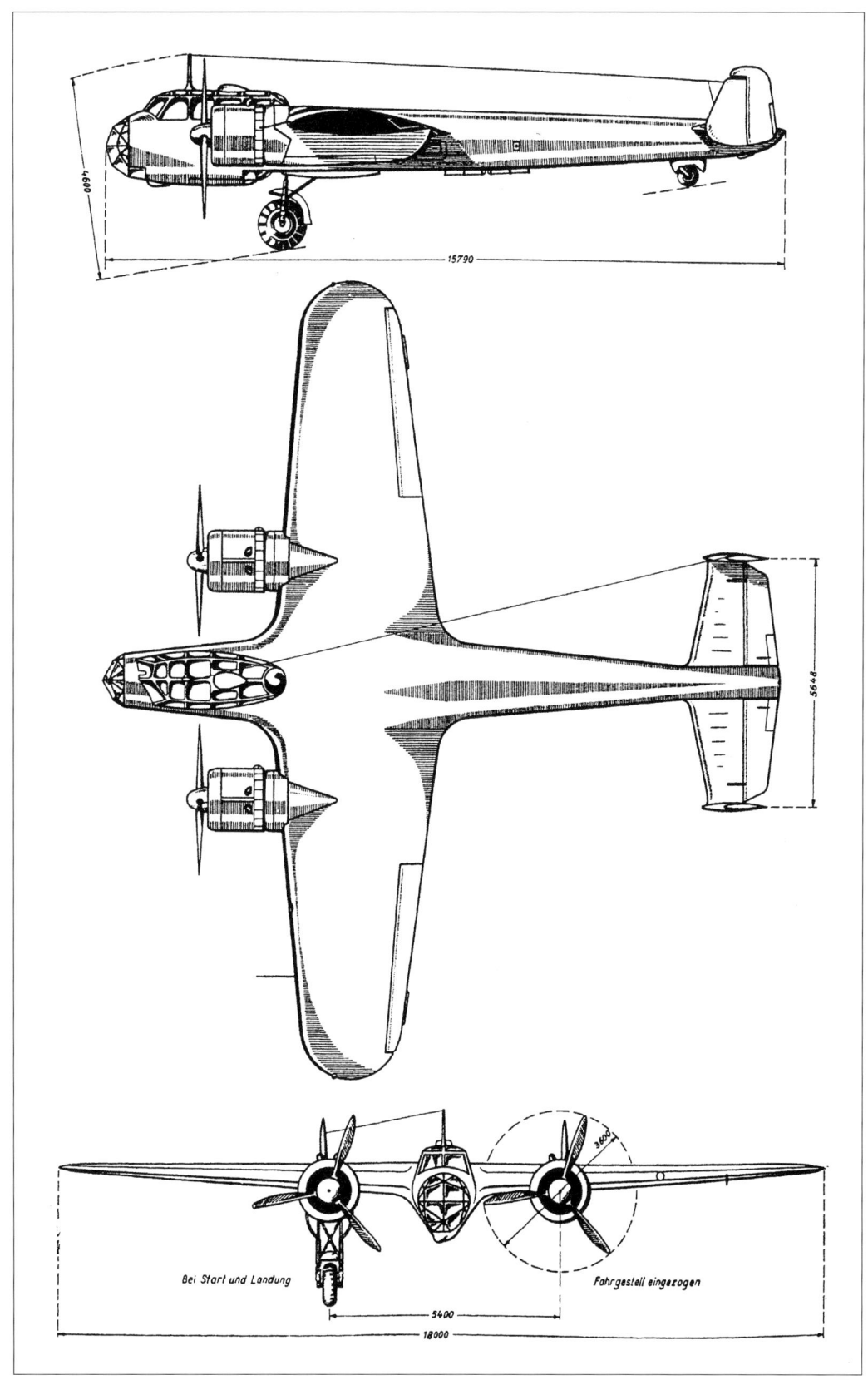

3-Seiten-Ansicht mit entsprechender Bemaßung der Do 17 Z (Werkzeichnung).

Das Rumpfwerk

Der schlanke, langgestreckte Rumpf der Do 19 Z maß in der Gesamtlänge 15,80 m (Do 17 E/F = 16,25 m). Zweifellos verdiente die Do 17, zumindest in der frühen Form, den Beinamen »Fliegender Bleistift«. Das Rumpfwerk wurde in drei Hauptbaugruppen plus die Bugsektion unterteilt. Insgesamt 33 (31 bis Endkappe) Spante, vier Längsholme und zahlreiche Längsverstrebungen sowie die senkgenietete, mittragende Glattblechbeplankung bildeten die in Ganzmetall-Schalenbauweise gefertigte, strömungsgünstige Rumpfstruktur.

Die Komponenten der hier sichtbaren Do 17-Rümpfe sind bereits montiert. Neue Rumpfvorderteile werden für den weiteren Zusammenbau bereits in Position gebracht.

Rumpfunterteilung der Do 17 E/F

- Spant 1-3: Das Gerüst des teilweise beplankten und im Wesentlichen verglasten Bugbereich bilden nahezu rund geformte Spante.

- Spant 4-10: Aufbau des dural-beplankten Crewbereichs bis Spant 5 mit runden, anschließend bis Spant 10 reichend, mit oval geformten Spanten. Zwischen Spant 5 und 7 befindet sich der Arbeitsplatz des Flugzeugführers. Die B- und C-Abwehrstände sind zwischen Spant 8 und 11 platziert.

- Spant 11-15: Das Rumpfmittelteil nahm in Schulterdecker-Anordnung das Tragwerk auf, daneben die militärische Zuladung. Die Spante 11 und 13 waren nur halbrund geformt, da hier das Tragwerk eingefahren wurde. Beim Aufklärer wurden die Reihenbildkameras zwischen Spant 12/13 und 14/15 positioniert und durch Schiebedeckel nach unten hin geschützt. An Stelle einer Kamera konnten zwischen Spant 12/13 für Nachteinsätze Magnesium-Blitzlichtbomben (ELVEMAG 100/II) mit geführt werden. In den Bomberausführungen Do 17 E und Z variierte die Zuladung aus verschiedenen Bombenkalibern, wahlweise mit zusätzlichem Treibstofftank.

Die Bugkanzel der Do 17 E/F (Werkzeichnung).

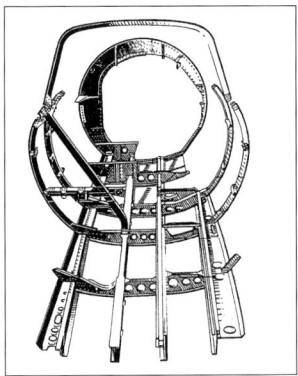

Rumpfvorderteil der Do 17 E/F bei Spant 4-9 (Werkzeichnung).

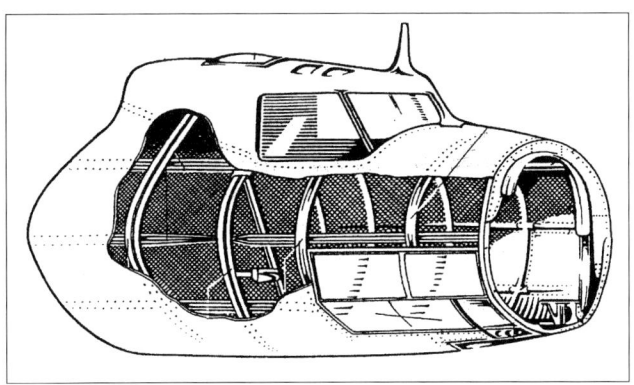

Das beplankte und verglaste Rumpfvorderteil der Do 17 E/F bei Spant 4-9 (Werkzeichnung).

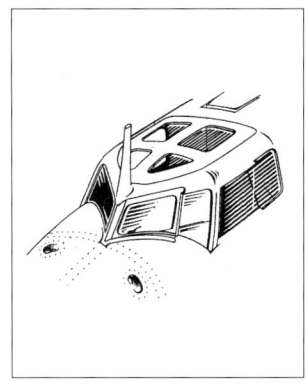

Der Führerraum-Aufbau der Do 17 E/F (Werkzeichnung).

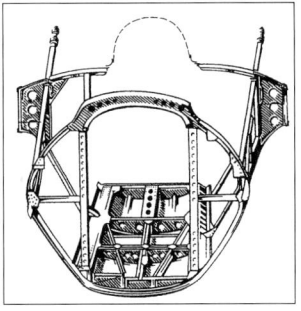

Das Rumpf-Mittelteil der Do 17 E/F zwischen Spant 9 und 11 (Werkzeichnung).

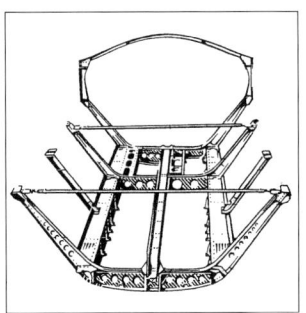

Das Rumpf-Mittelteil der Do 17 E/F zwischen Spant 11 und 14 (Werkzeichnung).

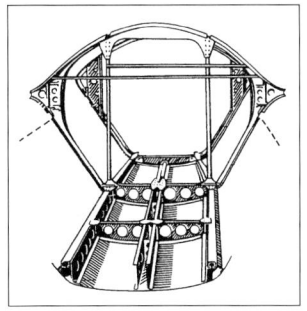

Der Bereich des Rumpf-Mittelteils zwischen Spant 14 und 15 (Werkzeichnung).

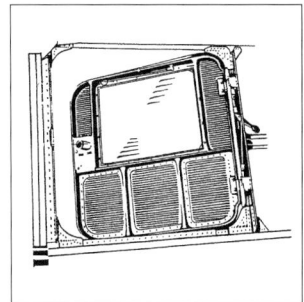

Einstiegstüren waren zwischen Spant 9 und 11 sowie zwischen Spant 14 und 15 eingebaut.

- Spant 16-31: Das Rumpfhinterteil verfügte in der Mehrzahl über Spante mit annähernd rundem Querschnitt und ständig abnehmendem Durchmesser. Im Bereich zwischen Spant 28 und 29 sowie 29 und 31 (siehe keilför-

mige Rumpfausschnitte) wurde das Höhenleitwerk aufgesetzt sowie darunter das Spornrad installiert. Den Rumpfabschluss bildete nach Spant 31 die Endkappe, auch Heckkonus genannt (Spant 32 und 33).

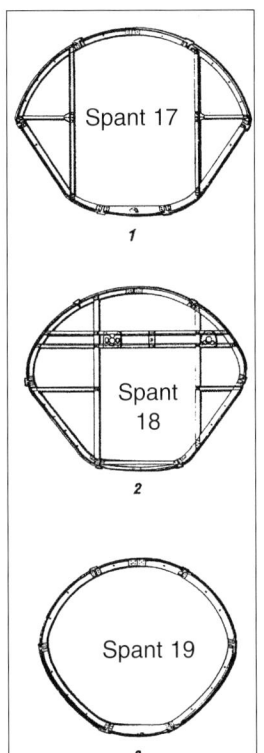

Die Form der Rumpfspante 17-19 lt. Werkzeichnung Do 17 E/F .

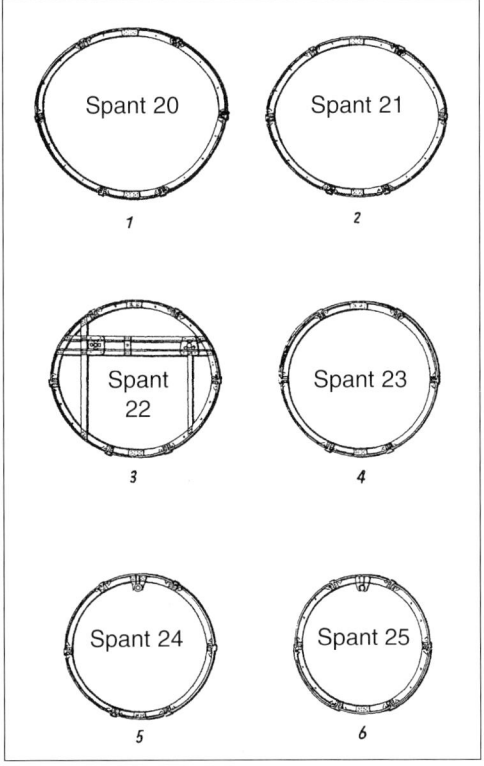

Die Formgebung der Rumpfspante 20-25 lt. Werkzeichnung Do 17 E/F.

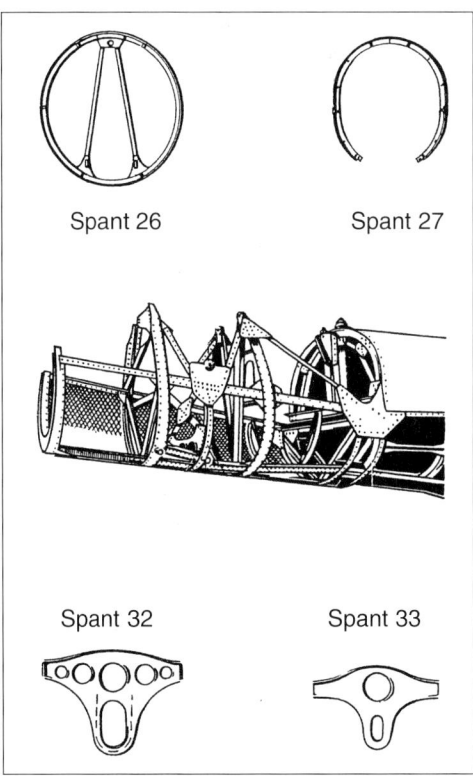

Aufbau des Rumpfhinterteils zwischen Spant 26 und 33. Der v-förmige Aufbau diente zur Aufnahme und Befestigung des Höhenleitwerks (Werkzeichnung).

Linkes Foto: Die Unterseite der hinteren Rumpfstruktur einer Do 17 E.
Rechtes Foto: Im Vordergrund Spant 25, dahinter der verstrebte Spant 26. Weiter in Heckrichtung blickend, befand sich der Hydraulikzylinder des Spornrades. Oben mittig verlaufend die Spornspindel und deren Welle. Seitlich das Steuergestänge für die Ruder des Leitwerks.

Rumpfaufteilung der Do 17 Z

- Spant 1-2: Der nun vollverglaste, gänzlich geänderte Bugbereich gestaltete sich aus geschweißten Elektronprofilen. Die planverglaste Konstruktion war an neun Befestigungspunkten mit dem Crewbereich verbunden.
- Spant 3-10: Auch dieser Rumpfteil war gegenüber den bisherigen Versionen radikal geändert worden. Durch den integrierten B-Stand und durch das Hinzufügen einer Bodenwanne (C-Stand) ergab sich ein sehr differenzier-

tes Erscheinungsbild zu allen anderen bisherigen Ausführungen der Do 17. Der Führerraum erstreckte sich zwischen Spant 3-8, wobei sich das Hauptinstrumentenbrett bei Spant 4, die Steuersäule zwischen Spant 4 und 5 sowie der Pilotensitz (backbordseitig) sich zwischen Spant 5-7 befand. Das Zielgerät wurde auf der Beobachterseite, steuerbordseitig, vor dem Sitz bei Spant 5 positioniert. Der Funker und die entsprechenden Gerätekonsolen befanden sich hinter dem Beobachter zwischen

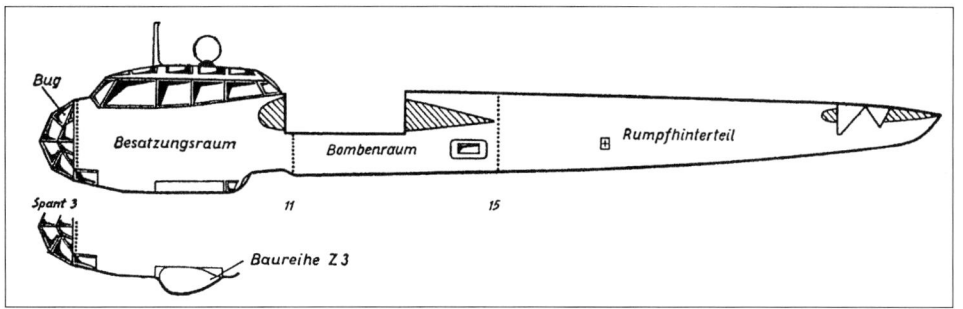

Rumpfaufteilung am Beispiel der Do 17 Z (Handbuch-Zeichnung).

Die Cockpiteinbauten der Do 17 Z anhand von zwei Handbuchzeichnungen. ▼

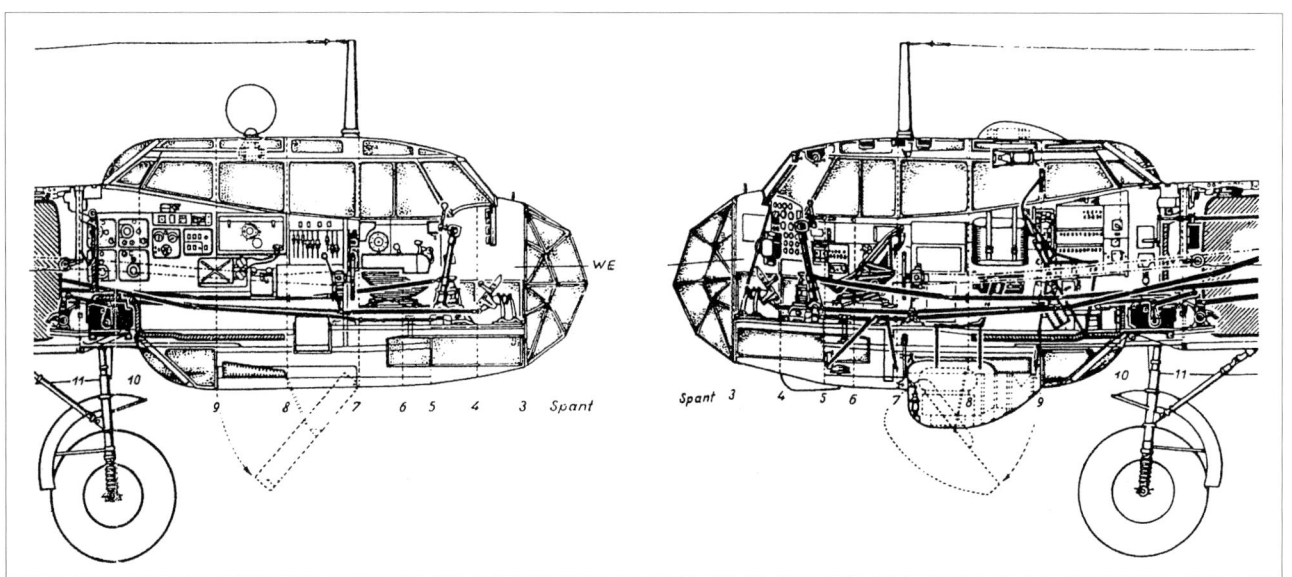

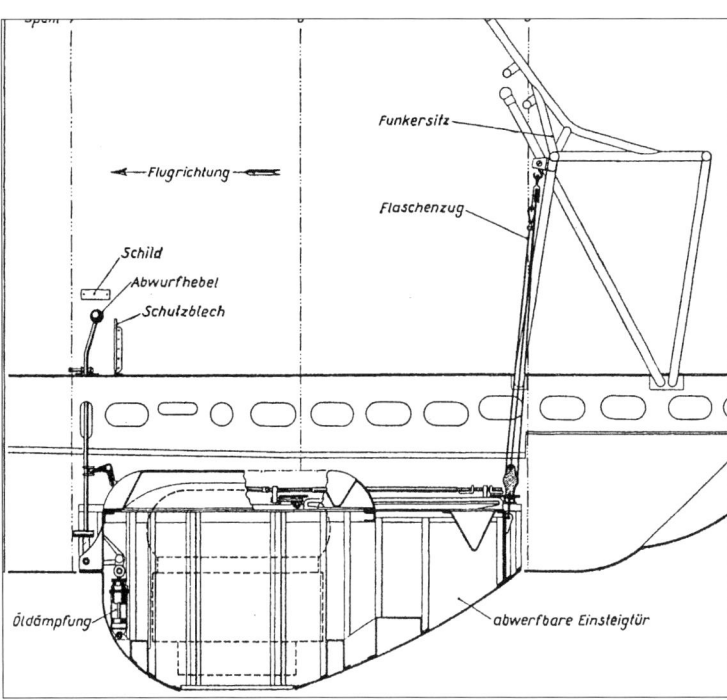

Einbau- und Funktionsschema der Einstiegsklappe bei Do 17 Z-3 (Handbuch-Zeichnung).

Durch diese Einstiegsluke gelangte die Crew zu ihren Plätzen im Cockpit. Interessant die Anordnung von zwei an den Seitenfenstern flexibel montierten MG 15.

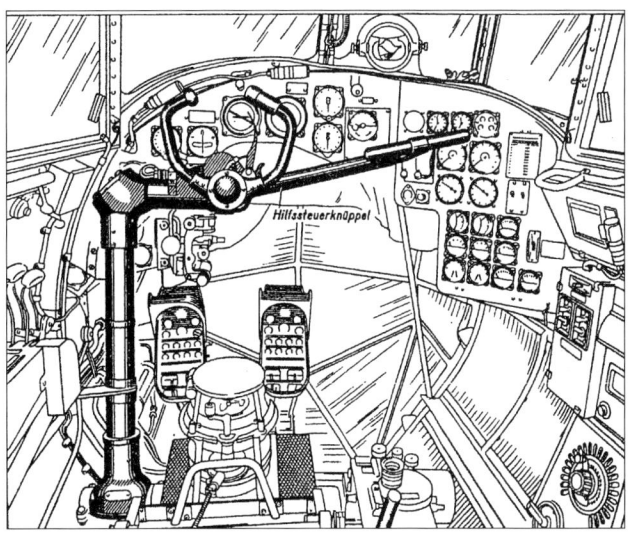

Der Pilotenbereich eines Do 17 Z-Bombers (Handbuch-Zeichnung).

◄ Die Einstiegsklappe einer Do 17 Z. Zur Aufnahme einer Reihenbildkamera wurde die Klappe Do 17 Z-3 mit dieser blasenförmigen Verkleidung ausgestattet.

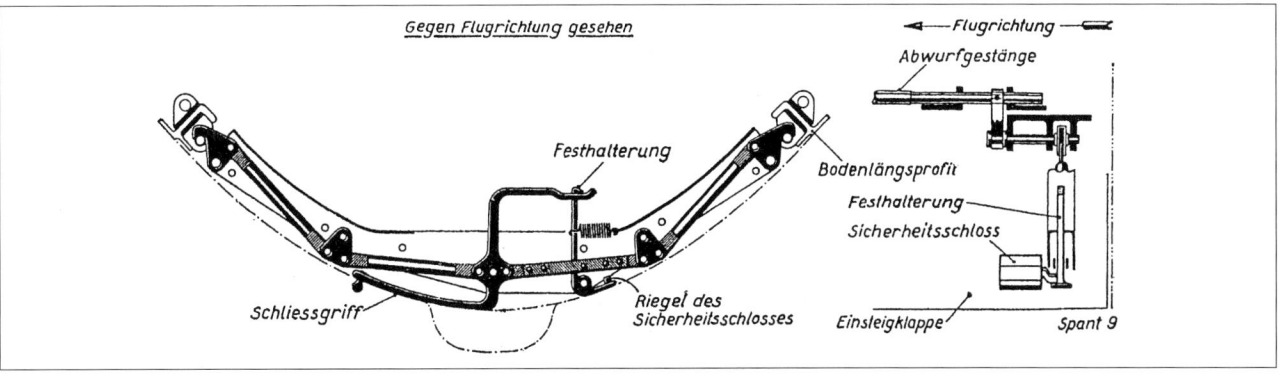

Einbau- und Funktionsschema der Einstiegsklappe bei Do 17 Z-3 (Handbuch-Zeichnung).

Spant 9 und 10. Der Arbeitsplatz des B-Stand-Schützen war nach rückwärts gerichtet, mittig angeordnet (bis Spant 11) und mit einem MG 15 bestückt. Die entsprechende Munitionsbevorratung befand sich ebenfalls in diesem Bereich. Der neu gestaltete C-Stand unterbrach nun die bisherige zwischen Bug und Heck durchgehende Linie der Rumpfunterseite. Hier wurde im Bereich der Spante 7-9 die Einstiegsklappe positioniert, zwischen Spant 9 und 10 das MG 15. Im Fall der Z-3 wurde die Einstiegsklappe mit einer blasenförmigen Verkleidung versehen. Diese diente zur Unterbringung einer Aufklärungskamera. Die Sicht im Bereich des Piloten, des Beobachters und des Funkers gewährleisteten je Seite vier Plexiglasscheiben. Die Frontseite war durch zwei Panzerglasscheiben (steuerbordseitig mit Durchführung für starres MG 15) geschützt. Die Seitenfenster zwischen Spant 5 und 6 waren mit Schiebefenstern ausgestattet. Die beiden Rumpfseiten (Vorderbereich) erhielten je zwei untereinander angeordnete rechteckige Sichtscheiben, auch das Rumpfdach, welches die Festantenne (Spant 7) sowie die Peilantenne (Spant 8-9) aufnahm. Die Variante erhielt an dieser Stelle eine tropfenförmige Plexiglashaube. Im Kabinendach wurden zehn unterschiedlich geformte Plexiglas-Segmente eingegliedert. Der hintere Bereich des Cockpitdaches (Spante 8-10) konnte abgeworfen werden. Dies traf auch auf die Einstiegklappe zu. Der Tank für den Anlasskraftstoff wurde an der linken Rumpfseite hinter Spant 8 platziert. Für das Muster Z-3 war der Einbau eines Bildgerätes zwischen Spant 10 und 11 vorgesehen. Die Z-4 erhielt in ihrer Eigenschaft als Trainer doppelte Seitenruderpedale. Der Querarm an der Steuersäule erhielt eine stabförmige Verlängerung (siehe Zeichnung). Zum Schutz der Crew waren besonders gefährdete Bereiche mit Stahlbleche geschützt, so der Führersitz, Beobachtersitz, B- und C-Stand sowie das Vorderholm-Mittelteil. Um die Überlebensfähigkeit der Besatzungen bei Notwasserungen zu verbessern, wurde die Variante Z-5 mit einem Schlauchboot (Fl. 29721) für 4-6 Mann ausgestattet. Das am Funkersitz verzurrte Boot wurde durch ein Notsendegerät plus Drachenantenne (SK 573/574) an der Führerraumdecke zwischen Spant 6 und 9 ergänzt. Um die Schwimmfähigkeit des Flugzeugs selbst zu erhöhen, kamen Auftriebskörper (AK 750 R/L) am Rumpfvorderteil zum Einbau (links zwischen Spant 3-5, rechts zwischen Spant 5-7).

- Spant 11-15: Dieser Bereich wurde als Lastenraum bezeichnet. An der Oberseite der halb hohen Spanten 11 und 13 erfolgte die Installation des Tragwerks. Diese deckte im genannten Bereich die obere Rumpfseite ab. Die gesamte Flächentiefe reichte hingegen bis Spant 15. Der Lastenraum wurde in zwei Bereiche abgeteilt und jeweils durch zwei Klappen verschlossen. Diese wurden jeweils zwischen Spant 11 und 13 bzw. 13 und 15 eingebaut. Die Betätigung erfolgte über einen vom Führerraum aus elektrisch betätigten Kettenzug. Zwischen Spant 13 und 14 wurden zu beiden Seiten des Rumpfes jeweils sechs Sauerstoffflaschen für die Höhenatmer installiert. Der entsprechende Außenbordanschluss zum Auffüllen der selben befand sich bei Spant 15. Die militärisch nutzbare Zuladung war variabel gestaltet. In den beiden Bombenräumen konnten wahlweise verschiedene Bombenkaliber oder aber Treibstofftanks mitgeführt werden. Nähere Details siehe »Militärische Ausrüstung«.

- Spant 16-31: Im Anschluss an den Lastenraum, welcher bis Spant 15 reichte, grenzte das sog. »Rumpfhinterteil«. Wie auch der Lastenraum war auch dieser Bereich durch die linksseitige Öffnung am Spant 14 »begehbar«. Zu den im Lastenraum mitgeführten Sauerstoffflaschen addierten sich weitere drei Behälter an der linken Rumpfwand bei Spant 15 sowie weitere fünf Flaschen-Behälter am Boden des Rumpfes zwischen Spant 15 und 16. Zu den weiteren Einbauten im Rumpfhinterteil zählte der Mutterkompass, platziert zwischen Spant 20 und 21. Hinzu kamen das Steuergestänge für das Höhen- und Seitenleitwerk, die an der Oberseite des Rumpfes mittig verlaufende Antriebswelle für die Spindel der Spornradbetätigung sowie Spornradanschlag bei Spant 26. Bei Spant 16 wurde steuerbordseitig an der Rumpfwand, nach unten gerichtet, der Kanal für die Schleppantenne angebaut. Eine Dipol-Antenne wurde an der Rumpfunterseite zwischen Spant 15 und 19 montiert. Der sich in Heckrichtung stetig verjüngende Rumpf diente auch zur Aufnahme eines wesentlichen Elements, des Leitwerkbereichs. Hierzu entstanden die bereits erwähnten V-förmigen Rumpfausschnitte in der Struktur des Rumpfhecks bei Spant 28 und 30. Nach der Installation des Höhenleitwerks wurden die Spante 28, 29 und 31 an den Oberseiten durch ein Abdeckblech miteinander verbunden. Den Abschluss des Rumpfes bildete der am Spant 31 montierte Heckkonus. In diesem Bereich wurde zum Schutz der Heckpartie an der Unterseite eine Spornkufe angebracht.

Das Rumpfende der Do 17. Die v-förmigen Ausschnitte dienten zur Aufnahme sowie der Verankerung des Höhenleitwerks.

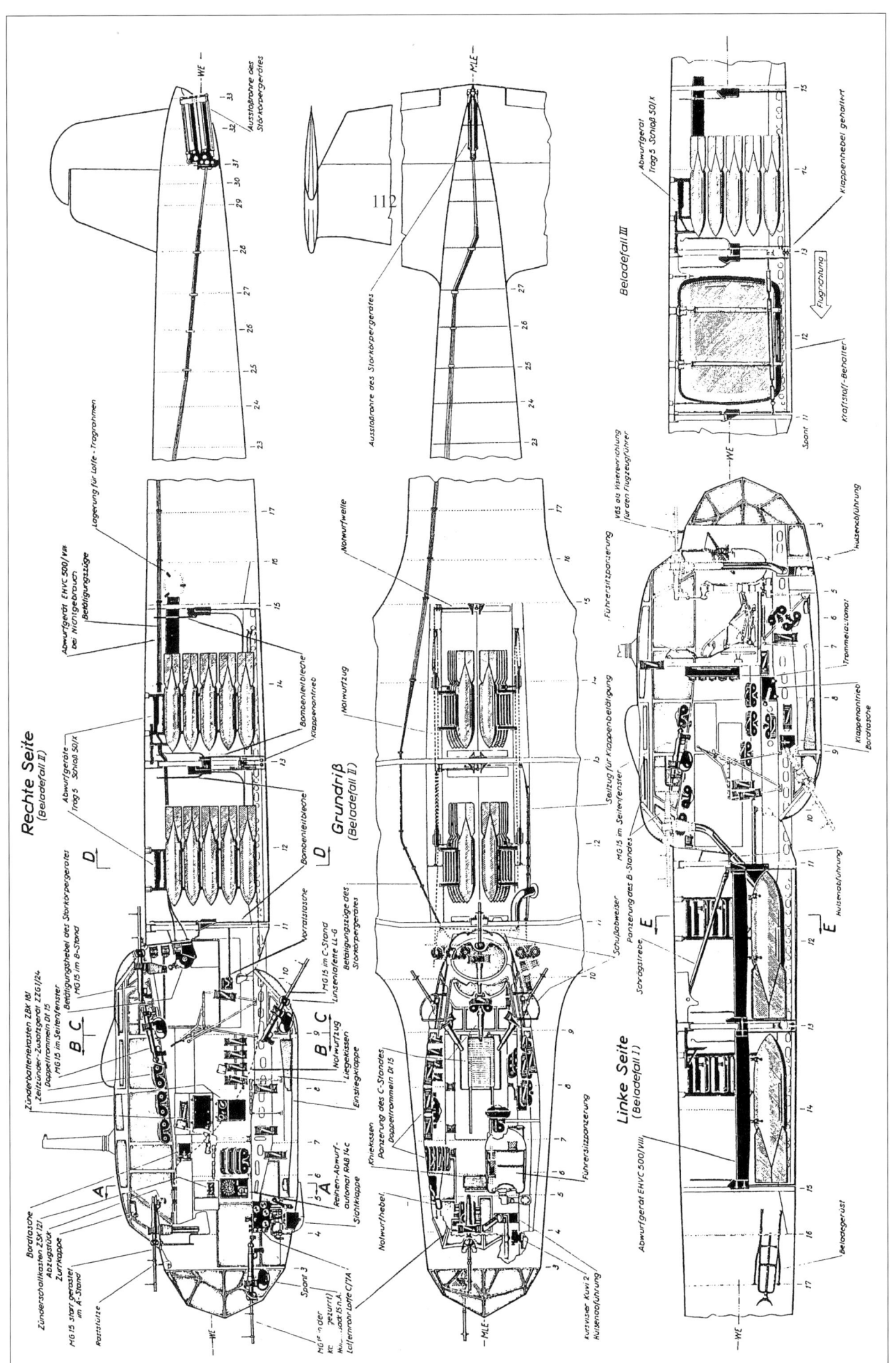

Die Ausrüstung am Beispiel der Do 17 Z-3.

Cockpits im Vergleich

Das Cockpit der Do 17 E.

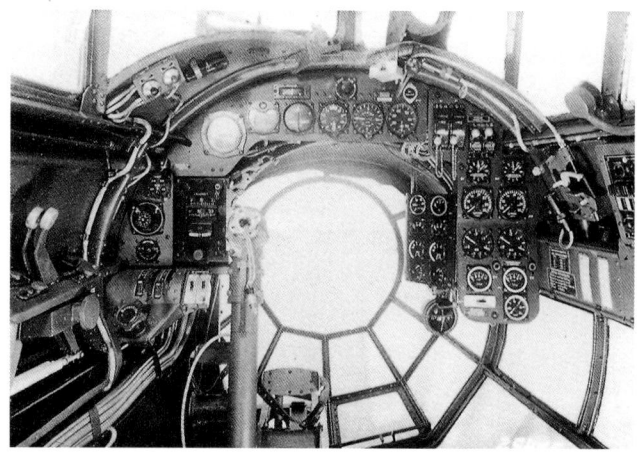

Blick in das Cockpit eines Do 17 P-Aufklärers.

Der Arbeitsplatz des Flugzeugführers einer Do 17 M.

Die Unterschiede im Cockpit des Do 17 Z-Nachtjägers.

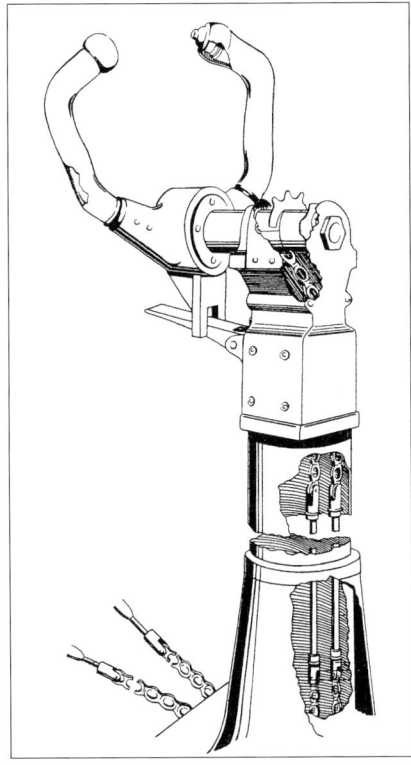

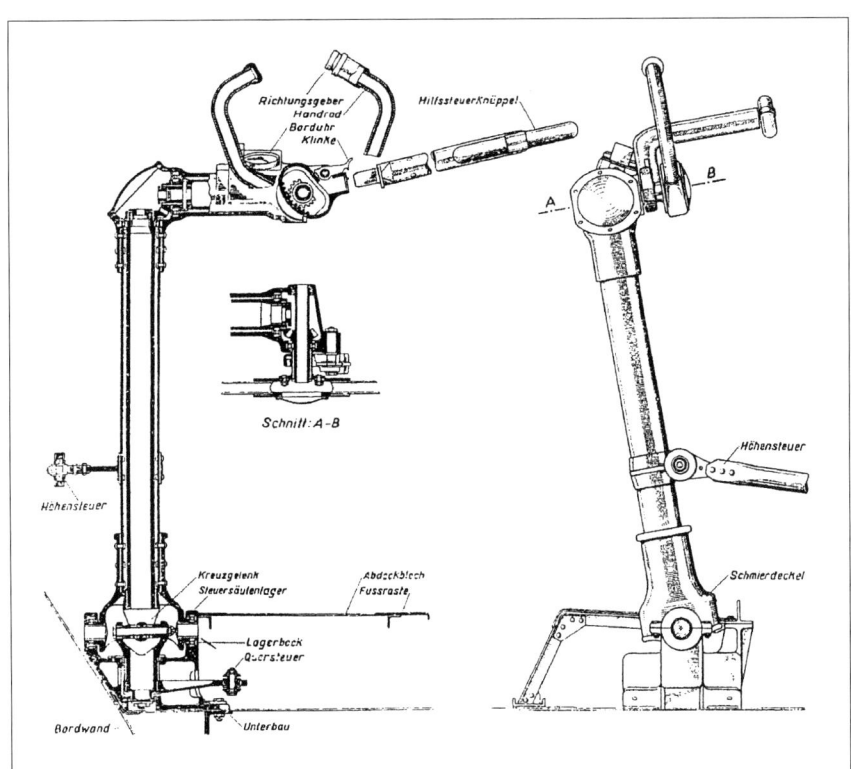

Steuersäule Do 17 E/F (Werkzeichnung).

Im Vergleich hierzu zwei Handbuchzeichnungen der Do 17 Z.

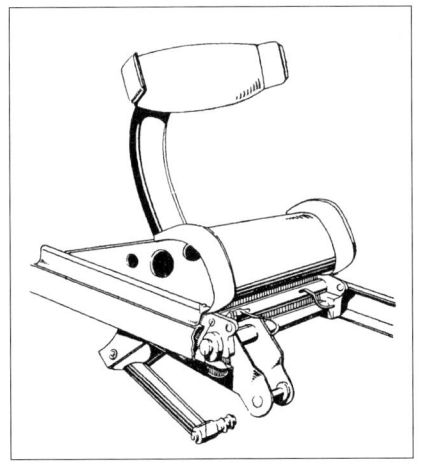

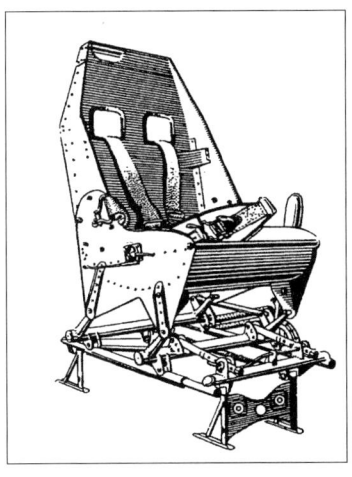

Seitensteuer-Pedal der Do 17 E/F (Werk-zeichnung).

Pilotensitz (System Schmittner) der Do 17 E/F (Werkzeichnung).

Der steuerbordseitige, verschiebbar montierte Schmittner-Sitz der Do 17 E/F (Werkzeichnung).

Blick auf die Funkanlage der Do 17 E.

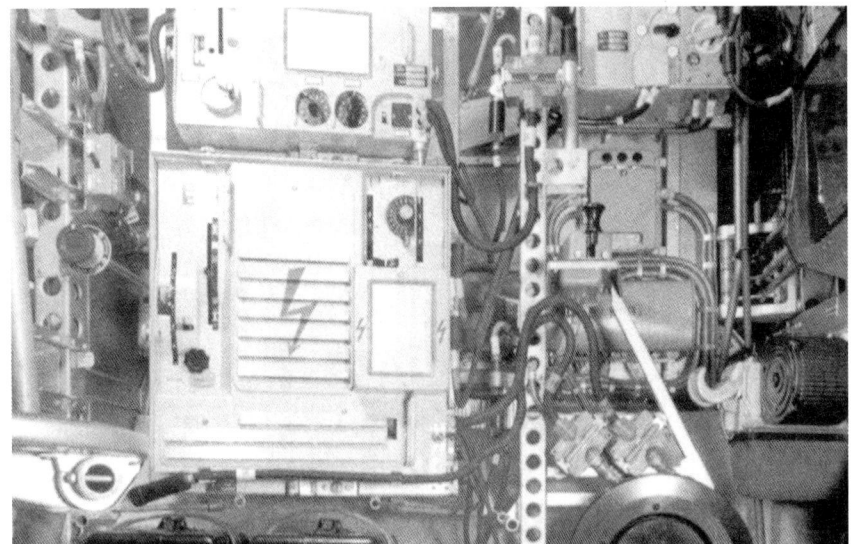

◀ Der Crewbereich einer Do 17 Z (Flug-zeugführer/Beobachter, B-Stand, C-Stand (rechtes Bild)).

Der Leitwerksbereich

Die Höhenflosse

Die Höhenflosse bildete das tragende Element für die Höhenruder sowie die beidseitig an dessen Enden montierten, als Endscheiben konstruierten Seitenflossen. Der Aufbau der Höhenflosse bestand aus zwei Holmen sowie je Seite aus 14 Fachwerkrippen und die mittragende, senkgenietete Leichtmetallbeplankung. Dem Entwurf wurde das symmetrische Normalprofil 409 zu Grunde gelegt. Die Baugruppe maß in der Spannweite 5,648 m, bei einem Flächeninhalt von 9,50 m². Wie bereits erwähnt, erfolgte die Verbindung mit dem Rumpf im Bereich der Spante 28 bis 31. Am Spant 30 wurde die Höhenflosse verstellbar (+1,5° bis -11,5°) gelagert. Mittels eines Abdeckbleches wurden einerseits die entsprechenden Rumpfspante miteinander verbunden und zusätzlich stabilisiert sowie der obere Bereich abgedeckt.

Die Höhenruder

Wie die aus jeweils zwei Holmen und 14 Rippen aufgebaute trapezförmige Struktur waren die Nasenkante und die Höhenruderhälften (bis Rippe 3) ganz mit Blech beplankt. Ein weiterer blechbehäuteter Bereich befand sich zwischen Rippe 1 und 5 in Form des Höhenruderausgleichs. Alle anderen Flächen waren stoffbespannt. Die bogenförmigen Bügel des Rudergewichtausgleichs waren zwischen den Rippen 10 und 12 platziert. Die Installation an der Höhenflosse erfolgte an Rippe 1 (Lager 1 fest) und Rippe 10 (Lager 2 für Ansteuerung). Die Anlenkung erfolgte über Stangen und Hebel (Arbeitsbereich oben 24°, unten 22°).

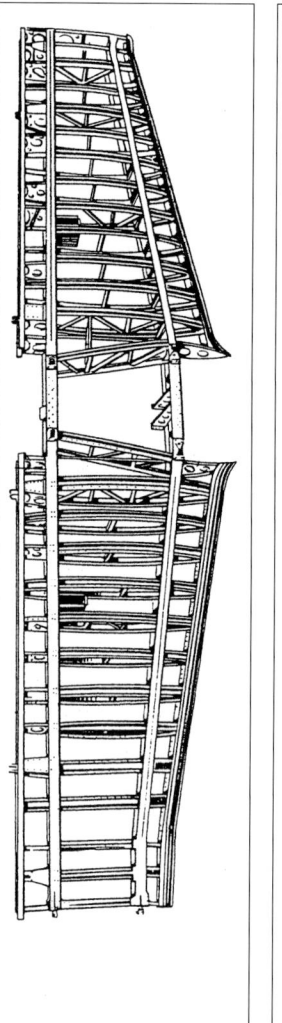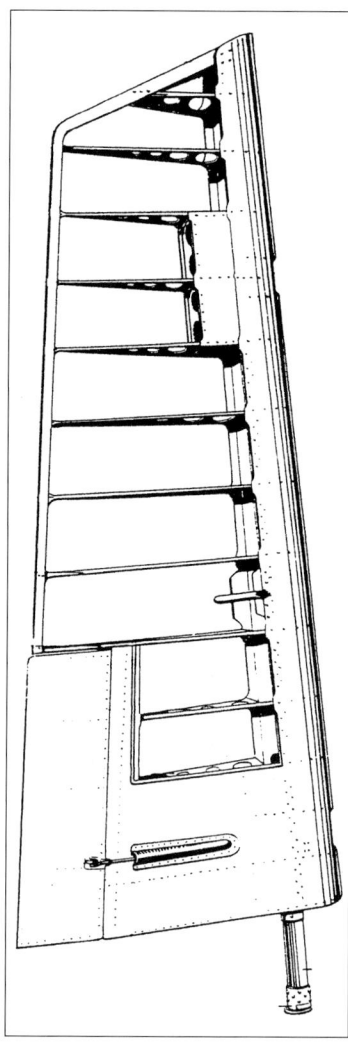

Abb. links: Die Struktur der Höhenflosse (Werkzeichnung Do 17 E/F).
Abb. rechts: Der Aufbau des Höhenruders (Werkzeichnung Do 17 E/F, links).

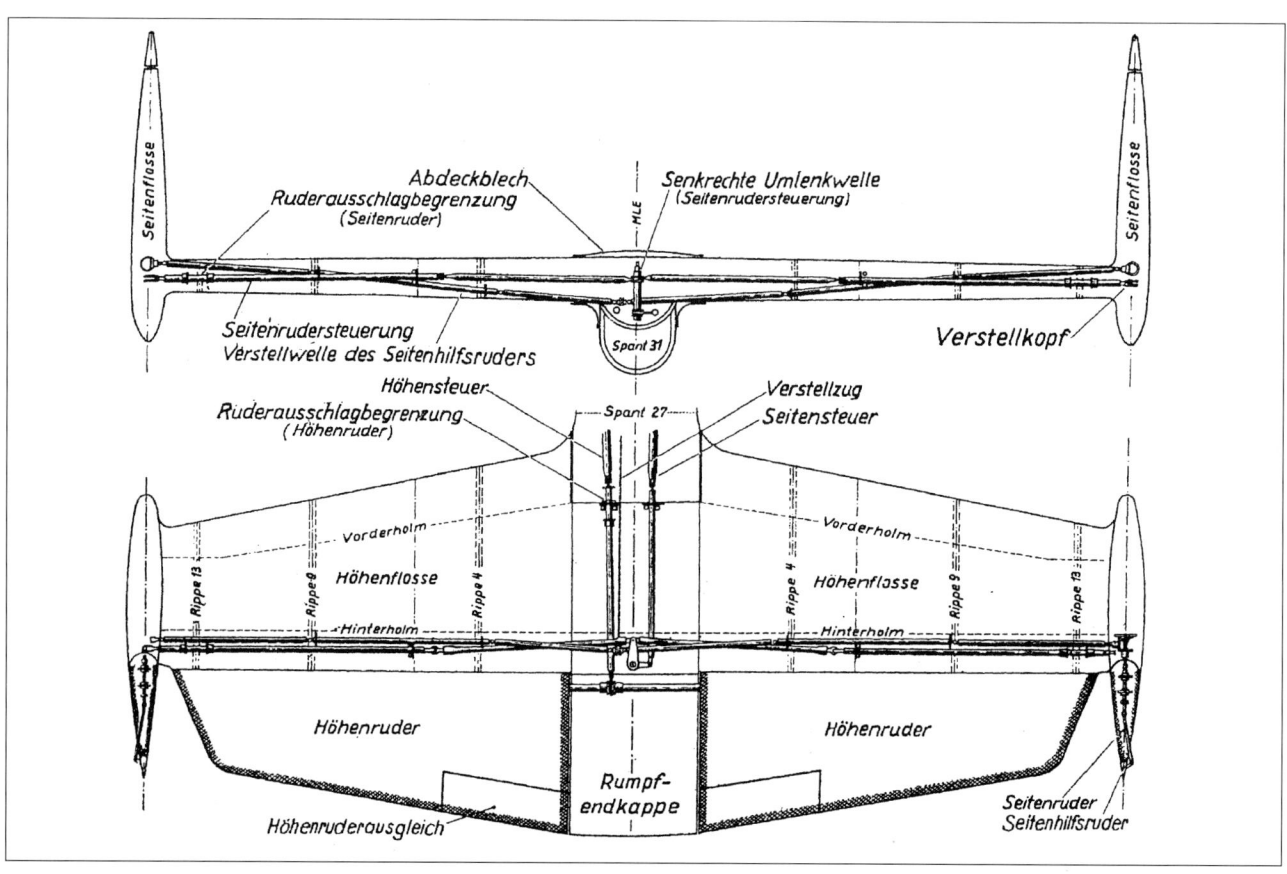

Die Ansteuerung der Ruder am Beispiel der Do 17 Z (Handbuch-Zeichnung)

Die Seitenflossen

Im Gegensatz zur Ju 88, He 111 oder auch der Do 17 V1 entschied man sich bei Dornier nun für ein Doppelleitwerk. Die beiden entsprechenden Endscheiben waren in Ganzmetall gefertigt und verfügten über ein Höhenmaß von 1,540 m. Die Struktur beinhaltete zwei Holme und acht Vollwand/Fachwerk-Teilrippen, kombiniert mit der senkgenieteten Leichtmetallbeplankung. Formgebend war auch in diesem Fall das Normalprofil 409, ergänzt durch die Ruder. Die Installation der Seitenruder an den Seiten des Höhenleitwerks erfolgte jeweils an vier Anschlusspunkten.

Die Seitenruder

Der Aufbau der Seitenruder bestand aus zwei Holmen mit jeweils zehn Rippen. Metallbeplankt waren hier nur die Nasenkanten und der Hornausgleich. Alle übrigen Flächen stoffbespannt. Zwischen Rippe 1 und 6 wurde das Seitenhilfsruder (Leichtmetall) installiert. Die Lagerung der Ruder erfolgte an zwei Punkten (Rippe 2 und 8). Die Betätigung der Ruder erfolgte durch Hebel zwischen Rippe 2 und 3. Der Arbeitsbereich betrug beidseitig 22°.

Das Tragwerk

Die Tragflächenform, Spannweite und Tiefe entsprach bei allen Do 17-Ausführungen dem selben Maß. So verfügten alle Versionen, inklusive der Do 215, welche nichts anderes darstellte als die Exportausführung der Do 17 z, über Tragwerke mit 18,00 m Spannweite und 55 m² Flächeninhalt. Die größte Flächentiefe im Wurzelbereich betrug 4,10 m. Die auftriebgebende Form gestaltete sich aus 42 Fachwerkrippen, entsprechend dem NACA-Profil 2212. Das Rückgrat bildeten zwei sich nach außen verjüngende Fachwerkholme. Weitere Stabilität erzeugten sieben, die Holme verbindende Querriegel. Zusätzliche Festigkeit verliehen außerdem acht diagonal zwischen den Holmen verlaufende Drahtverspannungen mit Längen zwischen 1465 mm und 1710 mm. Die Strömungsfläche baute man aus plattiertem Leichtmetallblech, die aus aerodynamischen Gründen (strömungsgünstigere Oberfläche) senkgenietet wurden. Die Flügelnase bestand je Seite aus drei Segmenten. Das Tragwerk wurde als komplette Einheit mit dem Rumpfwerk an zehn Anschlusspunkten verbunden. An der Oberseite dienten für eine sichere Verbindung Gelenkanschlüsse, an der Unterseite wurden geschmiedete Bolzen verwendet. Im Bedarfsfall konnte das Tragwerk komplett mit Motoren und den Einbauten abgehoben werden. Auch der Transport erfolgte gemäß den Handbuchanweisungen als komplette Einheit. Die Triebwerke und das Fahrwerk waren abzubauen, die Tanks gründlich zu entleeren.

Das Tragwerk wurde zwischen Rumpfspant 11 bis 13 in Schulterdecker-Anordnung montiert. Der Einstellwinkel zur WE betrug zwischen Rippe 9 und 42 +2°. Die V-Stellung der Hinterkante wird mit 2°20` angegeben.

Das Tragwerk diente nicht nur als auftriebgebendes Element, sondern nahm eine ganze Reihe von Ein- und Anbauten auf.

- Zwischen den Querriegeln 3 und 4 waren beidseitig die Schmierstofftanks untergebracht. Die Hauptkraftstofftanks wurden zwischen den Querriegeln 1 und 2 eingebaut. Der Kraftstoff-Zusatzbehälter wurde zwischen den Querriegeln 1, also auf Höhe der Tragflächenmitte, installiert. Hinzu kam das entsprechende Leitungssystem.

- Die je Seite dreiteilig konstruierte Nasenkante barg, abgehend von den Motoren, die Rohre, die Heizkammern und sonstige Gerätschaften der Warmluft-Enteisungsanlage.

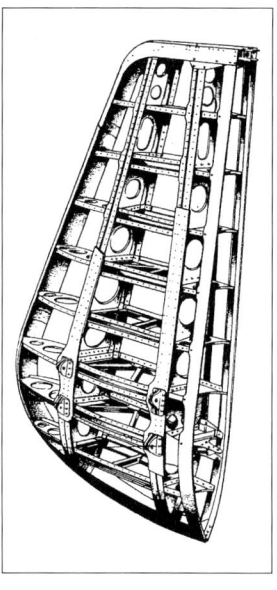
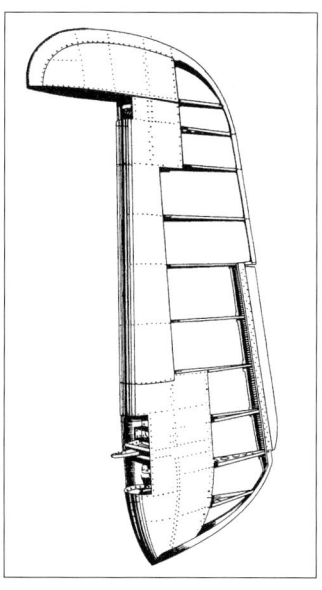

Aufbau der Seitenflosse (Werkzeichnung Do 17 E/F, links).

Die Struktur des stoffbespannten Seitenleitwerks. Gut erkennbar sind die metallbeplankten Bereiche (Werkzeichnung Do 17 E/F).

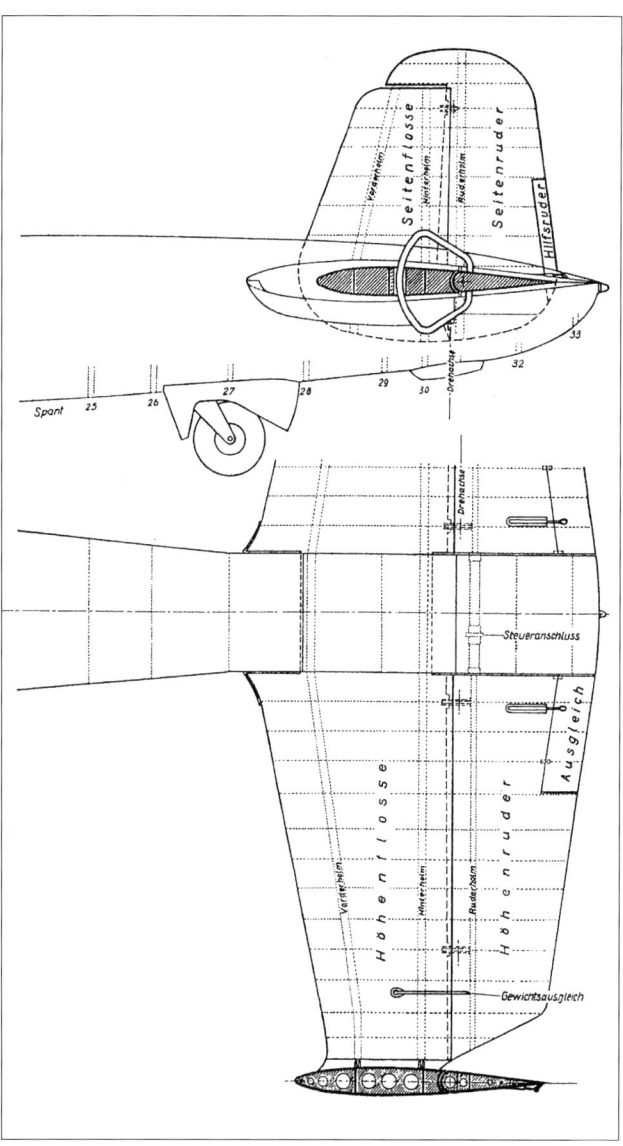

Gesamtdarstellung des Leitwerkbereichs der Do 17 Z (Handbuch-Zeichnung).

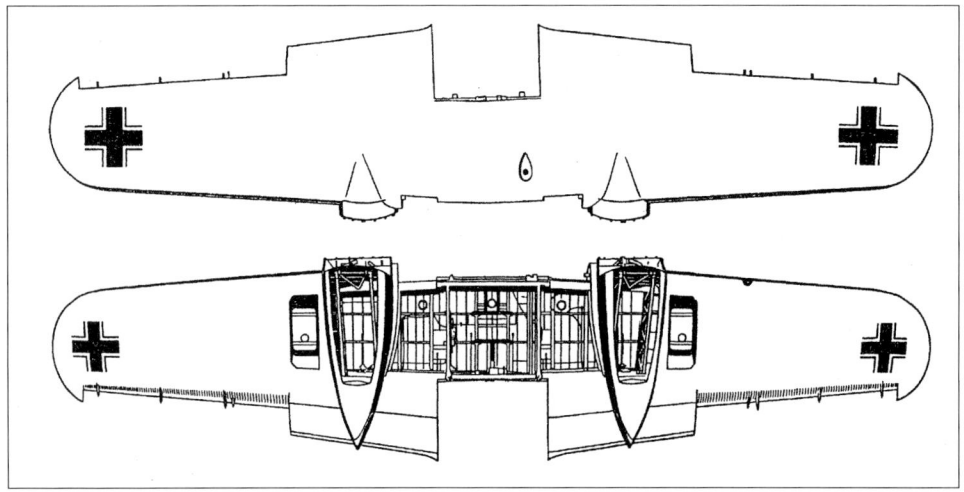

Die Tragfläche der Do 17 wurde als komplette Baugruppe montiert. Das in Ganzmetall erstellte Tragwerk maß in der Spannweite 18,00 m (Handbuch-Zeichnung Do 17 Z).

Die Konfiguration des trapezförmigen Außenflügels. Im Bild eine auf der Kompensierscheibe zur Kompassjustierung befindliche Do 17 E-1.

Endmontage einer Do 17 Z. Das Tragwerk wurde als komplette Einheit montiert. So wurde es auch transportiert. Die Motoren und das Fahrwerk wurde jedoch abgebaut, die Tanks gründlich entleert. Bahntransport per vierachsigen Rungenwagen. ▼

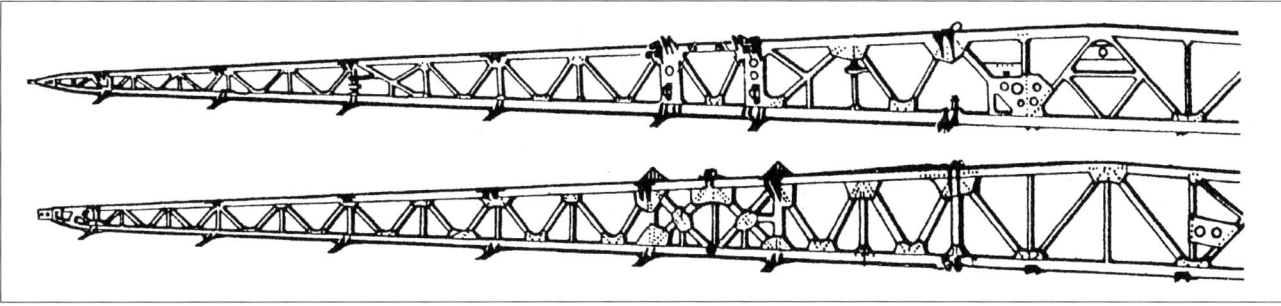

Werkzeichnungen des Vorder- und Hinterholms im Bereich des Flächenmittelteils (Do 17 E/F).

- Backbordseitig, zwischen Rippe 25 und 26, befand sich ein mit Plexiglas verkleideter Landescheinwerfer.
- In Richtung Flächenspitze gesehen, bei Rippe 33, kam auf der gleichen Seite das Rohr des Staudruckmessers zum Einbau.
- Zur Quersteuerung erhielt die Do 17 stoffbespannte Querruder. Die Nasenkanten derselben sowie der Vorderbereich zwischen Rippe 18 und 21 wurden mit Leichtmetall beplankt. Den Aufbau bildeten jeweils 21 Vollwandrippen und ein Längssteg. Die Ruderstruktur mit innen liegendem Gewichtsausgleich maß 3906 mm in der Breite. Die Trimmkanten befanden sich zwischen Rippe 14 und 18. Die Ruder waren an den Rippen 21, 27, 33 und 39, jeweils also vierfach gelagert. Der Arbeitsbereich der Ruder betrug jeweils 20° (oben/unten). Die Stellung in ihrer Eigenschaft als zusätzliche Landehilfe betrug 15°.
- Sicheren Start und Landung ermöglichten zwei im Flächenmittelbereich installierte Spreizklappen mit jeweils 2,91 m Breite zwischen der Lagern. Der Aufbau einer Klappe bestand aus 15 Vollwandrippen und einem

Der Flächenaufbau zwischen Vorder- und Hinterholm im Flügelmittelteil (Werkzeichnung Do 17 E/F).   ▶

Aufbau der Struktur des Außenflügels.   ▼

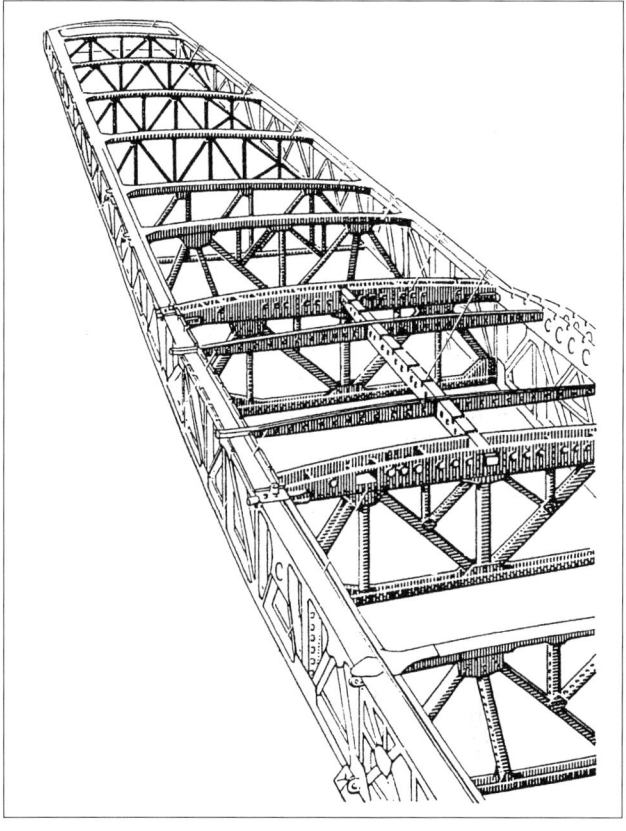

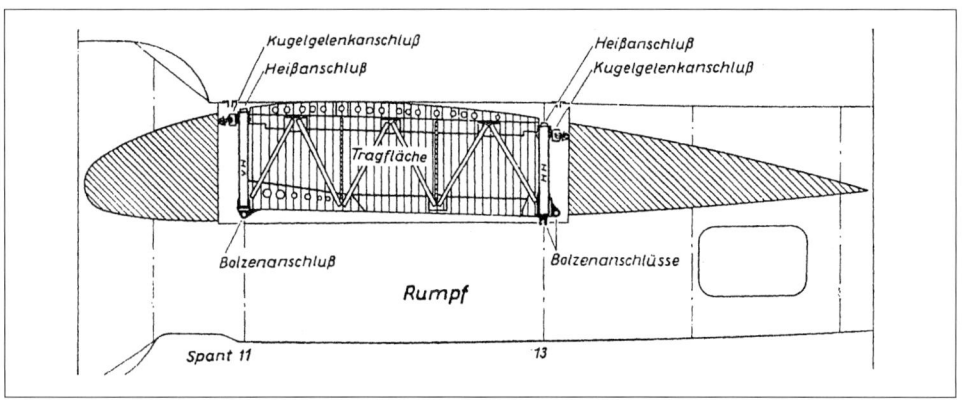

Die Tragflächen-Anschlüsse am Rumpf zwischen Spant 11 und 13 Handbuch-Zeichnung Do 17 Z).

Flächendetails der Do 17 V1.

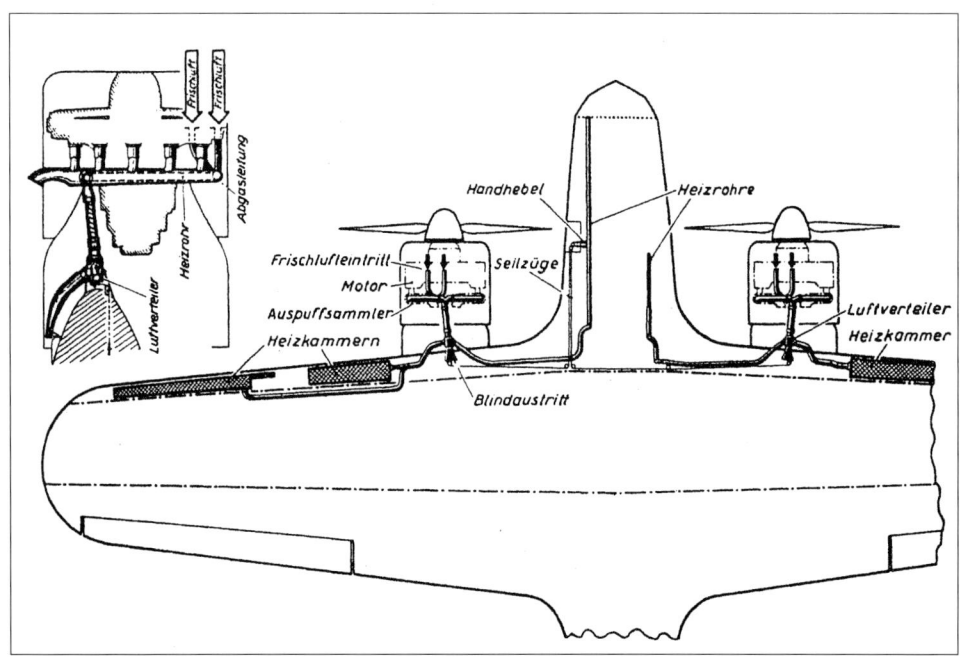

Schema des Tragflächen-Enteisungssystems (Handbuch-Zeichnung Do 17 Z).

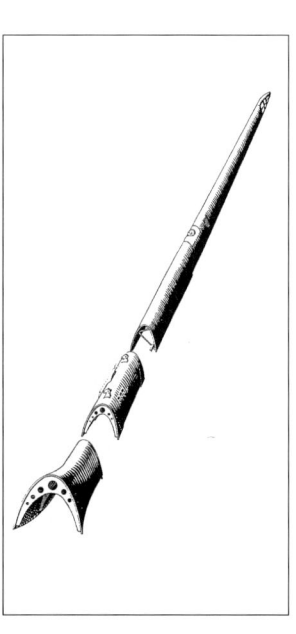

Die Komponenten der Flügelnase (Werkzeichnung Do 17 E/F).

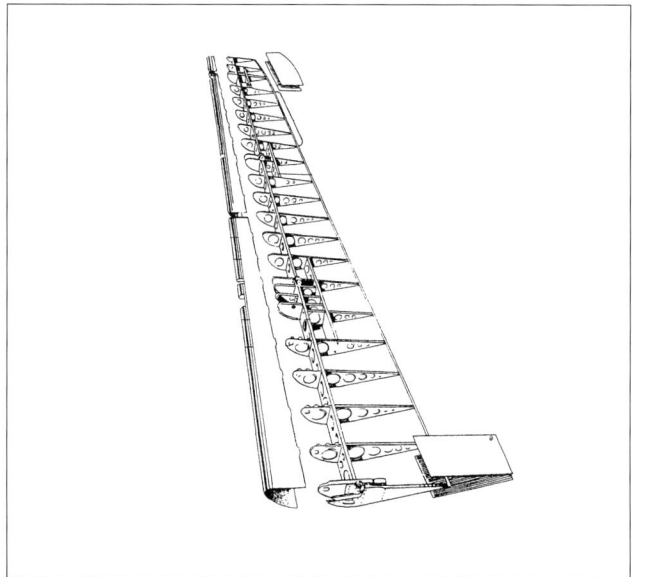

Aufbau eines Querruders (Werkzeichnung Do 17 E/F).

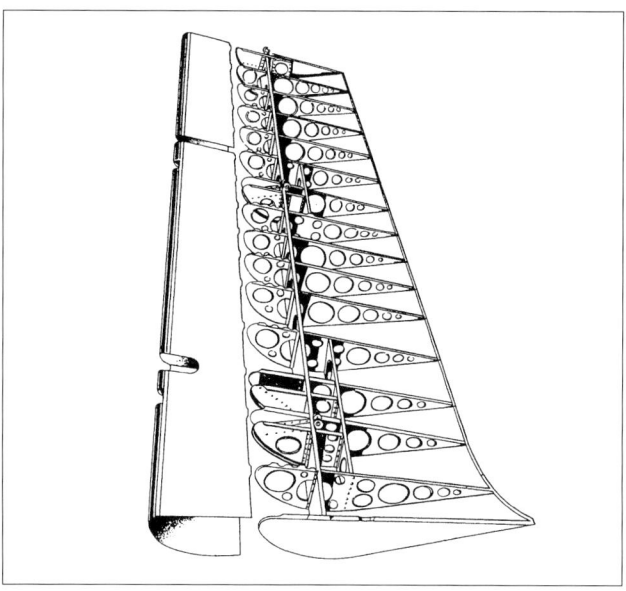

Im Gegensatz zu den Querrudern waren die Landeklappen aus Gründen der Stabilität metallbeplankt. Die nach oben gerichtete, dem Flügel zugewandte Seite blieb ohne Beplankung.

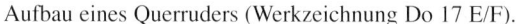

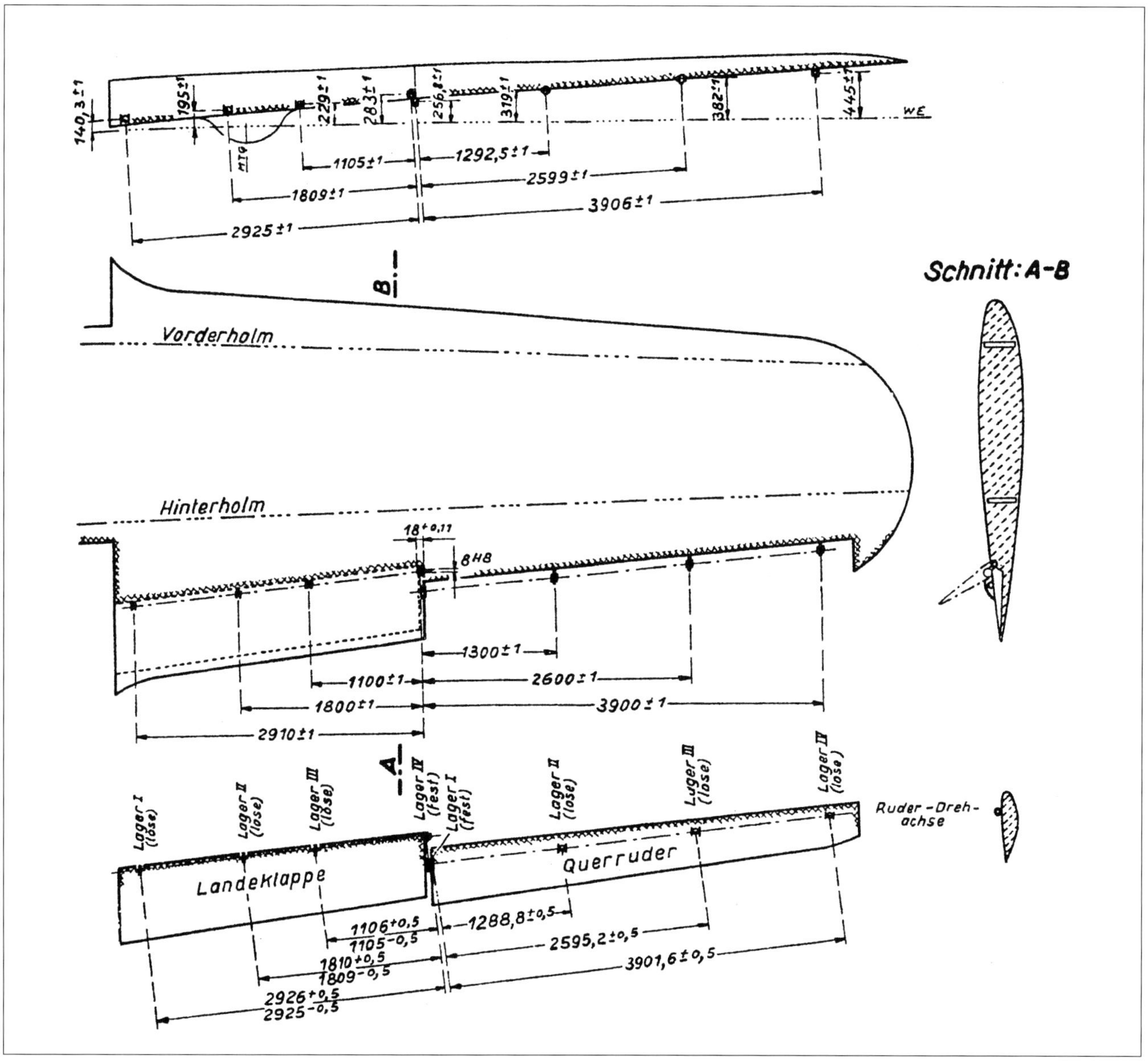

Bemaßung der Querruder und Landeklappen (Handbuch Do 17 Z).

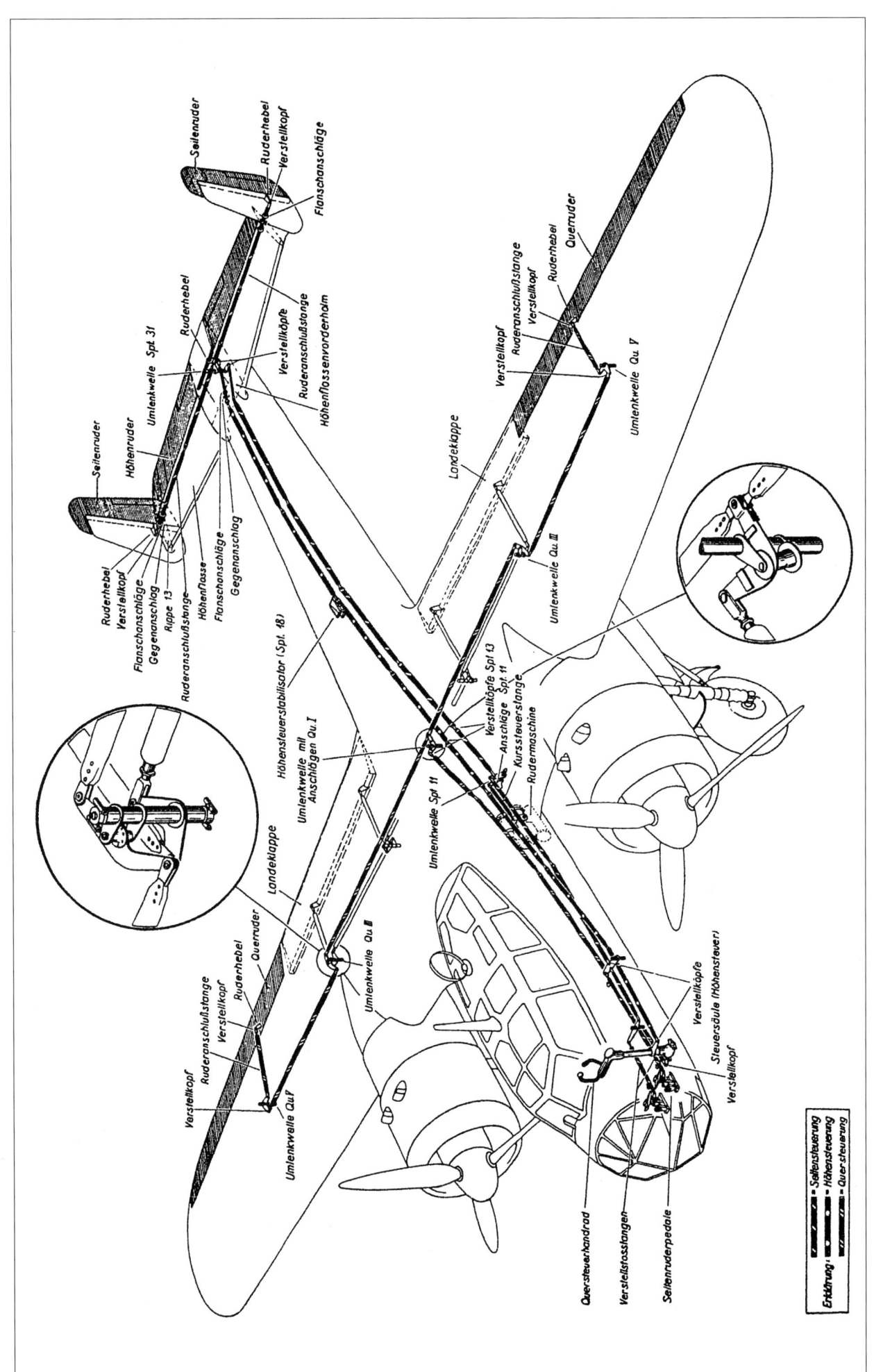

Seitenruder
Ruderhebel
Verstellkopf
Flanschanschläge
Ruderhebel
Querruder
Verstellkopf
Ruderanschlußstange
Verstellkopf
Seitenruder
Höhenruder
Umlenkwelle Spt 31
Ruderhebel
Verstellköpfe
Ruderanschlußstange
Höhenflossenvorderholm
Umlenkwelle Qu V
Landeklappe
Verstellkopf
Umlenkwelle Qu III
Ruderhebel
Verstellkopf
Flanschanschläge
Gegenanschlag
Rippe 13
Höhenflosse
Flanschanschläge
Gegenanschlag
Ruderanschlußstange
Höhensteuerstabilisator (Spt. 18)
Umlenkwelle mit Anschlögen Qu. I
Verstellköpfe Spt 13
Anschläge Spt. 11
Kurssteuerstange
Rudermaschine
Umlenkwelle Spt. 11
Landeklappe
Querruder
Verstellkopf
Ruderhebel
Ruderanschlußstange
Verstellkopf
Umlenkwelle Qu II
Umlenkwelle Qu V
Verstellköpfe
Steuersäule (Höhensteuer)
Verstellkopf
Quersteuerhandrad
Verstelltrosstangen
Seitenruderpedale

Erklärung:
= Seitensteuerung
= Höhensteuerung
= Quersteuerung

Übersichtszeichnung des Steuerwerks (Handbuch Do 17 Z).

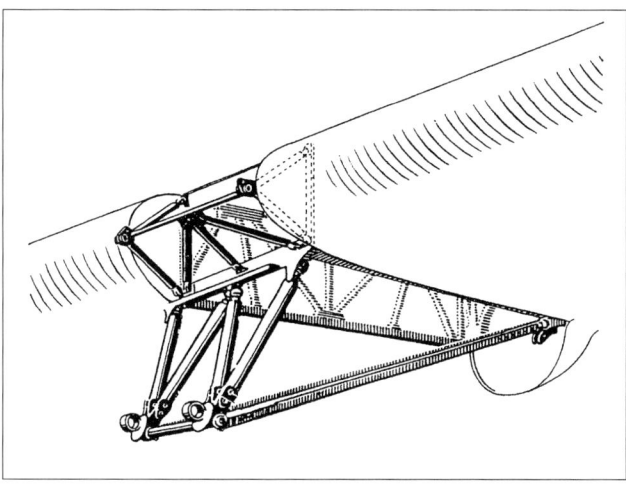

Fachwerkkonstruktion für das Triebwerksgerüst und den Fahrwerksanschluss.

Längssteg plus Nasenkappe. Die Unterseiten der Flaps erhielten eine senkgenietete Leichtmetallbeplankung. Die Oberseite, also die der Flächeninnenseite zugewandte Seite, blieb offen und war in Ruhestellung nicht sichtbar. Diese Baugruppe mit hoher Brems- und Auftriebswirkung wurde an massiven Beschlägen bei den Flächenrippen 6, 12, 16 und 21 gelagert. Die Betätigung erfolgte elektromechanisch über eine Kombination aus Spindelantrieb, Gestänge und zwei Hebel (bei Rippe 3 und 13). Der Mindestwinkel in Landestellung wird lt. Handbuch mit 56° angegeben.

- Die beiden Gondeln zur Aufnahme der Motoren und des Hauptfahrwerks wurden im Bereich der Tragflächen-Querriegel 2 und 3 an der Vorder- bzw. Unterseite des Flugzeugs angebaut und schlossen mit der Flächenhinterkante ab. Im eingezogenen Zustand deckten je zwei Klappen den Fahrwerksbereich strömungsgünstig ab. An der Frontseite, zum jeweiligen Motor hin gerichtet, bildete ein Brandschott die Abgrenzung zur Gefahrenquelle Motor. Zur Darstellung der unterschiedlichen Triebwerksinstallationen von BMW VI und BRAMO 323 stehen an späterer Stelle die entsprechenden Handbuchzeichnungen zur Verfügung. Zum Betrieb der Motoren waren durch die Brandwand, sprich Brandschott, eine ganze Reihe von Versorgungsleitungen und Kabel für Treibstoff, Schmierstoff, Kühlstoff (BMW VI) und die Elektrik durchzuführen.

Motoreninstallation – BMW VI

Der Aufbau des Triebwerksgerüstes erfolgte mit vier Spanten, einer Kombination aus Motorträger, Motorplatte, Zugstrebenanschluss und Motorträgerabstützung. Der halboval geformte Kühler befand sich unterhalb des Triebwerks. Die entsprechenden Kühlmittelleitungen verliefen von Regelschiebern ausgehend, teils auch an der Rückseite, jedoch hauptsächlich an der Unterseite des Motors. Die linke bzw. rechte Kühlmittelleitung mündete an der Vorderseite der Zylinderbänke.

Motoreninstallation – BRAMO 323

Im Gegensatz zum BMW VI wurde der BRAMO 323 in einer geschweißten Stahlrohrkonstruktion verankert. Die Konstruktion gestaltete sich aus W-förmigen Seitenteilen, zusammengefasst durch einen frontseitigen Motortragering. Die Strebenbreite betrug an der Oberseite 665 mm, unten 798 mm, der Ringdurchmesser 744 mm. Der Triebwerksträ-

ger verfügte an der Rückseite über vier Anschlussstellen zur Flugzeugseite. Zwei Verbindungen wurden unten an der schräg nach oben verlaufenden Brandwand geschaffen (Abstand 500 mm). Die oberen Anschlusspunkte befanden sich am Vorderholm des Tragwerks im Abstand von 900 mm. Die Motoren waren zusätzlich durch sog. Fangseile am Träger gesichert. Gondel und Motor wurden mittels Verkleidungsbleche in eine möglichst strömungsgünstige Form gebracht. Im Fall des BRAMO 323 geschah dies durch eine NACA-Haube, bestehend aus abnehmbaren Seitenblechen und dem Stirnring. Der Ölkühlereinlass mit Regelklappe befand sich an der Unterseite der Cowling. Die Abgasführung mündete zusammengefasst in zwei Rohrstutzen an der Oberseite der Motorenverkleidung. Der Lader-Lufteinlass wurde rechts, im Anschluss an die Verkleidungsbleche der Cowling, installiert.

Die Triebwerke der Do 17-Reihe

Im Zuge der Entwicklungsstadien der Do 17 waren eine ganze Reihe verschiedener Motortypen für die Do 17 geplant. In diesem Zusammenhang sind neben dem BMW VI und BRAMO 323 als hauptsächlich verwendete Antriebsquellen auch der DB 600, DB 601, BMW 132, der Gnôme & Rhône 14 N und letztlich der Hispano-Suiza Ykrs zu nennen. Hauptsächlich relevant ist für unsere Dokumentation jedoch das »Kraftpaket« BMW VI, welches serienmäßig ab der Version Do 17 E installiert wurde, und der BRAMO 323, der ab der Do 17 M zum Einbau kam. Schon die Do 17-Prototypen waren, mit Ausnahme der V5, V12 und V13, mit dem BMW VI ausgestattet worden.

BMW VI

Die Wurzeln dieses Motors führen in die Jahre des Ersten Weltkrieges. Der BMW III wurde ab Mai 1917 entwickelt und ging nach erfolgreichen Prüfläufen im Februar des Folgejahres in Produktion. BMW hatte 150 Exemplare je Monat zu fertigen, Opel als Nachbaufirma weitere 140. Opel fertigte ab Juni 1918. Im Vormonat kam die Fokker D.VII an die Front, das damalige »non plus ultra« unter den Jägern. Der Flugzeugtyp errang nicht zuletzt durch den BMW III seinen legendären Ruf. Der D.VII wurden bisher unerreichte Leistungen in den Kriterien Steig- und Höhenleistung bescheinigt. Auch bei anderen Flugzeugtypen waren gravierende Leistungssteigerungen durch den BMW III zu beobachten. Für BMW war dieses Triebwerk der Einstieg in die Klasse der führenden Motorenhersteller. Insgesamt verließen 734 Motoren dieses Typs die Fertigung.

Auf Anweisung der Sieger hatte BMW noch IIIa's für diese in der Nachkriegszeit zu fertigen. Die Auslegung dieses Motors gestaltete sich als Sechszylinder mit 19,1 l Hubraum. Dessen Leistungsabgabe erreichte 190 PS Nennleistung, resp. 226 PS am Start. Der Reihenmotor schlug mit 285 kg Trockengewicht zu Buche. Die Kühlung desselben erfolgte durch einen Stirnkühler, welcher dicht hinter der zweiblättrigen Holzluftschraube platziert wurde.

Wie schon das Vorgängermodell BMW III entsprach auch der BMW IV dem Bild eines Sechzylinder-Reihenmotors mit 22,9 l Hubraum. Die Startleistung mit 300 PS konnte hier jedoch drastisch erhöht werden. Noch 1918 begann BMW mit der Konstruktion dieses Triebwerks. Bereits im Folgejahr stellte sich der erste Höhenrekord ein. Im gleichen Jahr griffen jedoch die Restriktionen des Versailler Vertrages, welche alle Aktivitäten, zumindest offiziell, unterbanden. Zu dieser Zeit arbeiteten die Konstrukteure sozusagen für die »Schublade«. Erst 1922 war an eine Verwirklichung dieser Arbeiten wieder zu denken. Der Neubeginn machte

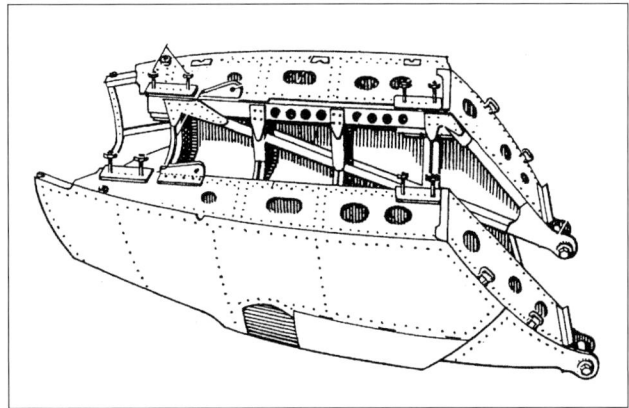

Das Triebwerksgerüst für BMW VI (Werkzeichnung Do 17 E/F).

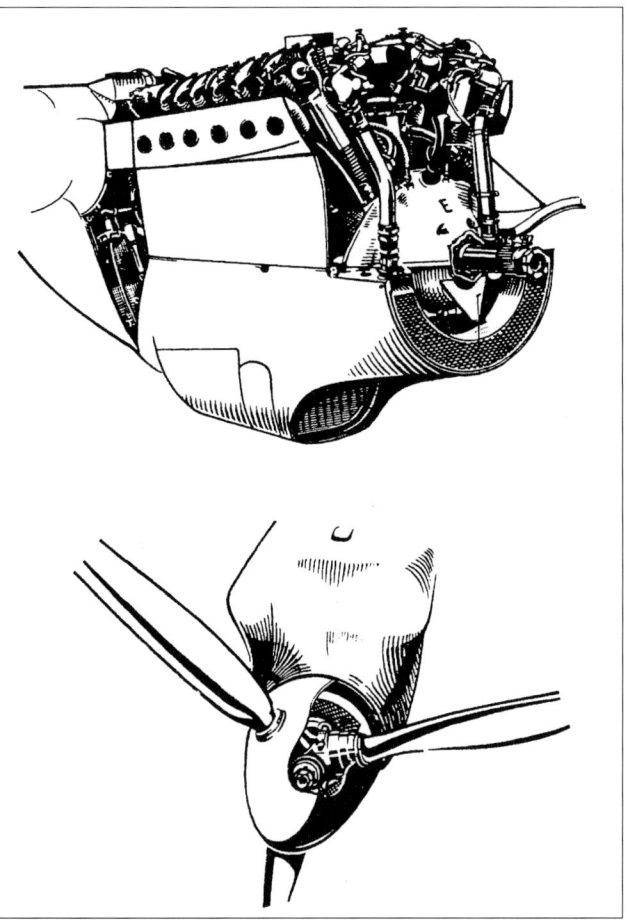

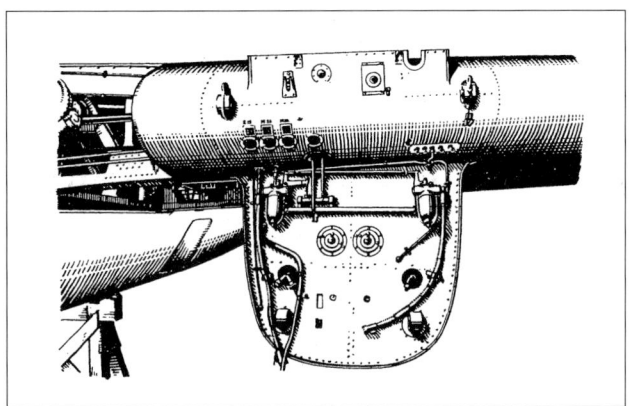

Triebwerkseinbau und Motorenverkleidung für BMW VI (Werkzeichnung Do 17 E/F).

Triebwerkseinbau und Motorenverkleidung für BMW VI (Werkzeichnung Do 17 E/F).

Ansichten eines BMW VI 7.3-Motors. Bei gleichem Hubraum erreichten die Konstrukteure durch höhere Verdichtung eine Leistungssteigerung auf 750 PS. Diese Motoren waren auch mit einem Untersetzungsgetriebe ausgestattet. (oben und rechts)

den BMW IV leistungs- wie stückzahlmäßig zu einem der bedeutendsten Triebwerke dieser Zeit. Auch hier entwickelte BMW einen Höhenmotor, den IVa, der ab 1924 die Endmontage verließ. Die Fa. Walter in der Tschechoslowakei baute zudem den Motor in Lizenz.

Erwähnenswert ist auch der 1926 entwickelte BMW V. Auch hier handelte es sich um ein 6-Zyl.-Reihenmotor, jedoch mit zunächst erhöhtem Hubraum (24,4 l) und Verdichtung (7.3). Der Va verfügte hingegen über einen Hubraum entsprechend dem BMW IV. Somit reduzierten sich auch die Leistungsdaten von 410 PS (V) auf 380 PS Startleistung beim BMW Va.

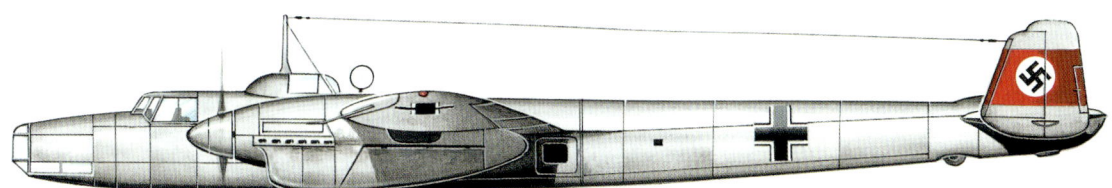

Dornier Do 17 V8 (M V1)

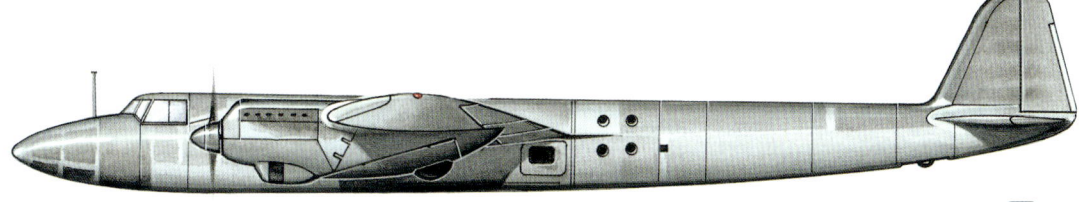

Dornier Do 17 a (VI)

Dornier Do 17 F-1

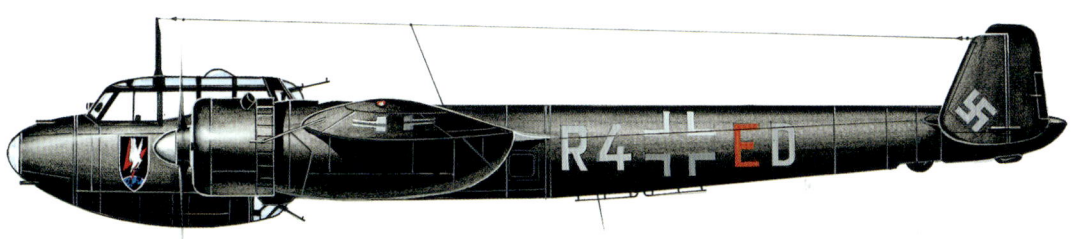

Dornier Do 17 M-1

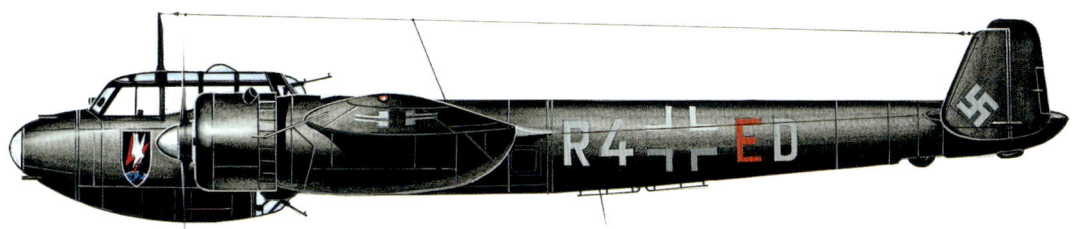

Dornier Do 17 Z-10
»Kauz II«-Nachtjäger

Dornier Do 215 B-5,
Nachtjäger NJG 2

I

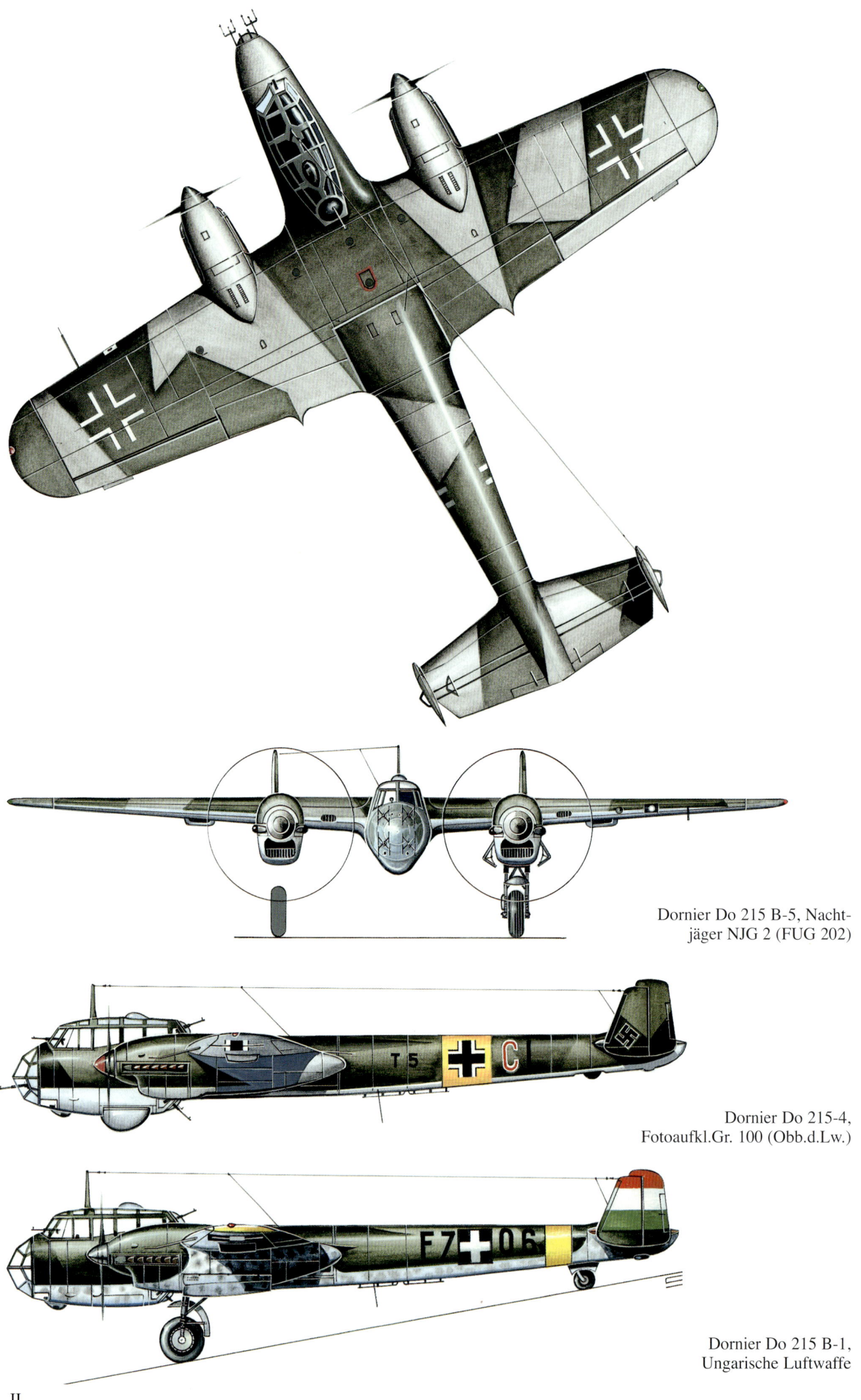

Dornier Do 215 B-5, Nachtjäger NJG 2 (FUG 202)

Dornier Do 215-4,
Fotoaufkl.Gr. 100 (Obb.d.Lw.)

Dornier Do 215 B-1,
Ungarische Luftwaffe

Dornier Do 17 Z-2,
KG 3, Russland
1941-42

Dornier Do 17 Z-2, 3. KG 2, 1942

Dornier Do 17 Z-2,
4. NJG 2 (Fernnachtjagdstaffel)

III

Modell Dornier Do 17 V1

Modell Dornier Do 17 E

Wartungsarbeiten in sehr frischer Luft. Die Szene wurde in Landsberg abgelichtet. Am Flächenansatz vor dem Motor ist der Kühlstoffbehälter erkennbar. Foto: Frau Gebhart

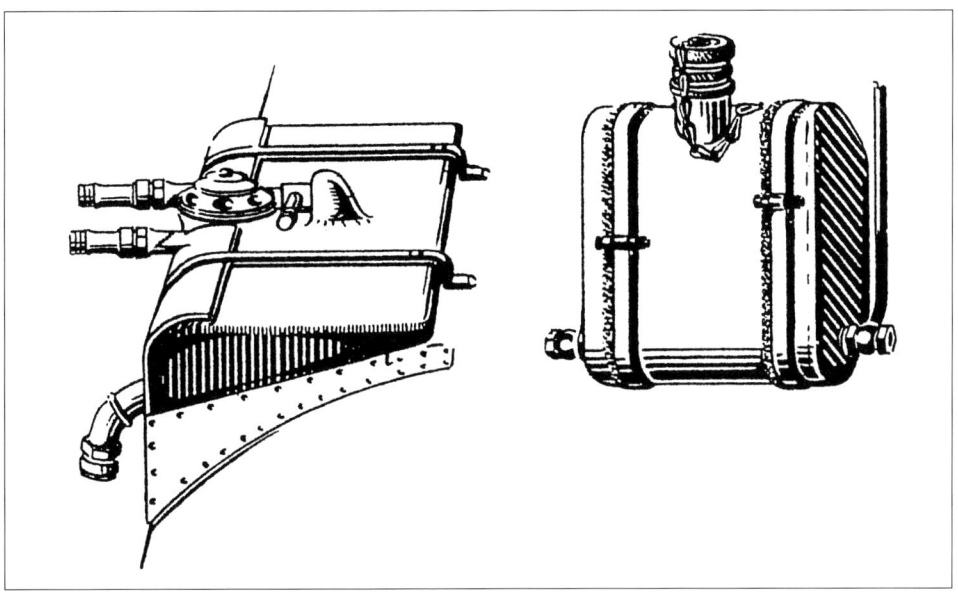

Ansichten des Kühlstoffbehälters (20,5 l).

Die Verbreitung dieses Triebwerktyps war gegenüber dem BMW IV ungleich geringer. Trotzdem erfolgte hier auch der Nachbau in Japan.

Unter Berücksichtigung der Technik der bisherigen Entwicklungsreihe entstand das Muster BMW VI. Erste Aktivitäten zum Bau dieses Motors begannen im Jahr 1924. Bereits im Folgejahr liefen die ersten Exemplare vom Band. Die Musterzulassung erfolgte 1926. Sie fanden künftig in namhaften Konstruktionen, wie z.B. dem legendären Wal, der blitzschnellen He 70 und natürlich dem »fliegenden Bleistift«, der Do 17, Verwendung. Der BMW VI wurde 1928 erstmals auf den Luftfahrtmessen in Berlin und Paris präsentiert.

Im März 1930 verzeichneten die Auftragsbücher mehr als 1000 Motoren, zusätzlich kamen entsprechende Stückzahlen bei ausländischen Lizenznehmern.

Es handelte sich hier um ein auf der Grundlage des BMW IV (22,9 l Hubraum) entwickeltes 12-Zylinder-Triebwerk mit zunächst 690 PS Startleistung (Dauerbetrieb 580 PS), welches im Getriebemotor BMW IVu auf 750 PS (Dauerleistung 585 PS) gesteigert werden konnte.

Das Trockengewicht lag bei 510 kg (Abmessung: L = 2036 / B = 589 / H = 1103 mm). In der getriebelosen Ausführung

erfolgte die Kraftübertragung auf die Luftschraube direkt durch die Kurbelwelle.

Im Regelfall war die Do 17 mit Antrieben des Typs BMW VI oder BRAMO 323 bestückt. Beim BMW VI handelte es sich um Reihenmotoren mit jeweils 750 PS am Start (1700 U/min). Das Kürzel »u« kennzeichnete die Version mit Untersetzungsgetriebe. Der 12-Zylinder-Motor mit 46,9 Liter Hubraum erreichte in der einfachen Variante 510 kg Trockengewicht, in der Ausführung mit Untersetzungsgetriebe schlug er mit 546 kg zu Buche. Die Nennleistung dieses Triebwerks lag bei 585 PS (1530 U/min). Definition des Begriffs Nennleistung: Als N. wird die maximal zulässige Dauerleistung eines Kolbenmotors bezeichnet. International fand der BMW VI, produziert im Rahmen von Lizenzabkommen mit Japan, Russland und der Tschechoslowakei weitere Verwendung. Nicht zuletzt der Robustheit dieser Motoren verdankten Langstreckenpioniere wie beispielsweise Mittelhuber oder Amundsen mit Dornier »Wal« ihre Erfolge und ihr Leben auf diesen mit Gefahren gepflasteren Routen. Erwähnenswert ist noch das damals neu eingeführte Bezeichnungssystem des RLM. Den neuen Richtlinien entsprechend wurde der BMW VI nun mit BMW 106 A sowie die Ausführung mit Untersetzungsgetriebe als BMW 106 D gekennzeichnet.

Im Fall der Do 17 kam die letzte Version des BMW VI zum Einbau. Es handelte sich hierbei um Motoren ohne Untersetzungsgetriebe, ausgestattet mit Heisskühlung, die Kraftübertragung erfolgte auf Dreiblatt-Holzluftschrauben.

Die Merkmale verschiedener BMW VI-Baureihen:
- Version 6-9 (ausgestattet mit Zenith-Vergaser)
- Version 7-9 (mit Äthylen-Glykol-Heisskühlung)
- Version 6 und 8 (mit Wasserkühlung)
- Version 8 und 9 (mit Trockensumpf-Umlaufschmierung)

Erwähnenswert ist zudem der sog. Kruckenberg »Schienenzeppelin«. Der mit einem BMW VI, einem hölzernen Vierblattpropeller ausgestattete und in Dural-Leichtbauweise gefertigte Triebwagen (L = 28,5 m, 18,5 t) brach damalige Schienenrekorde. Auf der Strecke Hamburg–Berlin erreichte das Unikum am 21.Juni 1931 zeitweise 231 km/h Höchstgeschwindigkeit. Für damalige Verhältnisse schon fast »geflogen«.

Um mit der luftfahrttechnischen Entwicklung Schritt zu halten, entwickelte BMW die leistungsgesteigerten Ableitungen in Form des BMW VII, VIII und IX.

Technische Daten	BMW IIIa	BMW IVa	BMW V	BMW VI 6.0	BMW VI 7.3
Zylinderanzahl	6 (stehend)	6 (stehend)	6 (stehend)	12, Anordnung in V-Form, stehend	12, Anordnung in V-Form, stehend
Hubraum	19,10 l	22,9 l	24,4 l	46,9 l	46,9 l
Hubraum je Zylinder	3,166 l	3,816 l	4,066 l	3,90 l	3,90 l
Bohrung	150 mm	160 mm	165 mm	160 mm	160 mm
Hub	180 mm	190 mm	190 mm	190 mm	190 mm
Verdichtung	6,5	6	7,3	6.0	7,3
Untersetzung	-	-	-	-	0,62 (VIU)
Startleistung	226 PS	300 PS	410 PS	660 PS/1600 U/min	750 PS/1700 U/min
Kühlart	Wasser	Wasser	Wasser	Äthylen-Glykol (Heißkühlung)	Äthylen-Glykol (Heißkühlung)

BRAMO 323 P

Die Entwicklungsgeschichte dieses Flugmotors führt uns zurück in das Jahr 1933. In diesem Jahr firmierte das Siemens & Halske Flugmotorenwerk zur Siemens Apparate- und Maschinen GmbH. Deshalb änderte sich auch die Bezeichnung der erzeugten Produkte. Aus dem Sh 22 wurde der SAM 322. Dieser in etwa 2000 Exemplaren gefertigte Sternmotor bildete die konstruktive Grundlage bei der Entwicklung des späteren BRAMO 323. Die Basis war hierbei der SAM 322 H2. Die kommenden Jahre sollten für die deutsche Industrie tiefgreifende Umstrukturierungen mit sich bringen. Hiervon war auch SAM betroffen, da das RLM auf die Trennung des Motorenbaus von S & H drängte. Im Sommer 1936 wurde dieser Schritt vollzogen. Fortan übernahmen die Brandenburgischen Motorenwerke, kurz BRAMO, die Geschäfte der SAM. Gegen Ende September 1938 war es beschlossene Sache, dass die BMW Flugmotoren GmbH und BRAMO ihre Aktivitäten bei der Entwicklung von luftgekühlten Sternmotoren zu koordinieren hatten. Die Konstruktionsbüros München und Spandau hatten dies mit sofortiger Wirkung durchzuführen. Etwa zwei Monate später wurde die Vertriebsgesellschaft Aero Motor Export GmbH gegründet.

Die gleichberechtigte Zusammenarbeit trug schon bald die ersten Früchte. So entstand unter der Verwendung der Technik und den Erkenntnissen aus der BMW 132- und BRAMO 323-Entwicklung die BMW-800-Reihe. Aus den Erfahrungen der Entwicklung von BMW 139 und BRAMO 323 ging auch der BMW 800 hervor. Es handelte sich hierbei um eine Parallelentwicklung zum legendären BMW 801, welche 1942 eingestellt wurde. Nur wenige Prototypen wurden gebaut. Der Großteil der BMW-Aktivitäten konzentrierte sich fortan auf den BMW 801 und seinen projektierten Nachfolgern.

Der BRAMO 323, ursprünglich von Anfang an als Einspritzmotor konzipiert, gab sein Debüt auf dem Pariser Aerosalon 1938 als Vergasermotor. Mit Vergasern waren die Baureihen M und J ausgestattet.

Am 1.Juli 1939* erwirbt BMW die BRAMO-Anteile von Siemens und integriert die Firma in den BMW-Konzern. Generaldirektor Popp war von dem 12 Mio.-RM-Deal nicht überzeugt, da er die Meinung vertrat, Expansionspolitik sollte keinesfalls durch Zusammenkauf anderer Firmen betrieben werden. Seine Verantwortung sollte nur bis 1942 reichen. Milch ließ Popp von seinen Geschäften entbinden. Soweit ein kleiner Einblick in die geschichtlichen Hintergründe.

Wenden wir uns nun der Technik des BRAMO 323 zu. Wie viele der damaligen Motoren entstand auch der BRAMO 323 in zahlreichen Ausführungen. Das Zylindervolumen aller Varianten war identisch. Unterschiede wiesen hingegen die Leistungsbereiche, Gewichte, oder die Laderuntersetzung und Verdichtung auf. Hinzu kam die Vergrößerung der Kühloberfläche von 1,2 m² auf 2,2 m². Dies wurde durch eine geänderte und vermehrte Verrippung erreicht.

* H. Mönnich nennt Ende Sept. 1939.

Schrägansicht des BRAMO 323 A »Fafnir«.

Ansicht eines BRAMO 323 A, installiert in einer Do 17 M. Gut erkennbar ist die Abgasführung, welche an der Oberseite der Cowling an zwei Öffnungen mündet. Die Kraft wurde auf VDM 3-Blatt-Metall-Verstellpropeller übertragen.

Motoreneinbau des BRAMO lt. Handbuch-Zeichnung Do 17 Z.

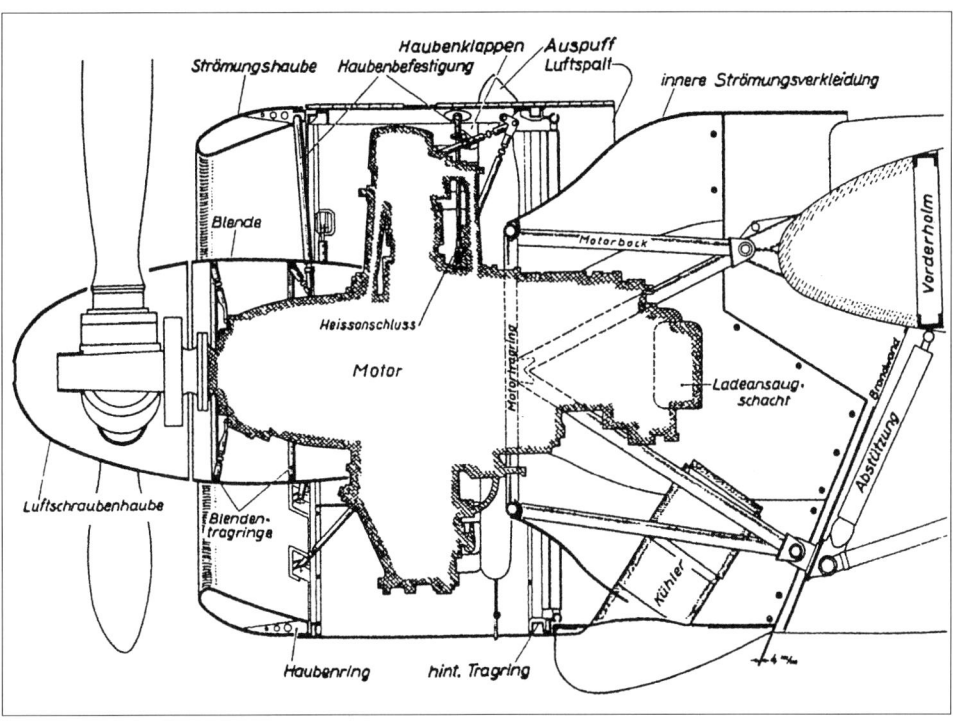

Das Brandschott mit Durchführungen, Brandhähnen sowie deren Leitungen (Handbuch-Zeichnung Do 17 Z).

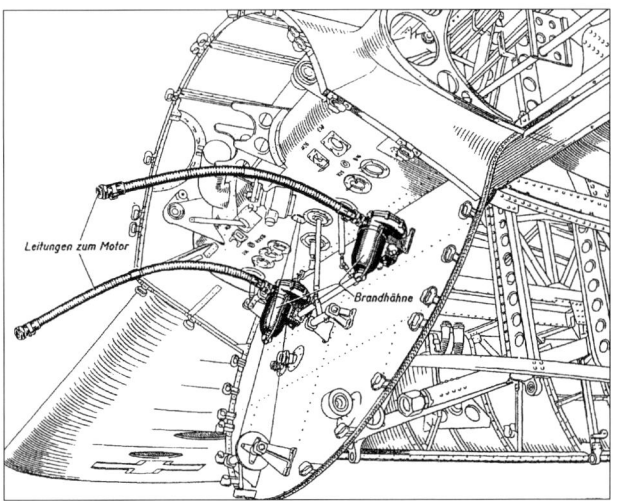

51

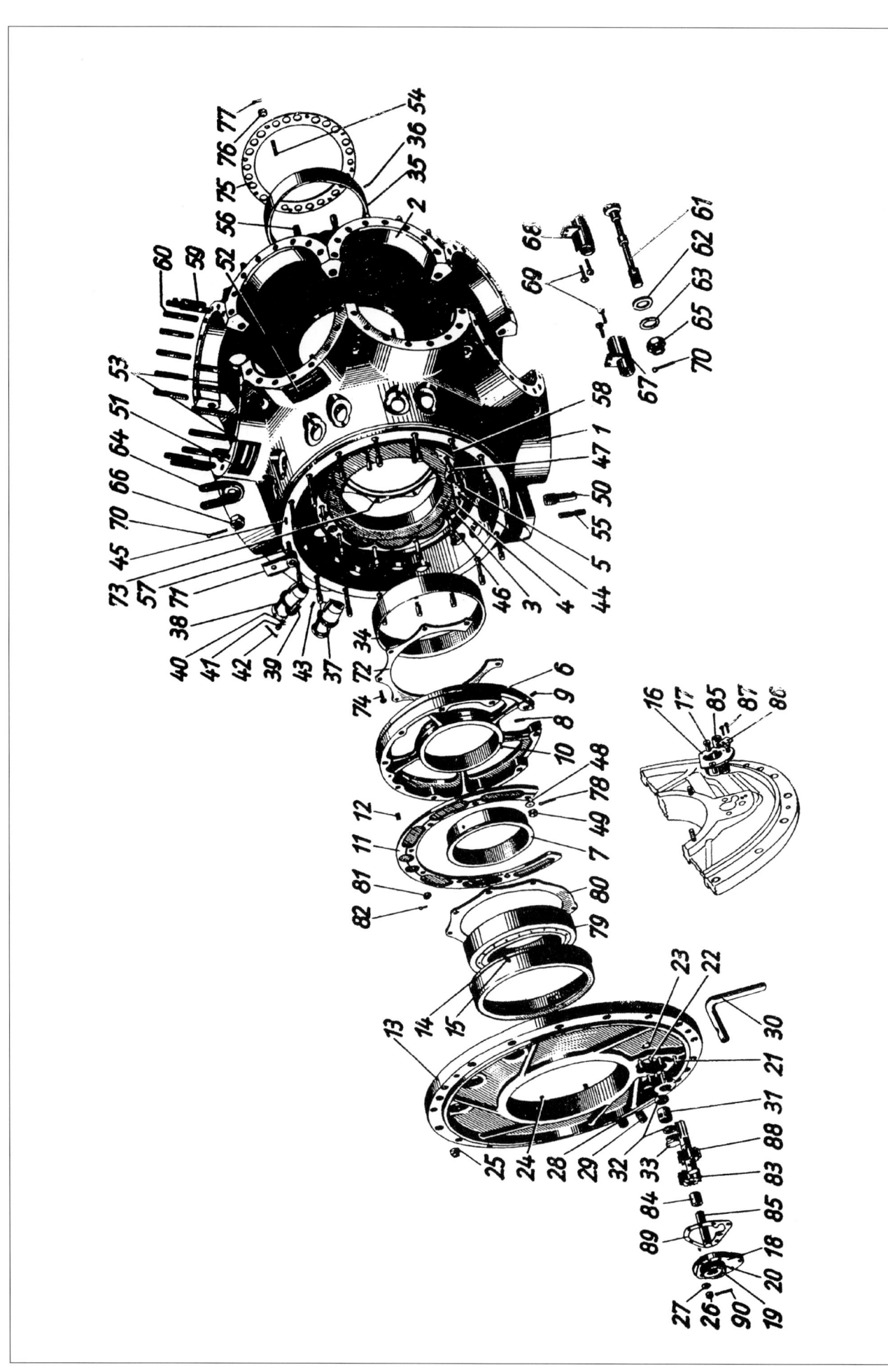

Gehäuseaufbau des BRAMO 323 (BMW-Werkzeichnung v. Februar 1941).

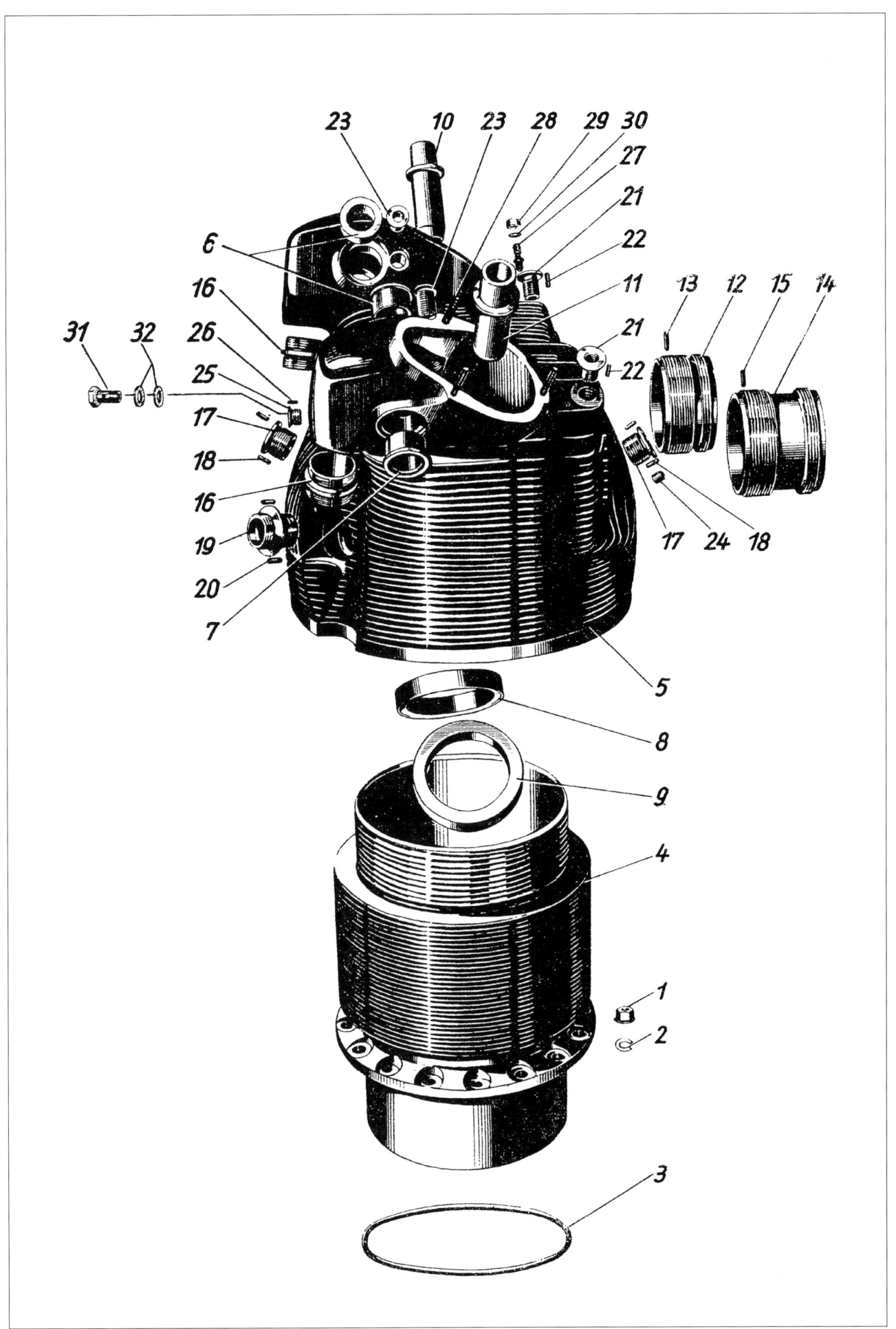

Die Komponenten eines von insgesamt neun Zylindern des BRAMO 323 (BMW-Werkzeichnung v. Februar 1941).

Es gab folgende Versionen:

BRAMO 323 A	Höhenmotor mit Eingangs-Höhenlader, Kegelrad-Umlaufgetriebe, Anschluss für Hamilton-Standard-Propeller, 900 PS, Untersetzung 0,62.
BRAMO 323 B	Höhenmotor mit 900 PS/2500 U/min, Untersetzung 0,71.
BRAMO 323 C	Bodenmotor (900 PS, Laderübersetzung 9,52), Untersetzung 0,71.
BRAMO 323 D	Bodenmotor (900 PS, Laderübersetzung 9,52), Untersetzung 0,62
BRAMO 323 J	Vergasermotor mit 2-Gang-Bodenlader (Laderübersetzung 11,4).
BRAMO 323 M	Vergasermotor mit 2-Gang-Bodenlader (Unt. 9,52).
BRAMO 323 N	Motor mit 2-Gang-Einstufenlader (9,6/12,4), 1000 PS; mit Wasser-Methanol-Einspritzung 1200 PS.
BRAMO 323 P	Motor mit 2-Gang-Einstufenlader (9,6/12,4), 1000 PS, Untersetzung 0,62.
BRAMO 323 Q	Höhenmotor mit Laderübersetzung 11,4.
BRAMO 323 Q/3	Motor mit geändertem Getriebe für Einsatz in Fa 223. Ab 1940 nur in einer Kleinserie verwirklicht.
BRAMO 323 R	Motor mit 2-Gang-Einstufenlader (9,6/12,4), 1000 PS; mit Wasser-Methanol-Einspritzung 1200 PS. Ausführung R mit C3-Kraftstoff.
BRAMO 323 R/2	Motor mit 2-Gang-Einstufenlader (9,6/12,4), 1000 PS; mit Wasser-Methanol-Einspritzung 1200 PS. Ausführung R mit C3-Kraftstoff.
BRAMO 323 S	Motor mit 2-Gang-Einstufenlader (9,6/12,4), 1000 PS, Ausstattung mit Flammenvernichter.
BRAMO 323 T	Bodenmotor mit Laderübersetzung 9,52.
BRAMO 323 TA	Triebwerksanlage auf der Basis BRAMO 323 R/2.
BRAMO 323 TB	Triebwerksanlage auf der Basis BRAMO 323 S.
BRAMO 323 W	Motorenausführung für den Einsatz bei Fa 223.
BRAMO 323 Y	Motorenausführung für den Einsatz bei Fa 223.
BRAMO 301	Einspritzmotor mit geändertem Getriebe für Fa 223 E.

Mit Ausnahme der Versionen M und J waren alle anderen Ausführungen des BRAMO 323 als Einspritzmotoren ausgelegt. Schon beim BRAMO 323 verfügte der Pilot über die Einhebelschaltung, welche den Flugzeugführer wesentlich entlastete, und die als Vorentwicklung des Kommandogerätes für den BMW 801 zu betrachten ist.

Der BRAMO 323 fand nicht nur in der Do 17 Verwendung. Allerdings entsprach seine Verbreitung nicht der anderer Sternmotoren.

Flugzeugtypen, ausgerüstet mit BRAMO 323:
- Arado Ar 198 V1 – Aufklärer
- Arado Ar 232 B – Transporter
- Dornier Do 24 T – Wasserflugzeug
- Focke-Wulf Fw 200 – Fernaufklärer
- Focke-Wulf Fw 206 – Passagierflugzeug-Projekt
- Focke-Achgelis Fa 223 – früher Helikopter
- Gotha P.39 – Transporterprojekt
- Junkers Ju 352 – Transporter
- Henschel Hs 126 – Nahaufklärer

Technische Daten	BRAMO 323 P
Zylinder	9
Hubraum	26,82 l
Hubraum je Zylinder	2,98 l
Bohrung	154 mm
Hub	160 mm
Verdichtung	6,4
Untersetzung	0,62 (Getriebe bestehend aus drei um 120° versetzte Kegelräder mit Lagerzapfen auf der Luftschraubenwelle)
Einlass- und Auslassventile je Zylinder	je 1
Startleistung	1000 PS bei 2500 U/min, 1 Minute Limit, 1,5 ata Ladedruck
Kampfleistung	820 PS bei 2250 U/min, Bodenlader, 30 Minuten Limit, 1,25 ata Ladedruck
Reiseleistung (Dauer)	520 PS bei 1900 U/min in 2600 m
Dauerleistung	660 PS bei 2100 U/min, Bodenlader
Kraftstoffverbrauch	215 g/PSh
Kraftstofftyp	B4 (87 Oktan)
Schmierstoff	Intava Rotring, Aero Shell Mittel
Höchstzulässige Drehzahl	Im Sturzflug 2800 U/min
Zündfolge	1-3-5-7-9-2-4-6-8
Länge	1415 mm
Durchmesser	1388 mm
Trockengewicht	580 kg
Kühlart	Luftkühlung
Ladertyp	Zweigang-Einstufenlader
Laderübersetzung	Bodenlader 9,6 (bei 2500 U/min der Kurbelwelle = 24 000 U/min Laderrad)
Laderübersetzung	Höhenlader 12,4 (bei 2500 U/min der Kurbelwelle = 31 000 U/min Laderrad)
Luftschraube (Dural)	VDM 3-Blatt-Propeller mit 3,60 m
Drehsinn (Luftschraube)	Rechtslauf

Der BMW 132

Im Fall der Do 17 P fiel die Wahl auf den BMW 132. Zur Geschichte des Triebwerks: Der genannte Konzern fertigte bis zum Jahr 1928 ausschließlich Reihenmotoren. Dies änderte sich mit dem Abschluss des Lizenzvertrages mit dem amerikanischen Flugmotorenhersteller Pratt & Whitney

grundlegend. Das Abkommen beinhaltete zunächst den »Hornet A« (1928) sowie ein weiteres ab 1933 für die Nachbaurechte des »Hornet B«-Sternmotors. Dieser Neunzylinder-Motor ging unter der Bezeichnung BMW-»Hornet« in Produktion. Der »Hornet« wurde in der Folge an deutsche Normen und metrische Maße angepasst. Dieser Entwicklungsschritt ließ den BMW 132 entstehen.

BMW 132 N

Die aus der Bomberversion M abgeleitete Do 17 P verfügte über BMW-Sternmotoren des Typs BMW 132 N. Es handelte sich hierbei im einen sog. Höhenmotor mit 910 PS Startleistung. Die Motorenenergie wurde über ein Untersetzungsgetriebe auf die dreiblättrige VDM-Luftschraube übertragen. Zur Familie der Einspritz-Höhenmotoren zählten auch die Varianten BMW 132 F und J. Ein augenfälliges Identifizierungsmerkmal waren, wie im Fall des BMW 132 M, die beiden an der oberen Frontseite positionierten Luftansaugstutzen.

Die technischen Daten des BMW 132 N sowie andere in der Do 17 zum Einbau gekommene Motoren sind in der folgenden Tabelle zusammengefasst:

Technische Daten	BMW 132 N	BMW 132 L	BMW 132 DC
Allgemeine Daten			
Zylinderanzahl	9	9	9
Zylinderanordnung	sternförmig	sternförmig	sternförmig
Bohrung	155,5 mm	155,5 mm	155,5 mm
Hub	162,0 mm	162,0 mm	162,0 mm
Hubraum (je Zylinder)	3,076 l	3,076 l	3,076 l
Hubraum (gesamt)	27,7 l	27,7 l	27,7 l
Verdichtung	6,0	6,5	6,5
Ein- und Auslassventile	je Zyl. 1 Ein- u. Auslassventil	je Zyl. 1 Ein- u. Auslassventil	je Zyl. 1 Ein- u. Auslassventil
Zündfolge	1-3-5-7-9-2-4-6-8	1-3-5-7-9-2-4-6-8	1-3-5-7-9-2-4-6-8
Arbeitsweise	Schwungkraftlanlasser	Schwungkraftlanlasser	Schwungkraftlanlasser
Untersetzung	0,62	keine	0,62
Kühlart	Luft	Luft	Luft
Leistungsdaten			
Erhöhte Kurzleistung (Bodennähe)	910 PS (1 min) Bodennähe	800 PS / 2230 U/min (1 min)	850 PS / 2450 U/min (1 min) Bodennähe
Erhöhte Kurzleistung	865 PS / 2450 U/min (1min)	-----	915 PS / 2450 U/min (1 min) in 2300 m
Kurzleistung (Bodennähe)	765 PS / 2350 U/min (5 min)	720 PS / 2150 U/min (5 min)	780 PS / 2350 U/min (5 min)
Dauerleistung	665 PS / 2150 U/min (30 min) in 400 m	620 PS / 2000 U/min (Dauer) in 2400 m	625 PS / 2100 U/min (Dauer) in 3800 m
Treibstofftyp	87 Oktan	87 Oktan	87 Oktan
Schmierstoff	Intava-Rotring	Intava-Rotring	Intava-Rotring

Technische Daten	DB 600 C	DB 601 A-1	Hispano-Suiza YKrs	Gnôme & Rhône 14 Kdrs
Zylinder	12, Anordnung in Reihe, V-Form, hängend	12, Anordnung in Reihe, V-Form, hängend	12, Anordnung in V-Form, stehend	14, Anordnung als Doppelstern
Hubraum	33,9 l	33,9 l	36,0 l	27,7 l
Hubraum je Zylinder	2,825 l	2,825 l	3,0 l	3,07 l
Bohrung	150 mm	150 mm	150 mm	146 mm
Hub	160 mm	160 mm	170 mm	165 mm
Verdichtung	6,5 (87 Oktan)	6,9 (87 Oktan)	5,8	6,1
Untersetzung	0,65	0,65	1,5:1	1,4 : 1
Startleistung	850 PS/2300 U/min	1100 PS/2400 U/min	760 PS/2400 U/min	980 PS/2200 U/min 1065 PS/2390 U/min

Der DB 600 bzw. DB 600 C kam nur in Do 17-Prototypen zum Einbau. ▶

◀ Das augenfälligste Merkmal des BMW 132 N und auch -M waren die an der oberen Motorfront mündenden Luftansaugstutzen. Im Fall der Do 17 P kam der BMW 132 N zum Einbau.

Motoren des Typs DB 601 A fanden in den Do 17-Versionen R und S sowie in der Do 215 Verwendung.

Das »Innenleben« eines DB 601 A (12-Zyl. V-Motor (hängend) mit 33,9 l Hubraum und 1100 PS Startleistung).

Schrägaufnahme des Hispano-Suiza 12-Motors. Hierbei handelte es sich um ein 12-Zyl.-Triebwerk mit 36 l Hubraum und 760 PS Startleistung).

Frontansicht des in den jugoslawischen Do 17 installierten Gnôme & Rhône 14K.

Der Einbau eines Gnôme & Rhône 14 am Beispiel der Do 17 Ka (14-Zyl. Doppelsternmotor mit 27,7 l Hubraum und 980 PS Startleistung).

Das Betriebsstoffsystem

Die Menge des mitgeführten Treibstoffs stieg mit der an die Do 17 gestellten Forderung nach mehr Reichweite. Dies schlug sich folglich in entsprechender Gewichtserhöhung und einhergehender Leistungsminderung nieder. Die Forderung bezüglich einer höheren militärischen Nutzlast tat ein übriges. Durch den Einsatz von stärkeren Triebwerken konnte diese Entwicklung nur bedingt kompensiert werden. So war es nur eine Frage der Zeit, bis die Do 17 durch andere, neuere Entwicklungen ersetzt wurde.

Die Grund-Treibstoffkapazität der Do 17 betrug lediglich 1400 l, welche zudem noch in ungeschützten Behältern mitgeführt wurde. Alleine diese Tatsache machte die Do 17

schon sehr verwundbar. Hinzu kam beispielsweise beim Aufklärer Do 17 F, aber auch bei anderen Mustern, die Möglichkeit, die Treibstoffmenge durch einen zusätzlichen, im Lastenraum mitgeführten Tank zu erhöhen. Bei den Do 17-Bombern ging das natürlich zu Lasten der militärischen Zuladung, sprich Bombenmenge.

Im Fall der Do 17 M konnte die Kraftstoffmenge auf 1910 l, nun in geschützte Tanks gefüllt, erhöht werden. Hinzu kamen 2 x 45 l Schmierstoff.

Die hieraus entwickelte Aufklärerserie Do 17 P wurde ebenfalls mit diesen Behältern ausgestattet. Gesamtmenge:

- Zwei Flächenbehälter mit jeweils 760 l.
- Ein Rumpftank mit 350 l.

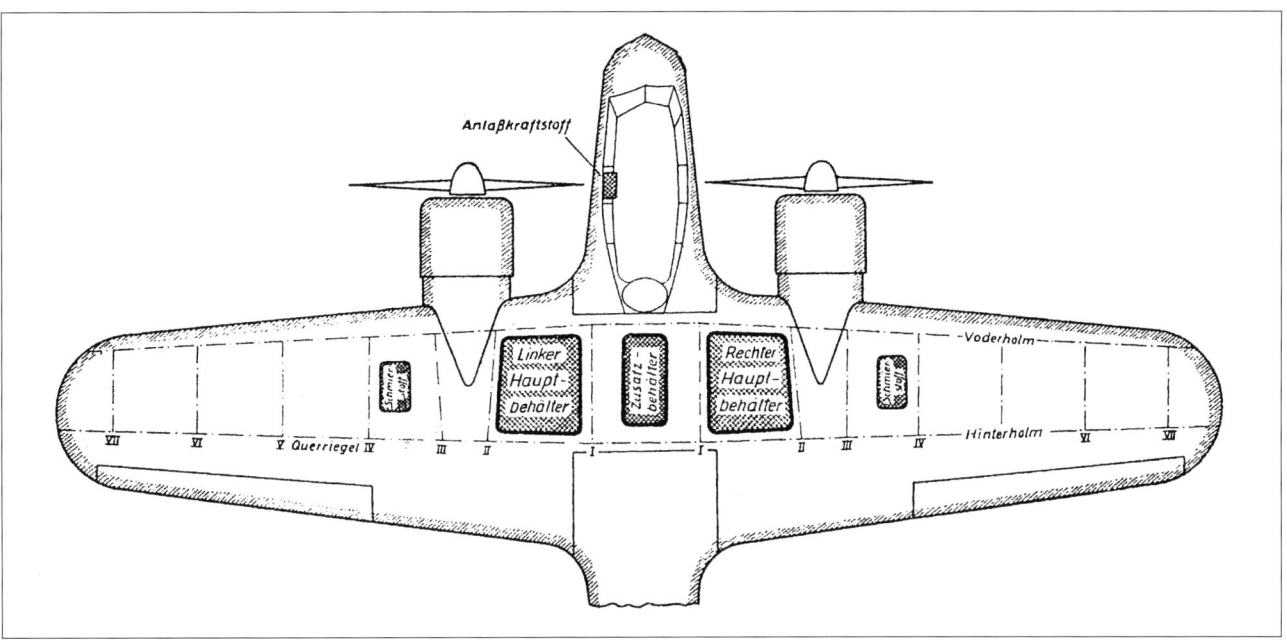

Anordnung der Treibstoffbehälter (775 l) im Flügel und Lastenraum (895 l). In den äußeren Flächenbereichen befand sich je Seite ein Schmierstofftank.

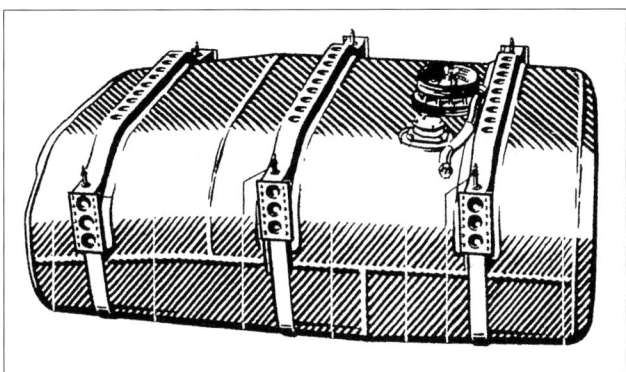

Darstellung eines 700-l-Tanks für die Muster Do 17 E/F (Werkzeichnung).

Werkzeichnung eines Schmierstoff-Behälters (45 l) der Versionen Do 17 E/F.

- Ein Rumpfbehälter mit 225 l.
- Zwei Schmierstofftanks mit je 95 l.

Die gesamte Betriebsstoffmenge, transportiert in selbstdichtenden Tanks, betrug somit 2095 l Kraftstoff und 190 l Schmierstoff.

Im Fall des meist gebauten Do 17-Musters, der »Z«, gelang es den Konstrukteuren wiederum nur unter Kompromissen die Treibstoffmenge abermals zu erhöhen. Hier erreichte die Gesamtmenge bereits 2445 l B4-Kraftstoff und lag somit über 1000 l gegenüber dem eingangs erwähnten Wert. Hinzu kam 240 l Schmierstoff. Die Mengen wie folgt in Einzelpositionen:
- 1 x selbst dichtender Behälter mit 775 l im Flügelmittelteil (links) zwischen den Querriegeln I und II.
- 1 x selbst dichtender Behälter mit 775 l im Flügelmittelteil (rechts) zwischen den Querriegeln I und II.
- 1 x selbstdichtender Rumpfbehälter mit 895 l im vorderen Lastenraum zwischen Rumpfspant 11 und 13.

Gemäß Handbuch, vom RLM freigegeben im März 1940, sollten die bisher installierten Blechbehälter (860 l) durch die geschützte Bauart mit 775 l ersetzt werden. Man sprach hier von »vorläufig eingesetzten Blechbehältern von 860 l«.

- Bei der Ausführung Do 17 Z-6 bestand zudem die Möglichkeit, zwei weitere, je 228 l fassende Tanks mitzuführen. Der entsprechende Einbauort befand sich auf der rechten Rumpfseite zwischen Spant 13 und 15.
- Die Schmierstoffmenge betrug 240 l, geteilt in zwei geschützten 120-l-Tanks im äußeren Flächenbereich, jeweils zwischen den Querriegeln III und IV.
  Das Handbuch verweist hier auf bisher verwendete 144 l fassende, ungeschützte Blechbehälter, welche ohne weiteres durch die geschützten 120-l-Tanks ersetzt werden konnten.

Für jedes Triebwerk war vorhanden:
- Ein Treibstoffbehälter (inkl. Haupt und Nebenbehältertopf).
- Zwei Filterbrandhähne, rechts, mit Handpumpe.
- Leitungssystem (Treib- und Schmierstoffzuführung).
- Öltank mit den dazugehörenden Einbauten.

Für beide Motoren:
- Ein Zusatzbehälter.
- Umpumpanlage (elektrisch / von Hand betrieben).
- Leitungssystem (Treib- und Schmierstoffzuführung).

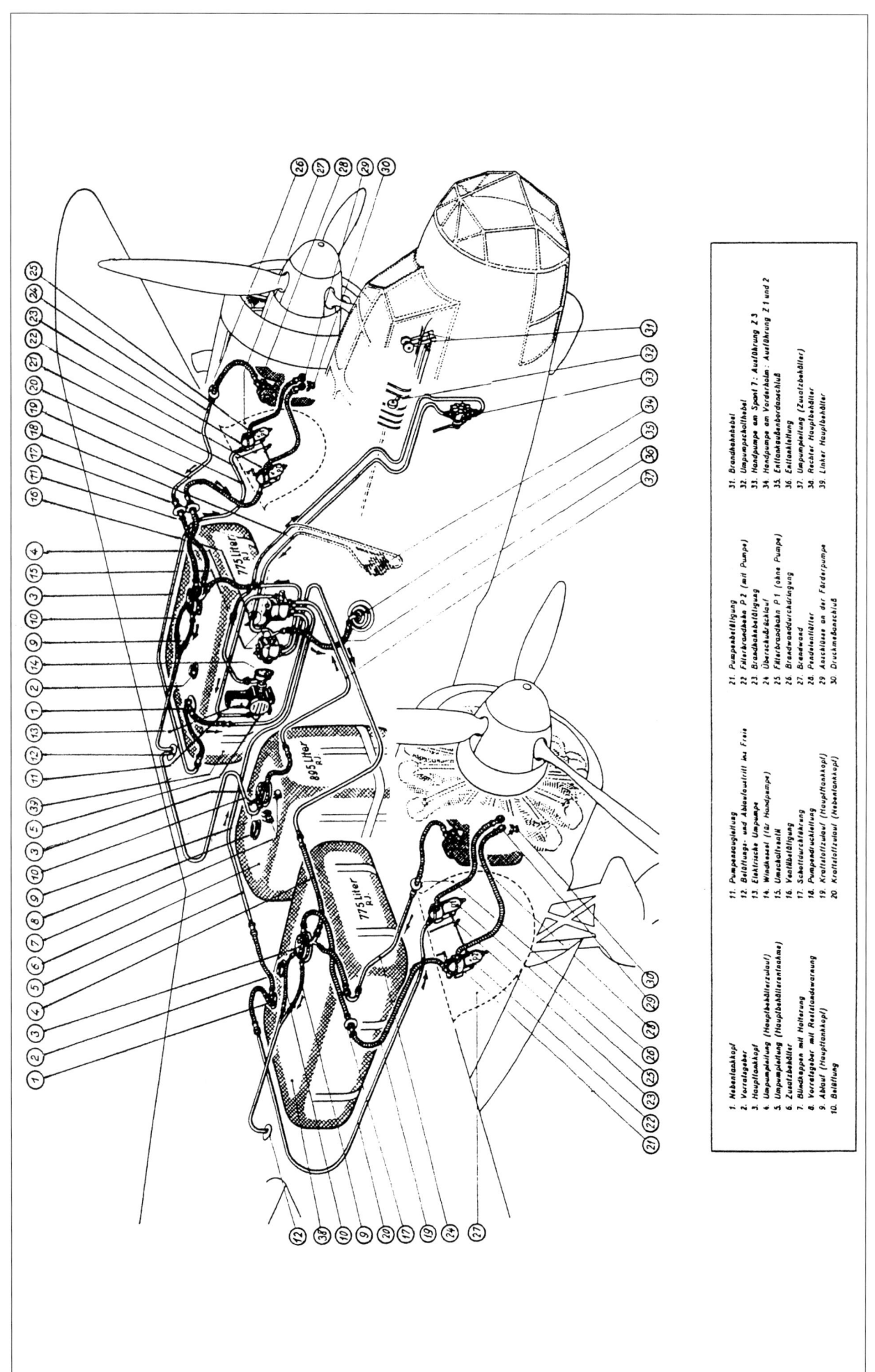

1. Nebentankkopf
2. Vorratgeber
3. Haupttankkopf
4. Umpumpleitung (Hauptbehälterzulauf)
5. Umpumpleitung (Hauptbehälterentnahme)
6. Zusatzbehälter
7. Blindkappen mit Halterung
8. Vorratgeber mit Reststandanwarnung
9. Ablauf (Haupttankkopf)
10. Belüftung

11. Pumpenzugleitung
12. Belüftungs- und Ablaufauftritt im Freie
13. Elektrische Umpumpe
14. Windkessel (für Handpumpe)
15. Umschaltventil
16. Ventilbetätigung
17. Schalterschaltarung
18. Pumpendruckleitung
19. Kraftstoffzulauf (Haupttankkopf)
20. Kraftstoffzulauf (Nebentankkopf)

21. Pumpenbetätigung
22. Filterbrandbahn P.2 (mit Pumpe)
23. Brandhahnbetätigung
24. Überschubbrücklauf
25. Filterbrandbahn P.1 (ohne Pumpe)
26. Brandwanddurchführung
27. Brandwand
28. Pendeldistabehälter
29. Anschlüsse an der Förderpumpe
30. Druckmaßanschluß

31. Brandhahnhebel
32. Umpumpschalthebel
33. Handpumpe am Spant 7: Ausführung Z.3
34. Handpumpe am Vorderholm: Ausführung Z.1 und 2
35. Exitanlaubenbordanschluß
36. Exitanleitung
37. Umpumpleitung (Zusatzbehälter)
38. Rechter Hauptbehälter
39. Linker Hauptbehälter

Schema der Kraftstoffanlage der Do 17 Z. Hierbei unterschied sich die Variante Z-6, welche höchstwahrscheinlich in nur einem Exemplar verwirklicht wurde.

Um einen sicheren Einbau der Behälter zu gewährleisten, erfolgte die Installation mittels Spanngurten. Im Fall der geschützten Tanks kamen je zwei breite Längs- und Quergurte zum Einsatz.

Der Rumpf-Zusatzbehälter wurde pendelfrei mit Spanngurten an zwei Längs- und Querträgern aufgehängt und zusätzlich mit einem Traggurt verspannt.

Das Hauptfahrwerk

Die rollende Komponente der Do 17 bildete ein nach hinten abgestrebtes Gabelfahrwerk, welches zum Schutz des Fahrwerkschachtes und der Flugzeugunterseite mit sog. »Kotflügeln« ausgestattet wurde. Zwei EC-Luft/Öl-Federbeine wurden zu einem Federstrebenrahmen kombiniert, der mittig angeordnet, eine V-förmige Verstrebung und das hydraulisch gebremste Laufrad mit der Abmessung 950 x 350 aufnahm. Über einem hinter den Federstrebenrahmen schräg nach oben verlaufenden Druckstrebenrahmen und den im Fahrwerkschacht befindlichen Einziehzylinder wurde das Fahrwerk entgegen der Flugrichtung eingezogen. Der Druckstrebenrahmen war am hinteren Flächenholm schwenkbar gelagert. Der Federstrebenrahmen wurde am Triebwerksgerüst, hinter dem Brandschott, ebenfalls schwenkbar verankert. Ein- und Ausgefahren wurde das Hauptfahrwerk durch je zwei Hydraulikzylinder. Den benötigten Druck erzeugte eine elektrisch betätigte Pumpe.

- Do 17 E/F, Ka = 950 x 950, 380 x 150
- Di 17 M, P, Z, 215, Kb, R, S, U = 1100 x 375, 500 x 180

Die ursprüngliche Form des Fahrwerks mit Reifen der Abmessung 950 x 350. Dieses Hauptfahrwerk trug eine Do 17 K mit ihrer typischen Bugform und Gnôme & Rhône-Motoren.

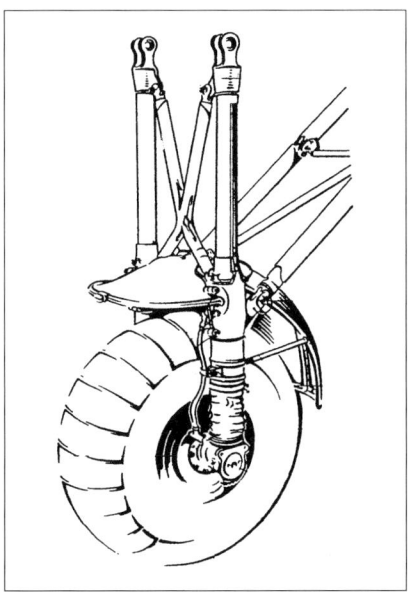

Der Druckstrebenrahmen des Hauptfahrwerks der Do 17 E/F (Werkzeichnung). ▶

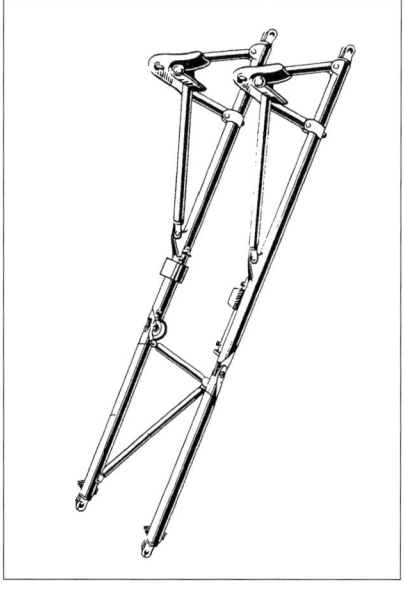

◀ Ein Hauptfahrwerksbein der Do 17 E/F-Reihe, auch erkennbar an den v-förmigen Streben zwischen den EC Luft/Öl-Federbeinen (Werkzeichnung Do 17 E/F).

Die neue Bauform des Hauptfahrwerks kam ab der Do 17 M zur Anwendung. Leicht erkennbares Merkmal war die x-förmige Verstrebung zwischen den Federbeinen.

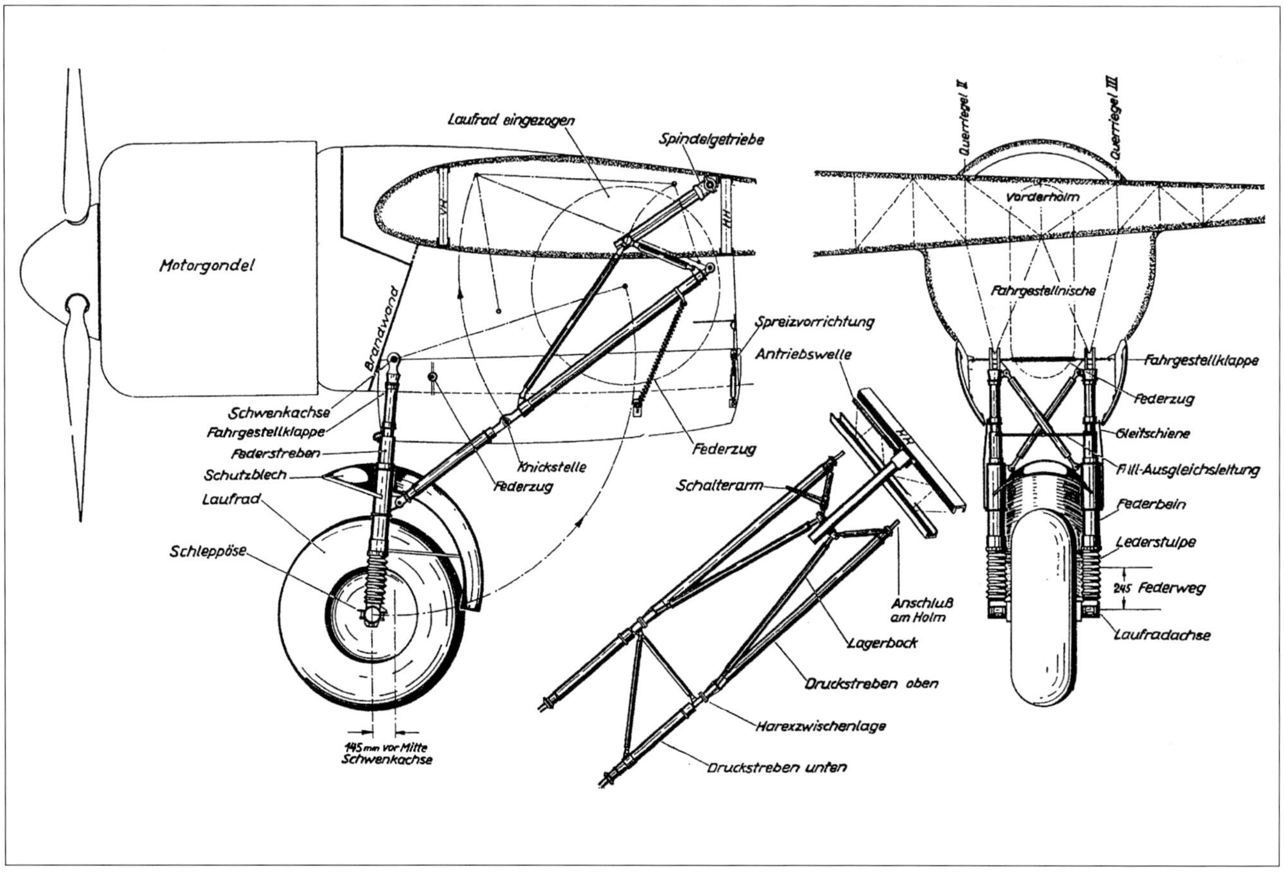

Fahrwerkseinbau gemäß Do 17 Z-Handbuch.

Das Spornrad

Der Sporn (Radabmessung 380 x 150) verfügte ebenfalls über ein EC-Luft/Öl-Federbein. Der Schwinghebelsporn war schwenkbar am Spant 26 gelagert.

Ab der Do 17 M kamen eine neue Fahrwerksbetätigung sowie Änderungen am Fahrwerk selbst zum Tragen, welche bis zum Auslaufen der Do 17-Produktion beibehalten wurden. Die bisherige hydraulische Fahrwerksbetätigung wich einem elektromechanischen System mit Spindel. Am Tragflächenhinterholm (im Bereich des Rumpfrückens) wurde ein E-Motor mit Getriebe installiert, der über Antriebswellen auf drei Spindelgetriebe der Fahrwerksbeine oder des Spornrads wirkte. Die Spindeln bzw. die sich bewegende Spindelmutter wurde am jeweiligen Druckstrebenrahmen und dessen Lagerjoch angeschlossen. Im Fall des Spornrades führte eine Antriebswelle mittig zum Spindeltrieb des Spornrades, welches am Spant 26 schwenkbar gelagert war. Die Montagepunkte des Hauptfahrwerks entsprach am Hinterholm bzw. am Triebwerksspant der bisherigen Einbaumethode. Gegenüber der bisher verwendeten Reifengröße von 950 x 350 kamen in der neuen Ausführung Räder der Abmessung 1100 x 375 zum Einbau. Das Gewicht eines Rades der letztgenannten Größe schlug mit 72 kg zu Buche, das Rad des Sporns mit 10,9 kg. Die zulässige Radlast (ruhend) betrug bei 950 x 350-Reifen 5100 kg, bei der größeren Ausführung, ab Do 17 M, 5500 kg. Die Spurweite maß 5,40 m.

Ein auffälliges Identifizierungsmerkmal des neuen Fahrwerktyps stellte die x-förmige Verstrebung zwischen dem linken und rechten EC-Federbein des Hauptfahrwerks dar.

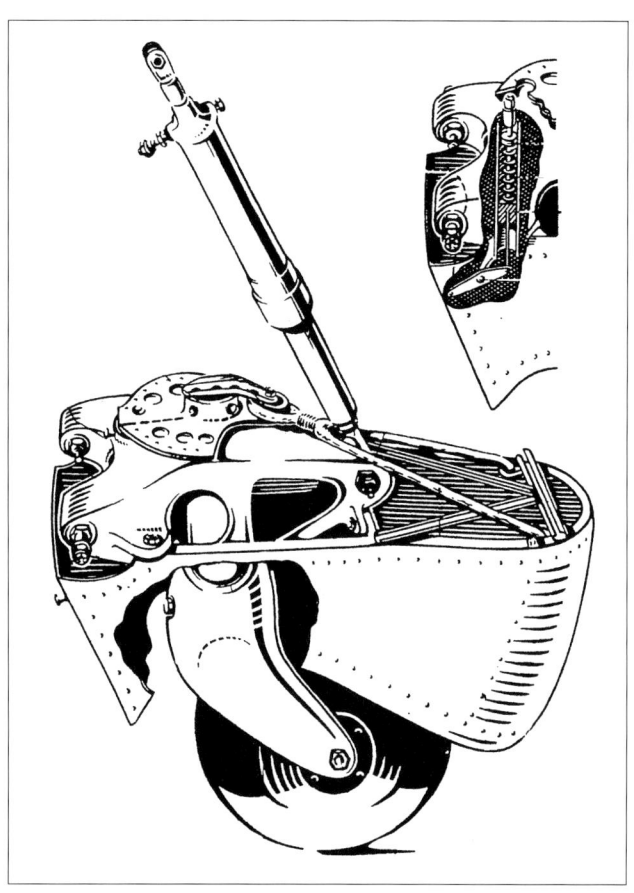

Spornrad lt. Werkszeichnung Do 17 E/F (Radgröße 380x150).

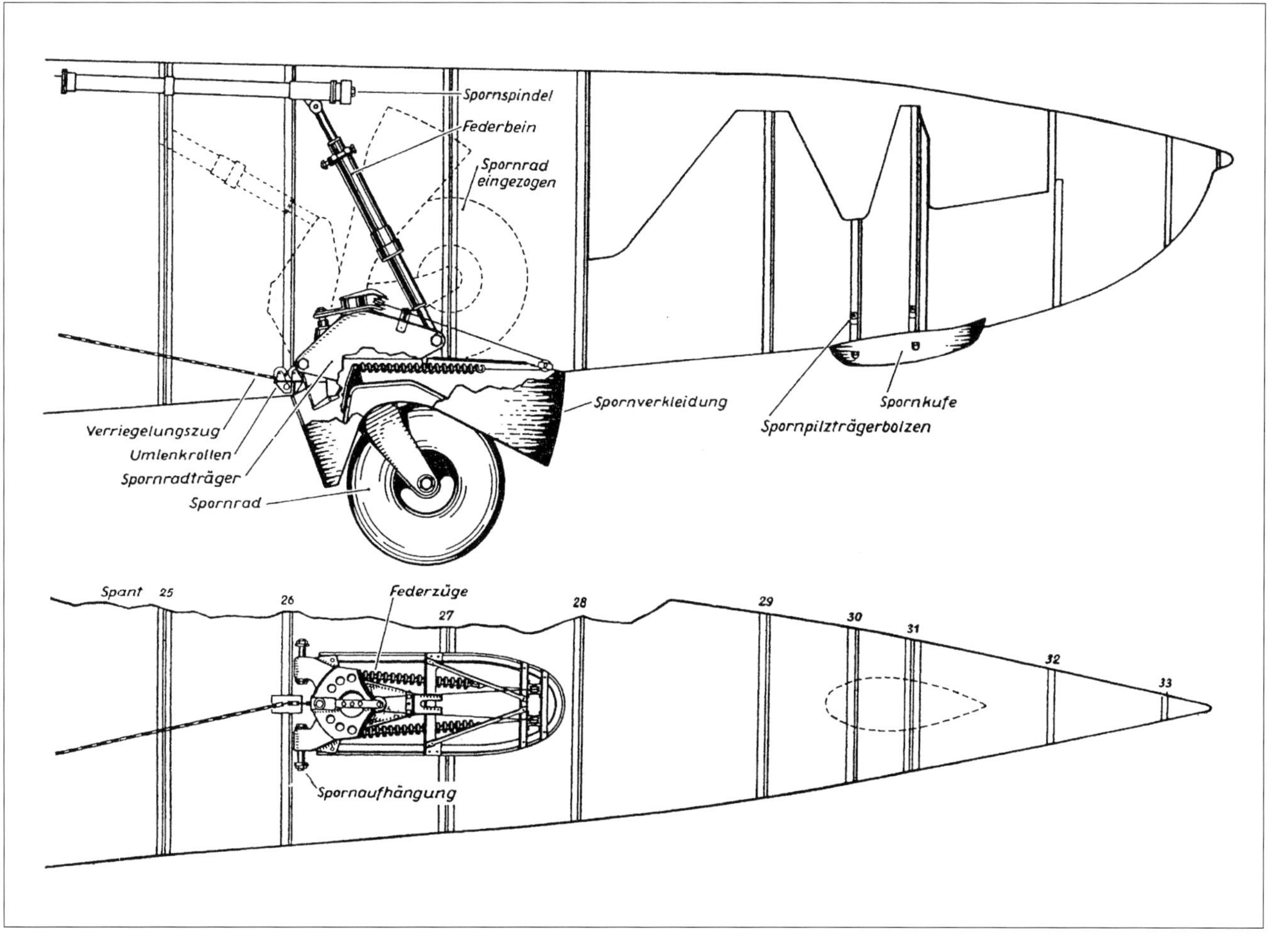

Einbauzeichnung des Spornrades der Do 17 Z (Radgröße 500 x 180).

61

Im Bild eine Do 17 Z des KG 2 mit ihrer Bombenfracht für den nächsten Einsatz. Gut erkennbar ist auch das seitliche, flexibel montierte MG 15.

Der B-Stand einer Do 17 E mit MG 15.

Die militärische Ausrüstung

Rheinmetall MG 15

Die Entwicklungsgeschichte des MG 15 reicht zurück in das Jahr 1932. Rheinmetall-Borsig leitete diese Waffe aus dem Infanterie-MG 30 (750 Schuss/min) ab. Für die hieraus entwickelten Ausführungen wurden die Bezeichnungen T6-220 für die bewegliche Variante und T6-200 für die starre Version vergeben. Die Waffen gingen 1933 in die Erprobung und erhielten zu diesem Zeitpunkt die neuen Bezeichnungen MG 15 (starr) und MG 15 (beweglich). Das T6-200 (starre Ausführung) wurde später zum MG 17 entwickelt.

Das MG 15 zur ersten Garnitur der neu gestalteten Luftwaffe und kam in einigen Varianten zum Einsatz. Mit dem zügigen Fortschritt der Luftfahrttechnik, welcher leistungsfähigere aber auch widerstandsfähigere Flugzeuge hervorbrachte, sollte das MG 15 schon bald nur bedingt seinen Anforderungen gerecht werden. Die Frontverbände bescheinigten auch der Do 17 eine nicht mehr den Gegebenheiten entsprechende Abwehrbewaffnung.

Im Fall der Do 17 kam das MG 15 an folgenden Positionen zum Einbau:

- A-Stand (starrer Einbau in der Frontscheibe, kombiniert mit einem V-65-Visier und Hülsensack 15 n. A. (neue Ausf.), Reserve: 4 Doppeltrommeln mit je 75 Schuss).
- B-Stand (beweglicher Einbau in die Linsenlafette LL-G, kombiniert mit Hülsenschlauch 15 n. A., Reserve: 4 Doppeltrommeln).

- C-Stand (bewegliche, rückwärts gerichtete Montage in Lafette LL-G, Ausstattung mit Hülsensack 15 n. A, Reserve: 5 Doppeltrommeln).
- Um die an sich schwache Abwehrfähigkeit zu verbessern, konnte zudem in je einem Seitenfenster ein MG 15 montiert werden. Zu den insgesamt fünf MG 15 addierte sich bei bestimmten Rüstzuständen noch ein frontseitig montiertes MG 151/20.

Das MG 15 blieb während der gesamten Dauer des Krieges im Einsatz. Mit Ausnahme der einsitzigen Jäger war es in fast jedem der damaligen Militärflugzeugtypen eingebaut worden. Auf umfangreiche Konstruktionsänderungen wurde verzichtet. Zur Reduzierung der hohen Temperaturen verstärkte man den vorderen Bereich des Laufes. Diese Maßnahme führte zu einer Temperatursenkung um etwa 80°, auf etwas über 400°. Das MG 15 war zweifellos das Standard-MG der Vorkriegsluftwaffe, aber auch in der Anfangszeit des Krieges besaß es noch einen sehr hohen Stellenwert. Notwendigerweise wurde es durch das MG 81 oder durch stärkere Kaliber im Zuge der kommenden Jahre ersetzt. Es stand jedoch auch bei den Bodentruppen als Fla-MG oder als klassische Infanteriewaffe mit Schulterstütze und Dreibein bis Kriegsende im Einsatz. Weniger bekannt ist, dass diese Waffe auch in Japan in Lizenz gefertigt wurde.

Die folgende Tabelle gibt Auskunft über die technischen Daten der ebenfalls in den verschiedenen Ausführungen der Do 17 eingebauten Bordwaffen.

Technische Daten der Do 17-Bordwaffen im Vergleich

Technische Daten	MG-FF	MG 17	MG 15
Hersteller	Lizenz Oerlikon-Becker	Rheinmetall	Rheinmetall-Borsig
Kaliber	20 mm	7,92	7,92 mm
Feuergeschwindigkeit	540 Schuss/min	1200 Schuss/min	1050 Schuss/min
Mündungsgeschwindigkeit	550-700 m/sek	755 m/sek	755 m/sek
Gewicht	35,7 kg	10,2 kg	7,20 kg (o. Trommel)
Waffenlänge (gesamt)	1338 mm	1175 mm	1078 mm
Lauflänge	822 mm	600 mm	600 mm
Trommel (100 Schuss)	33,1 kg	---	---
Trommel (60 Schuss)	20,3 kg	---	---
Trommel (75 Schuss)	---	---	4,24 kg
Breite	155 mm	156 mm	134 mm
Höhe	135 mm	159 mm	185 mm
Verfeuertes	0,810 kg/sek	0,231 kg/sek	0,202 kg/sek
Geschossgewicht/sek.	(M.Gr.)	(SmK)	(SmK)

Mauser MG 151/15 und MG 151/20

Die Mauser-Werke in Oberndorf erhielten im Jahr 1934 einen Entwicklungsauftrag für ein überschweres Maschinengewehr vom Kaliber 15 mm. Es handelte sich hierbei um einen vollautomatischen Rückstoßlader, ausgestattet mit starr verriegelbarem Verschluss. Das Zünden der Munition erfolgte wahlweise durch Schlagbolzen oder per elektrischer Zündung. Die Zuführung der Patronen geschah von rechts (MG 151 A) oder von links (MG 151 B) durch einen Zerfallgurt. Der Hülsenausstoß erfolgte an der Unterseite der Waffe.

Die Entwicklung des internationalen Flugzeugbaus erforderte jedoch schon bald eine wesentliche Verstärkung der Bewaffnung. Gemäß der Grundforderung des RLM sollte nun eine Flugzeugwaffe geschaffen werden, welche in der Lage war, innerhalb einer Sekunde mindestens ein Kilogramm Munition zu verschießen. Mauser reagierte auf diese Vorgabe mit der Entwicklung eines 20-mm-Laufes für das bereits bewährte MG 151. Alle anderen Baugruppen entsprachen weitgehend dem ursprünglichen Standard. In dieser Konfiguration ging 1938 die als MG 151/20 bezeichnete Maschinenwaffe in die Erprobungsphase. Zwischen 1940 und 1945 in 39 500 Exemplaren produziert, stand das MG 151 als Bugbewaffnung »Schräge Musik« bei Nachtjägern als Motorwaffe oder Gondel- und Lafettenbewaffnung bis Kriegsende im Einsatz. Bei der Do 17 kam das MG 151 als starre Bugbewaffnung zum Einbau.

Technische Daten	Mauser MG 151/15	Mauser MG 151/20
Kaliber	15 mm	20 mm
Waffengewicht	42,7 kg	42,5 kg
Waffenlänge (mit Lauf)	1916 mm	1766 mm
Lauflänge	1254 mm	1104 mm
Gewicht (Lauf)	10,33 kg	10,50 kg
Schussfolge	660-700 Schuss/min (je nach Munitionsart)	630-720 Schuss/min (je nach Munitionsart)
Mündungsgeschwindigkeit	850-1020 m/sek (je nach Munitionsart)	695-785 m/sek (je nach Munitionsart)
Patronengewicht	220 g	190 g
Geschossgewicht	keine Daten verfügbar	72 g
Gurtlänge mit 100 Gliedern	3310 mm	3310 mm

Ergänzend sei hinzugefügt, dass die Waffe auch nach Japan exportiert wurde. Etwa 400 Exemplare des MG 151/20 wurden entsprechend den japanischen Vorgaben abgeändert. Die Waffen fanden im Jäger Kawasaki Ki-61 »Hien« Verwendung.

Die Abwurfwaffen

Die Do 17 war in der Lage, Bomben bis zu einem Kaliber von 500 kg mitzuführen. Die Beladung erfolgte in zwei von einander abgetrennten Lastenräumen. Anders als bei der He 111 bestand hier keine Möglichkeit, beispielsweise Großladungsbomben extern zu transportieren. Die He 111 war für »schwere Brocken« bis zur SC 2500 ausgelegt.

Bombenzuladungen verschiedener Do 17-Versionen:
- Do 17 E – 500 kg (wahlweise 10 x SC 50, 4 x SC 100 oder 2 x SC 250)
- Do 17 M – 1000 kg (wahlweise 20 x SC 50, 4 x SC 250)
- Do 17 Z – 1000 kg (wahlweise 20 x SC 50, 4 x SC 250. Bei Mitnahme des 895 l-Treibstofftanks halbierte sich das Gewicht der Bombenzuladung)
- Do 17 Z-9 – 800 kg (Einbau von 16 Elvemag 5C10. Diese waren für je fünf 10-kg-Splitterbomben SD 10 geeignet. Der Abwurf wurde mit dem RAB-14 c (Reihenabwurfautomaten) gesteuert

Drei der wesentlichen Beladungsformen:
- Beladefall I – 2 x EHVC500/VIII für 2 x 500-kg-Bomben.
- Beladefall II – 2 x Träg 5 Schloss 50/X für 4 x 5 50-kg-Bomben.
- Beladefall III – 2 x Träg 5 Schloss 50/X für 2 x 5 50-kg-Bomben + 1 x Tank 895 l.

Die Aufklärungskameras

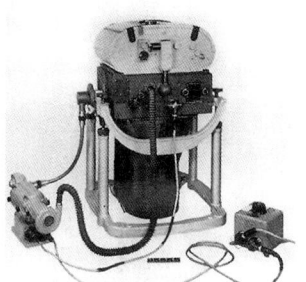 

Das Reihenbildgerät Rb 50/30. Die Kamera wurde durch den externen Motor über eine entsprechende Welle bedient. Das Magazin fasste 64 m Filmmaterial.

Der Reihenbildner Rb 20/30 stellte in der Anfangsphase des Krieges den am weitest verbreiteten Kameratyp dar.

Eine Rb 50/30 in Schrägstellung.

Kennung	Bombentyp	Abmessung (mm)	Sprengstoffart	Gewicht +/-
SC 50	Minenbombe	1100 x 200	25 kg z.B. Fp 60/40	50 kg, +/- 4 kg
SC 250	Minenbombe	1640 x 368	125 kg Fp 60/40, Trialen, Amatol	250 kg, +/- 12 kg
SC 500	Minenbombe	2010 x 470	260 kg Fp 60/40, Fp 50/50, Amatol 39 oder 41	500 kg, +/- 20 kg
SD 50	Splitterbombe	1090 x 200	16 kg Fp 60/40, Amatol 39	50 kg, +/- 4 kg
SD 250	Splitterbombe	1638 x 368	80 kg Fp 60/40, Amatol 39	250 kg, +/- 12 kg
SD 500	Splitterbombe	2007 x 396	90 kg Fp 60/40,	480 kg, +/- 23 kg
SD 10	Splitterbombe	545 x 120	0,90 kg Fp 60/40	10 kg

Technische Daten Dornier Do 17 Z und Heinkel He 111 H im Vergleich

	Dornier Do 17 Z	He 111 H
1. Rumpfwerk		
Gesamtlänge	15,80 m	16,40 m (lt. Werk-Zeichn. 16,20 m)
Anzahl der Längsholme	4	4
Anzahl der Spanten	33	27
Bauausführung	Aufbau in Schalenbauweise, mittragende Glattblechbeplankung, senkgenietet	Aufbau in Schalenbauweise, mittragende Glattblechbeplankung, senkgenietet
2. Tragwerk		
Spannweite über alles	18,00 m	22,60 m (lt. Werk-Zeichn. 22,50 m)
Flächeninhalt (insgesamt)	55,00 m²	87,60 m²
Größte Flügeltiefe	4,10 m	4,85 m
Flächenbelastung	156 kg/m² (8600 kg Flugg.)	162 kg/m² (14 t Flugg.)
V-Winkel	2° 20`	7°
Anschlüsse a. Rumpf	10	
Anzahl der Rippen	42	37
Anzahl der Holme	2	2
Art der Beplankung	Glattblech, versenkt genietet	Glattblech, versenkt genietet
Profil	NACA 2212	
3. Querruder		
Lagerung	4-fach	4-fach
Breite	3,906 m	
Anzahl der Rippen	21	25
Anzahl der Holme	1	2
Art der Beplankung	Stoffbespannung	Stoffbespannung
Arbeitsbereich (bei 0-Stellung Flaps)	oben 20°, unten 20 °	oben 25,5°, unten 19,5 °
Arbeitsbereich (bei voll angest. Flaps)	oben 20°, unten 20 °	oben 25,0°, unten 20,0 °
Als Landehilfe	15 °	
Hilfsruder	nur Trimm-Hinterkante	2 (inneres Hilfsruder zur Trimmung, das Äußere zur Entlastung)
Ausgleichsgewichte	Gewicht i. Ruder zwischen Rippe 1-6	1 (für außenliegendes Hilfsruder)
4. Landeklappen		
Breite	2,91 m (zwischen d. äußeren Lagern)	---
Lagerung	4-fach	3-fach
Anzahl der Rippen	15 Vollwandrippen	19 (vorwiegend Fachwerkrippen)
Anzahl der Holme	1	1
Art der Beplankung	Glattblech, versenkt genietet, mittragende Konstruktion	Glattblech, versenkt genietet, mittragende Konstruktion
Arbeitsbereich	Mindestens 56° bei Landung	15° beim Start, 64° bei der Landung
5. Höhenleitwerk		
Spannweite	5,648 m	7,83 m
Flächeninhalt	9,50 m²	---
Anzahl der Rippen	je Seite 14	je Seite 15 (meist Fachwerkrippen)
Anzahl der Holme	2	2
Art der Beplankung	Glattblech, versenkt genietet, mittragend	Glattblech, versenkt genietet, mittragend
Verstellbereich	+1° bis -11,5°	-1,5° negativ (bis maximal -4,5°)
Profil	symmetrisches Normalprofil 409	
Höhenruder		
Lagerung	2-fach	4-fach
Anzahl der Rippen	14	15
Anzahl der Holme	2 (Ruderholm/Hilfsholm)	2 (Ruderholm/Hilfsholm)
Art der Beplankung	Stoffbespannung	Stoffbespannung
Arbeitsbereich	oben 24°, unten 22°	oben 25°, unten 20°
Hilfsruder	1 Trimmruder	1 Trimmruder
6. Seitenleitwerk		
Höhe	1,540 m (gemessen zur Rumpf-Längsachse)	2,80 m (gemessen zur Rumpf-Längsachse)
Anzahl der Rippen	8	10
Anzahl der Holme	2	2
Art der Beplankung	Glattblech, versenkt genietet, mittragende Bauweise	Glattblech, versenkt genietet, mittragende Bauweise
Profil	symmetrisches Normalprofil 409	

	Dornier Do 17 Z	He 111 H
Seitenruder		
Lagerung	2-fach	3-fach
Anzahl der Rippen	10	10
Anzahl der Holme	2 (Ruderholm/Hilfsholm)	2 (Ruderholm/Hilfsholm)
Art der Beplankung	Überw. Stoffbespannung	
Arbeitsbereich	beidseitig jeweils 22°	beidseitig jeweils 30°

7. Fahrwerk

Hauptfahrwerk		
Abmessung	Do 17 E/F (950 x 350)	
	Spätere Muster 1100 x 375	1140 x 410 (lt. Zeichnung 1100 x 375)
Spurweite	5,40 m	
Federbeine (je Einheit)	2 EC 8-2005 B1 Luft/Ölfederbeine	2 Faudi-Luftfederbeine des Herstellers VDM
Spornrad		
Abmessung	Do 17 E/F (380 x 150)	
	Spätere Muster 500 x 180	500 x 180 (lt. Zeichnung 465 x 165)

8. Höhenatmeranlage

Umfang	4 Höhenatmer mit Schmutzfang, Druckmesser, O_2-Wächter und Atemschlauch	6 Höhenatmer mit Schmutzfang, Druckmesser, O_2-Wächter und Atemschlauch
Sauerstoffversorgung	20 x Leichtmetallflaschen (Do 17 Z-6 mit 24 Stück) Absperrventile, Rückschlagventile und ein Außenbordanschluss zum Füllen	30 x 2 l-Kugel-Stahlflaschen, Absperrventile, Rückschlagventile und ein Außenbordanschluss zum Füllen

9. Defensivbewaffnung

Vor Flugzeugführer	1 MG 15 mit V65-Visier	
A-Stand	1 MG 15, später MG 151	1 MG-FF (20 mm
Waffenlagerung	starre Lagerung	Kuppellafette L-FF/6 (Visier V41)
B-Stand	1 MG 15	1 MG 131B2
Waffenlagerung	Linsenlafette LL-G	Walzenlafette 131 AL
C-Stand	1 MG 15 mit Linsenlafette LL-G	1 MG 81 Lafette WL 81 Z/3B (Visier V58 mit Revi 16 A).
Seitenstände (L/R)	je 1 x MG 15 an seitlichen Cockpitfenstern	wahlweise MG 81 oder MG 81 Z

10. Abwurfbewaffnung

Bombenschacht	Beladefall I 2 x EHVC500/VIII für 2 x 500 kg Bomben Beladefall II 2 x Träg 5 Schloss 50/X für 4 x 5 50-kg-Bomben Beladefall III 2 x Träg 5 Schloss 50/X für 2 x 5 50-kg-Bomben + 1 x Tank 895 l	Bis zu acht ESAC-Vertikalmagazine für 250-kg-Bomben in Anordnung 2 x 4 Segmente ESAC = Elektrische Senkrecht-aufhängung für Cylinder-Bomben
Externe Zuladung	nur Blitzlichtbomben	an ETC 2000
Abwurfautomat	RAB 14C	
Zielgerät	Lotfe C/7A oder GV 219d	

11. Triebwerke

Motorentyp	BRAMO 323 P	JUMO 211 F-2
Konfiguration	9-Zylinder-Sternmotor	12-Zylinder-Reihenmotor
Zylinderanordnung	Einfach-Stern	V-förmig (60°), hängende Anordnung
Bohrung	154 mm	150 mm
Hub	160 mm	165 mm
Zylinderhubraum	2,977 l	2,914 l
Gesamthubraum	26,8 l	34,97 l
Kurbelwelle	Ausgestattet mit zwei Gegengewichten, 8 Neben- und ein Hauptpleuel	Ausgestattet mit acht Gegengewichten, verbesserten Lagern und verstärkten Pleuelstangen
Verdichtung	6,4	6,5
Startleistung	1000 PS bei 2500 U/min, 1 Minute Limit, 1,5 ata Ladedruck	1340 PS bei 2600 U/min

	Dornier Do 17 Z	**He 111 H**
Kampfleistung	820 PS bei 2250 U/min (Bodenlader) 1000 PS bei 2500 U/min, 1 Minute Limit, 1,5 ata Ladedruck	1120 PS bei 2400 U/min
Dauerleistung	660 PS bei 2100 U/min	919 PS bei 2250 U/min
Volldruckhöhe		5300 m
Ladertyp	Zweiganglader-Einstufenlader	Zweiganglader
Kraftstoffzuteilung mit:	Einspritzsystem	Einspritzsystem

12. Betriebsstoffanlage

	Dornier Do 17 Z	**He 111 H**
Treibstoffart	B4 (87 Oktan)	B4 (87 Oktan), A2 (87 Oktan)
Behälter 1 (Mittelstück)	775 l (geschützt)	700 Liter (geschützt)
Behälter 2 (Mittelstück)	775 l (geschützt)	700 Liter (geschützt)
Behälter 3 (Außenfläche)	nicht vorhanden	1025 Liter (geschützt)
Behälter 4 (Außenfläche)	nicht vorhanden	1025 Liter (geschützt)
Behälter 5 (Bombenschacht)	895 l (geschützt) zudem bei Z-6 2 x 228 l-Tanks rechts im Rumpf zwischen Spant 13 und 15	835 Liter (geschützt)
Schmierstoffart	Aero-Shell mittel, Mobilöl Rotring, Intava 100	Aero-Shell mittel, Mobilöl Rotring, Intava 100
Behälter 1 und 2	Je 120 l	je 120 Liter

13. Luftschrauben

	Dornier Do 17 Z	**He 111 H**
Propellertyp	VDM	Junkers VS 11
Bauart	Dreiblatt-Verstellluftschraube	Dreiblatt-Verstellluftschraube
Blattart	Metall	Leichtholz-Mantelblatt
Durchmesser	3,60 m (Do 17 E/F mit 3,20 m VDM-Dreiblattschraube)	3,50 m
Verstellgeschwindigkeit		12°/sek
Geräte-Nummer	9-11129A (Für Do 17 E/F 9-11015A)	9-21624A

14. Gewichtsdaten

	Dornier Do 17 Z	**He 111 H**
Rüstgewicht	6320 kg	8680 kg
Kraftstoff	1927 kg (maximal 2205 kg)	2425 kg (maximal 2550 kg)
Schmierstoff	160 kg	190 kg
Abwurflast	1000 kg	2000 kg
Bordwaffenmunition		205 kg
Besatzung	400 kg (4 Mann)	500 kg (5 Mann)
Abfluggewicht	8000 kg (BRAMO 323 A) 8600 kg (BRAMO 323 P) 8840 kg (Maximal)	14 000 kg

15. Leistungsdaten

	Dornier Do 17 Z	**He 111 H**
Höchstgeschwindigkeit (6000 m)	421 km/h	405 km/h
Steigzeit auf 5000/4000 m	18,5 min	23,5 min
Steigzeit auf 6000 m		42,0 min
Dienstgipfelhöhe	6900 m	6700 m
Reichweite	2540 km (maximale Reichweite). Mit 500-kg-Bomben und Zusatztank im Lastenraum 1160 km (normale Reichweite).	Reichweite in 5000 m Höhe mit Dauer- und Reiseleistung, Fluggewicht 14 t 2700 km mit 1000 kg Bombenlast, 2900 km mit 1000 kg Bombenlast.

Zweifellos hatte die Do 17, aber auch französische Konstruktionen Einfluss auf das Erscheinungsbild der Saab 18.

Die Fertigung des Musters Dornier Do 17

Im Jahr 1926, dem Zeitpunkt als Claude Dornier das Werk in Manzell in Betrieb nahm, ahnte er bestenfalls, welche Ausmaße die Firma einmal annehmen sollte, die seinen Namen trug. Ins gleiche Jahr fiel die Gründung der Deutschen Luft Hansa, deren anfänglicher Flugpark einer dringenden Modernisierung bedurfte. Voran Junkers, aber auch Dornier konnten die Auftragsbücher mit nicht unbeträchtlichen Posten füllen. Im Rahmen der Wiederaufrüstung der deutschen Streitkräfte befand sich auch das Haus Dornier unter den Hauptauftragnehmern. Hugo Junkers war bereits enteignet worden. Auf seinem Stuhl saß nun ein Herr namens Koppenberg, welcher seit 1935 den stark expandierenden Konzern leitete. Die Firmenstruktur bei Dornier änderte sich im Jahr 1937. Auch hier gewann das RLM zunehmend Einfluss. Doch zu einem Parallelfall wie bei Junkers kam es hier nicht. Am 1. August 1937 erfolgte die Umbenennung der Dornier-Metallbauten GmbH Friedrichshafen in Dornier-Werke GmbH Friedrichshafen. Nach wie vor war dieser Bereich als Stammfirma eingetragen. Das RLM drängte in der Folge auf die Angliederung der Leichtkonstruktionen München GmbH an die Dornier-Werke Friedrichshafen. Dieser Schritt wurde am 1. Januar 1938 vollzogen. Auch der Zweigbetrieb Leichtkonstruktionen Lübeck GmbH zählte fortan zu den Norddeutschen Dornier-Werken. Durch den Ankauf des Werkes Neuaubing (b. München), den Betrieb Wismar sowie einer Fabrikationsstätte in Berlin-Reinickendorf im Jahr 1938 expandierte der Konzern immer mehr.

Waren es geraume Zeit die Zivilaufträge, welche für Arbeit sorgten, so konnte Dornier ab Mitte der 30-er Jahre aus dem großen Topf der militärischen Staatsaufträge schöpfen. Dornier zählte neben Heinkel, Junkers und natürlich Messerschmitt zu den »Großen Vier« der deutschen Flugzeughersteller. Allerdings kam es auch vor, dass Produktionskapazitäten zeitweise brach lagen. In diesem Fall erhielt Dornier die Weisung, die He 111 als Lizenznehmer zu fertigen. Im Frühjahr 1937 wurde die Ju 86 in vier sog. Bomberkonzernen gebaut. Die He 111 in den Heinkel-Betrieben und Dornier-Nord. Das Muster Do 17 wurde zu diesem Zeitpunkt lediglich bei Dornier in Friedrichshafen produziert. Bei Henschel in Berlin verließen zudem während der Jahre 1937/38 monatlich 15 Do 17 die Werkhallen. Ein Beispiel: Etwa in diesem Zeitraum fällt das Flugzeugbeschaffungsprogramm 4, das die (geplante) Fertigung im Zeitraum vom 1.1.1936 bis 31.3.1938 folgendermaßen vorsah:
- 688 Junkers Ju 86
- 788 Dornier Do 17
- 831 Heinkel He 111

Diese Zahlen wurden nicht erreicht. Die Gründe hierfür waren vielschichtig. Gerade in der Anfangsphase gingen fehlende Produktionskapazitäten mit dem Mangel an qualifiziertem Personal einher. Ein weiterer, nicht zu unterschätzender Faktor war die mangelnde Lieferfähigkeit der Motorenindustrie. Dieser Umstand wirkte sich hauptsächlich auf den Bereich Endmontage bei den Zellenherstellern aus. An sich fertig gestellte Flugzeuge mussten aus diesem Grund auch bei Dornier zunächst abgestellt oder zerlegt gelagert werden, bis die entsprechenden Triebwerke zum Einbau zur Verfügung standen. Angesichts der gewaltigen Rüstungsprogramme waren neue Produktionstechniken, aber auch ein

Auch für die Do 17 wurde die Werbetrommel in den Fachzeitschriften kräftig gerührt.

hohes Maß an Normung und sonstiger Standardisierung von Nöten. Beispielsweise standen bis 1935 alle Datenblätter für Fliegwerkstoffe zur Verfügung. Die Zahl der mittlerweile erarbeiteten deutschen Grund- und Teilenormen war zu diesem Zeitpunkt etwa doppelt so hoch wie in den USA. All dies zählte zu den Eckpfeilern, die einen hohen Ausstoß von Flugzeugen oder anderen Produkten erst ermöglichten. Diese Notwendigkeiten waren bereits bei der Konstruktion eines als modern und leistungsfähig geltenden Flugzeugs zu berücksichtigen und entsprechend darauf abzustimmen. Schwierigkeiten ganz anderer Art kamen auf die Hersteller im Zuge des Kriegsgeschehens zu. Immer heftigere Bombenangriffe, zum Militärdienst einberufenes qualifiziertes Personal und nicht zuletzt die als letztes Mittel gesehene Dezentralisierung der Produktionsstätten behinderten die Aktivitäten zusehends. Trotz dieser äußerst schlechten Allgemeinbedingungen lief die Fertigung auf Hochtouren und erreichte seinen höchsten Stand im Jahr 1944. All dies ging natürlich mit dem rücksichtslosen Einsatz von Arbeitskräften, wie Zwangsarbeitern und KZ-Insassen sowie den unausbleiblichen Qualitätseinbußen einher. Fachpersonal war in der deutschen Luftfahrtindustrie zunehmend die sprichwörtliche »Mangelware«. Dies traf auch auf immer mehr der dringend benötigten Rohstoffe zu. Zum Zeitpunkt der Fertigung des Musters Do 17 war all dies noch kein Thema. Die Produktionsstätten blieben noch von den Bombenteppichen verschont, und es existierten somit während der Jahre 1939/40 noch ungleich bessere Rahmenbedingungen als beispielsweise während der Fertigung des Do 17-Nachfolgers, der Do 217. Blickt man auf die Gegenseite, so litten 1940 französische und britische Flugzeugwerke unter den Bombenangriffen der Luftwaffe. Im Gegensatz zur britischen Luftfahrtindustrie gelang es im Fall der französischen nach der Besetzung des Landes, diese in die deutsche Rüstungsproduktion einzubinden. Die Besetzung Englands scheiterte schon im Vorfeld, da es der Luftwaffe nicht gelang, die RAF auszuschalten und die Luftherrschaft über dem Operationsgebiet zu sichern. Die Landung wurde immer wieder verschoben und letztlich aufgegeben. Damit war die Rüstungsindustrie in diesem Land im Gegensatz zu Frankreich dem deutschen Zugriff entzogen.

Der Produktionsbeginn der Do 17 lag annähernd vier Jahre vor diesen Ereignissen. Dornier begann gegen Ende 1936 mit der Fertigung des Musters Do 17 E, welches zudem bei Henschel und HFB auf Lizenzbasis entstand. Parallel hierzu ging der Aufklärer Do 17 F in Produktion. Bereits in den Jahren 1937/38 wurde die Do 17 E durch das leistungsfähigere Muster Do 17 M sukzessive ersetzt. Aus der Bomberversion Do 17 M entstand wiederum die Do 17 P, ein Aufklärer, der ebenfalls ab 1938 die Werkhallen verließ. Diese Version bildete wiederum den Ersatz für die Do 17 F. Ein großer Schritt im Zuge der Evolution dieses Dornier-Musters stellte die Do 17 Z dar. Von diesem Muster entstand eine ganze Reihe von Varianten, welche als Bomber, Aufklärer oder Nachtjäger künftig im Einsatz standen. Die Do 17 Z war mit 913 Exemplaren die mit Abstand meistproduzierte Ausführung der Do 17. Die »Z« verließ nicht nur die Endmontage der Dornier-Werke, sondern wurde zudem bei Siebel und Henschel sowie bei HFB (Hamburger Flugzeugbau) gefertigt. Eine direkte Ableitung dieses Musters mit Daimler-Benz-Reihenmotoren stellte die in 105 Einheiten produzierte Exportausführung Do 215 dar. Die Do 215 gelangte nicht, wie ursprünglich vorgesehen, in den Export. Anders gestalteten sich die Geschehnisse im Fall der Do 17 K. Diese für Jugoslawien bestimmten Flugzeuge wurden mit Do 17 Ka 1 (aus Bomber Do 17 E), Ka 2 (Aufklärer aus Do 17 E), Ka 3 (aus Do 17 F) bezeichnet. Die Aufklärungsbomber Kb 2 und Kb 2 entstanden auf der Basis der Do 17 M.
- Ka 1 (20 Flugzeuge in Deutschland gefertigt)
- Ka 2 (14 Maschinen in Deutschland produziert)

Das staatliche jugoslawische Flugzeugwerk in Kraljevo baute etwa 40-50 Exemplare der Do 17 K auf Lizenzbasis. Somit liegt die maximale Zahl dieser Maschinen inklusive der in Deutschland gefertigten bei 84 Do 17 K.
Ein weiterer Exportkunde wäre Schweden gewesen. Ursprünglich war die Beschaffung von 18 Flugzeugen geplant. Da die Luftwaffe wegen des Kriegsbeginns Eigenbedarf anmeldete, gelangten die Flugzeuge nicht mehr zur Auslieferung.
Zu einem späteren Zeitpunkt wurden zur Unterstützung von

Eine ganze Reihe von Do 17 Z kurz vor der Fertigstellung. Der Blick in die Produktionsstätten ist immer wieder faszinierend.

Die gleiche Halle aus einem anderen Blickwinkel. Die Flächen und Leitwerke sind erst grundiert.

verbündeten und befreundeten Staaten Do 17 und Do 215 aus LW-Beständen abgezweigt und den Streitkräften von Bulgarien, Finnland, Kroatien oder Ungarn zur Verfügung gestellt. Neben einer Anzahl von anderen Flugzeugtypen wurden im Rahmen des Hitler/Stalin-Pakts, dem fadenscheinigen Abkommen zwischen dem Reich und der UdSSR, auch zwei oder drei Do 215 an die Sowjetunion geliefert.

In die Do 17-Produktion eingebundene Werke

- Dornier, Friedrichshafen
- Dornier, München (Oberpfaffenhofen)
- Dornier, München (Aubing)
- Dornier, Wismar
- Henschel, Berlin-Schönefeld
- HFB, Hamburg
- Siebel, Halle

Im Zeitraum von 1936 bis zur Einstellung der Produktion im Frühsommer 1940 fertigten die genannten Werke die Gesamtzahl von 2139* Do 17 aller Versionen. Die nachfolgende Aufstellung belegt 2052 Einheiten. Diese Zahl versteht sich bei Do 17 E ohne die Stückzahlen von Henschel und HFB. Bei Do 17 F sind mindestens 77 Flugzeuge belegt. In den letzten beiden Produktionsjahren verließen noch 475 Do 17 die Werkhallen (1939 = 215, 1940 = 260).

* Produktionszahl nach J. Wachtel (Claude Dornier · Ein Leben für die Luftfahrt).

Verwirklichte Stückzahlen der Do 17

- Do 17 E – min. 328 Flugzeuge (Dornier/München = 328, Henschel-Berlin =*, HFB = *)
- Do 17 F – min. 77 Flugzeuge (Dornier/München =*, Siebel = *)
- Do 17 K – max. 84 Flugzeuge (Dornier/Friedrichshafen = 34, jugoslawischer Lizenzbau = 40-50)
- Do 17 M – 200 Flugzeuge (Dornier/München)
- Do 17 P – 330 Flugzeuge (Dornier = 8 Siebel = 73, Henschel = HFB = 149)
- Do 17 U – 15 (3 Vorserienmaschinen + 12 Serienflugzeuge, Basis Do 17 Z)
- Do 17 Z – 913 Flugzeuge (Dornier/München = 420, Henschel = 320, HFB = 74, Siebel = 73)
- Do 215** – 105 Flugzeuge (Dornier/München = 105)

Do 17-Modifikationen

- Do 17 R – R1-R4 (aus Do 17 M)
- Do 17 S – S1-S3 (aus Do 17 Z)
- Do 17 l – Unikat, mod. aus Do 17 M

* Keine Daten verfügbar.
** 18 Maschinen waren von Schweden berstellt worden. Die Flugzeuge kamen nicht mehr zur Auslieferung. Es handelte sich um Do 215 A, welche auf deutschen Standard umgerüstet an die Luftwaffe als Do 215 B geliefert wurden. Weitere 2-3 Do 215 B-3 erhielt die UdSSR.

Abb. 8. Vormontage von Flügel und Rumpf auf fahrbaren Untergestellen

Der wirtschaftliche Einsatz
von Betriebsmitteln in der Zellenfertigung

von Ing. O. OECKL, Berlin

Unter Betriebsmittel versteht man alle zum Bau eines Flugzeuges notwendigen Vorrichtungen, Werkzeuge und Sondereinrichtungen, soweit sie ausschließlich an ein bestimmtes Baumuster gebunden sind. Vorrichtungen oder Betriebsmittel, die allgemein im Maschinen- und Metallbau benutzt werden, fallen also nicht unter diesen Begriff. Während in früheren Jahren alle Betriebsmittel mit dem Begriff Vorrichtungen bezeichnet wurden, sind heute durch die fortschreitende Entwicklung der maschinellen Blechverformung die Gesenke zu einem wichtigen Arbeitsmittel geworden. Die Vorrichtungen bilden somit nur mehr einen gewissen Teil des gesamten Betriebsmittelaufwandes.

Zahlentafel 1 soll die Wichtigkeit der verschiedenen Betriebsmittel erläutern. Links sind die Verhältniszahlen aufgetragen, die je nach Zellenmuster verschieden hoch liegen. Dies wird durch die Senkrechten der Jahre 1934 bis 1938 zum Ausdruck gebracht[1]. Rechts außen sind die Werte aufgetragen, wie sie heute im

Karosseriebau vorliegen. Die Entwicklung der letzten Jahre hat gezeigt, daß der Zellenbau sich den Bestrebungen des Automobilbaues langsam genähert hat. Ohne den Gesamtaufwand für Betriebsmittel zu erhöhen, muß angestrebt werden, den Ausbau von nutzbringenden Mitteln, wie es die Gesenke sind, vorwärts zu treiben. Dabei werden die Werte für die Betriebsmittel b konstant bleiben, die der Gruppe a nur zum Teil, während die Kleinvorrichtungen und die Werkzeuge der Gruppe e mehr und mehr verdrängt werden. Die prozentualen Anteile des Karosseriebaues können jedoch nicht erreicht werden, da die im Zellenbau unbedingt notwendigen Großvorrichtungen ihrer Sperrigkeit wegen einen verhältnismäßig hohen Anteil für sich beanspruchen und dieser Anteil der maschinellen Blechbearbeitung verlorengeht[2].

Die Aufwendungen an Betriebsmitteln werden sich also mehr und mehr auf Gesenke und Großvorrichtungen konzentrieren. Es ist einmal lohnend, die Möglich-

---

[1] *Dem Jahr 1938 liegen die Verhältniszahlen der Betriebsmittel eines Aufklärungsflugzeuges der Henschel Flugzeug-Werke AG. zugrunde.*

[2] *Auch werden sich bei ausgesprochenen Großflugzeugen die verschiedenen Anteile verschieben. Der Gesenkanteil wird hier also weniger, während die Anteile der Gruppen a und c anwachsen.*

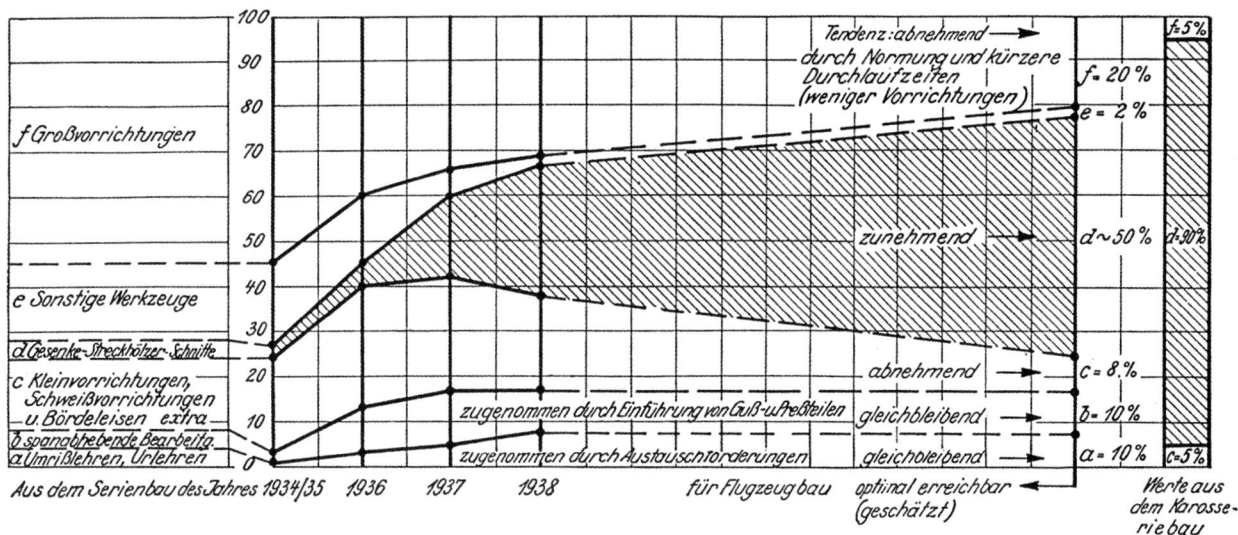

a   *Alle zur Erreichung von genauen Formen notwendigen Umrißlehren sowie die Vorrichtungs- und Urlehren, welche durch den Austauschbau bedingt sind. Sofern die derzeitig herrschenden Austauschforderungen noch höher getrieben werden, müssen auch die Werte dieser Gruppe erheblich steigen.*

b   *Alle Vorrichtungen für die Bearbeitung von Dreh-, Frästeilen, Guß- und Preßstücken (einschl. Spezialwerkzeugen), außerdem Gießmodelle sowie Preß- und Spritzgußformen.*

c   *Alle Bauvorrichtungen für Spanten, Rippen, Motorverkleidungen, Kappen, Deckel usw. sowie Bördelwerkzeuge.*

d   *Alle Werkzeuge, die eine vollkommene maschinelle Blechverarbeitung ermöglichen — inbegriffen sind auch Kopierschablonen, welche zur Herstellung von Zuschnitten für die Blechverformung dienen.*

e   *Sonstige Werkzeuge, Spezialnieteisen, Sikkenwerkzeuge, Spezialzangen usw.*

f   *Alle Baugerüste zum Komplettieren der Einzelteile in der Größenordnung von Spanten aufwärts, z. B. Leitwerksholme, alle Leitwerksvorrichtungen, Flügel-holme, Flügel- und Rumpf-Bauvorrichtungen.*

keiten aufzuzeigen, durch welche ein wirtschaftlicher Betriebsmittelaufwand gesichert wird. Die Kleinbauvorrichtungen seien dabei vernachlässigt in der Annahme, daß sie in absehbarer Zeit durch Gesenke ersetzt werden. Es sind Bestrebungen im Gange, auch diese Betriebsmittel durch Normung zu verbilligen.

In diesem Zusammenhang sei darauf hingewiesen, daß durch die Forderungen des Austauschbaues erhebliche Aufwendungen entstehen. Ohne die Austauschforderungen zu lockern, muß hier mit Hilfe des Zellenkonstrukteurs versucht werden, die Maßhaltigkeit einzelner Bauteile mit billigen Mitteln zu erreichen.

Gesenke

Die Baustundenersparnis, die im Serienbau durch Gesenke erzielt wird, rechtfertigt in fast allen Fällen den Einsatz; bei Bauvorrichtungen ist dies nicht immer der Fall. Von diesem Gesichtspunkt ausgehend, wird man stets dazu übergehen, z. B. statt einer Rippen-Bauvorrichtung ein Rippen-Gesenk, statt einer verwickelten Schweißvorrichtung für eine Führerraumüberdachung ein Gesenk für ein Preßgerippe herzustellen usw.[3]. Auch Gesenke größerer Abmessungen sind noch wirtschaftlich vertretbar, wenn dadurch eine größere Zahl von Vorrichtungen in Fortfall kommt. Selbst bei einer Vielzahl von Gesenken erhöhen sich die Gesamtkosten von Betriebsmitteln nur unwesentlich, sofern es sich um eine einfache, schnell herstellbare Bauart von Gesenken handelt[4]. Hier hilft im wesentlichen eine wirtschaftliche Gesenkherstellung auf der Grundlage von Magnesium, Festholz, Hartpapier usw., sowie die weitest gehende Einschränkung auf nur e i n Gesenkteil unter Anwendung des Gummipressens in Hochdruckkammern.

Gerade die in letzter Zeit sichtbare Entwicklung von Flugzeugen hoher Flächenbelastung, die für die Fertigung größere Blechstärken erlauben, veranlaßt zur un-

Abb. 1. Bauvorrichtung für einen Tragflügel

Die Bodenspindeln ermitteln die richtige Lage am Standort. An den Traversen sind die Transportrollen fest angebracht. Der Aufbau an den Grundrahmen ist hier mit offenen, gelochten Profilen durchgeführt.

---

[3] *O. Oeckl: Konstruktion und Fertigung im neuzeitlichen Metallflugzeugbau. ZVDI, Bd 82 (1938) N 10.*

[4] *Vgl. „Die Herstellung von Elektron-Gesenken", „Luftwissen", Bd 5 (1938) N 8.*

bedingten und weitest gehenden Anwendung von Blech-
preßteilen. Die Gesenke müssen deshalb rangweise allen
übrigen Betriebsmitteln vorgehen.

Vorrichtungen

An die zweite Stelle treten die Großvorrichtungen,
die anteilmäßig einen bedeutenden Umfang einnehmen.
Bei Großvorrichtungen sind die bereits früher heraus-
gestellten Forderungen zu erfüllen[5]). Dies sind in wirtschaftlicher Beziehung die vollkommene Normung, in
technischer Beziehung die Möglichkeit der schnellsten
Aufstellung, außerdem muß die Vorrichtung eine form-
gebundene sein, d. h. sie muß die den aerodynamischen
Forderungen entsprechenden Außenkonturen der Bauteile sicherstellen.

Um auch den Anteil der Großvorrichtungen zu ver-
mindern, sei an dieser Stelle nochmals auf die Wichtigkeit der betriebenen Normung hingewiesen. Mit der
gezeigten Entwicklung wurde auch die erste technische
Forderung an Vorrichtungen, die kürzeste Aufstellzeit,
sinngemäß erfüllt.

Dies trifft insbesondere auf den allen Großvorrichtungen eigenen Unterbau zu.

Nur mit Hilfe dieses Unterbaues wurde es möglich,
das später aus dem Taktverfahren entwickelte Fließ-
system[6]) mit Großvorrichtungen zu verwirklichen.

Der Unterbau lagert die Vorrichtungen, selbst solche
größter Abmessungen, fundamentlos mittels weniger
Punkte. Als bester Verdrehkörper wurde das handels-
übliche Siederohr gefunden, das ohne weitere Behand-
lung für den Einbau in die Endtraversen vorgesehen
werden kann. Dieser Aufbau ist der Vorläufer einer
weiter gehenden Normung. Die Lagerung des den
Grundrahmen bildenden Rohres war dabei räumlich
beschränkt. Um dieses zu verbessern, hat man besonders den Grundrahmen weiterentwickelt. Die Abb. 5
zeigt die Anwendung des neuen Systems. Dabei ging
man bewußt von den Einzelaggregaten aus, um eine

---

[5]) O. Oeckl: „Großvorrichtungen im Metallflugzeugbau",
Werkstattstechnik und Werksleiter (1937) N 12.

[6]) Das System, Großvorrichtungen zwischen einzelnen Ar-
beitsperioden fortzubewegen, hat erstmalig die Fa. Junkers,
Dessau, angewandt.

*Abb. 2. Bauvorrichtung wie Abb. 1 nach dem Fertigstellen des
Flügelgerippes*

*Man sieht wieder die formgebenden Konturträger, an welche die Holme und
Rippen usw. geklemmt werden. Nach dem Bau des Gerippes werden diese Träger
nach links und rechts gebracht (Rollen). Selbst bei gepreßten Rippen, wie sie
hier sichtbar sind, ist erwünscht, die Form zu haltern, da die gesamte Profil-
kontur durch die Holme unterbrochen ist. Je öfter das Flügelprofil unterbrochen
ist, d. h. je mehr Holme ein Flügel hat, um so wichtiger ist eine der aerodynamischen Hochwertigkeit der Zelle entsprechende formgebende Vorrichtung*

möglichst allgemeine Verwendungsmöglichkeit zu erreichen. Die Gußkörper sind in den Rohraufnahmen
bearbeitet und haben an den Enden allseitig auf-
schraubbare Flächen. Durch Zwischenstücke erreicht
man Schräglagen bis zu ± 15°.

Neben der Festlegung eines allgemeinen, vielseitig
verwendbaren Grundrahmens bestand nun die Aufgabe
darin, den übrigen Aufbau bis an die Halterungen zu
normen, da er wertmäßig einen beachtlichen Anteil der

Abb. 3. Bauvorrichtung für einen Tragflügel.

*Bei einer Länge von 11,5 m und einer Höhe von 5,5 m eine
interessante Studie, wieweit man den Grundsatz freitragende
Unterbauten verwenden kann. Die Vorrichtung erhielt nach-
träglich auf Mitte Grundrohr zwei Stützspindeln.*

Abb. 4 (oben). Bauvorrichtung für einen Schalenrumpf

Freitragende Länge 8,5 m bei einem Grundrohr von 318 × 8. Das Rumpfheck ist in einer gesonderten Vorrichtung gebaut und wird hier nur in zwei Anschlüssen gehaltert. (Beachte die an der linken Traverse angebrachten elektrischen Anschlüsse und Preßluftarmaturen.) Die 9 geschlossenen Ringe der Vorrichtung stellen die Außenkontur des Rumpfes dar. Sämtliche Längsprofile werden von vorn eingeführt und an die Ringe geklemmt. Nach dem Einbringen und Anschließen der Spanten werden die Vorrichtungsringe nach hinten gebracht und das so freigelegte Rumpfgerippe beplankt

Abb. 5 (Mitte). Bauvorrichtung für einen Drahtflügel. Die Abbildung zeigt den neuesten Stand der Normung. Die Wiederverwendbarkeit ist bis auf 80% gesteigert

Abb. 6 (unten). Seitenflossen-Bauvorrichtung

Grundgerüst nach dem Baukastenprinzip. Auch die Einzelaggregate für Halterungen sind genormt. Später wurde das Einzelgerüst in Rundrohren ausgeführt

Vorrichtung darstellt. Der Ausgangspunkt hierfür war die einfachste und billigste Art von Normen, nämlich das Baukastensystem. Damit ergaben sich die einzelnen Konstruktionselemente ganz zwangsläufig. Bezüglich der Strebenkörper stand die offene oder geschlossene Bauweise zur Wahl. Beide Möglichkeiten wurden erprobt, wie die Abb. 1, 2, 6 und 7 zeigen. Hierbei stellte sich heraus, daß insbesondere für kleine, jedoch sehr steife Vorrichtungen die Vierkant-Rohrbauweise besser geeignet ist. Die Erfahrungen mit diesen Normen liegen nun rd. zwei Jahre zurück. Die Vorrichtung nach Abb. 3 stammt aus dem Jahre 1935/36. Inzwischen wurde der Grundaufbau von Großvorrichtungen weiterentwickelt und die Rohrbauweise mit Erfolg bis an die Halterungen fortgesetzt (Abb. 5).

Als weitere Arbeit auf diesem Gebiete wurde die Entwicklung von Montagerüstungen betrieben und zu Ende geführt (Abb. 8 u. 9). Hier wurde es mit Hilfe des Baukastensystems möglich, die völlige Wiederverwendbarkeit aller Teile zu erreichen.

Wie weit die Gesamtnormen an Bauvorrichtungen fortgeschritten sind, zeigt die Zahlentafel 2. Danach wurden mit Hilfe der vorhandenen Normen wert- und

Zahlentafel 2
Übersicht über die Wiederverwendbarkeit von Vorrichtungsteilen

Abb.-Nr.	Benennung der Vorrichtung	Einzel-teile der Vor-richtung	davon wiederverwendungsfähig		
			Einzel-teile Stück	Herstell.-Wert in %	Gewicht in %
4	Rumpfbau-Vorrichtung ...	80	33	41	80
1	Flügelbau-Vorrichtung	308	239	78	95
3	Flügelbau-Vorrichtung	305	156	51	80
6	Seitenflossenbau-Vorrichtg.	161	76	47	80
7	Seitenflossenausniet-Vorr. .	42	35	83	95
8	Montagebühnen	—	—	100	100
	Im Durchschnitt %			66	88

gewichtsmäßig umfangreiche Einsparungen gemacht. Außer dem gezeigten Rückgang von Lohnstunden und Werkstoff ist die Normung das einzige Mittel, um die Konstruktions- und Bauzeit für Vorrichtungen bedeutend zu verkürzen.

Im Sinne dieser Bestrebungen liegt es, die vorhandenen Mittel zu nutzen und damit die Wirtschaftlichkeit der Betriebsmittel zu erhöhen. Diese Maßnahmen sollen dazu beitragen, die verschiedenen Betriebsmittelanteile auf ein Verhältnis herabzusetzen, das der Wichtigkeit dieser Betriebsmittel entspricht. Das Ziel muß sein, einen Höchstanteil für d i e Betriebsmittel, die der Fertigung den größten Nutzen bringen, d. h. für Gesenke, freizumachen.

Abb. 7. Seitenflossen-Ausnietvorrichtung
Grundgerüst nach dem Baukastenprinzip

Abb. 9 (unten). Montagerüstungen, nach dem völligen Baukastenprinzip hergestellt
(Wiederverwendungswert 100%). Die Vormontage dieser Flügel (s. Abb. 8) erfolgt nach dem Taktverfahren. Die gesamten Rüstungen sind zusammen verbunden und werden geschlossen bewegt

Ein interessanter Beitrag aus „Luftwissen", Jahrgang 1939, zum Thema wirtschaftlicher Einsatz von Betriebsmitteln in der Zellenindustrie.

Die Do 17 im Einsatz

Bereits im Spanischen Bürgerkrieg fand die Do 17 auf der Seite der Nationalisten Verwendung. Man bezeichnete dieses Muster als »Baccalao« (»Stockfisch«), die He 111 erhielt den Namen »Pedro«, die Ju 86 »Jumo«. Die Do 17 kam in Spanien ab 1937 in zwei Versionen zum Einsatz. Fünfzehn Do 17 F bildeten im Frühjahr die 1.A/88. Insgesamt 27 Do 17 P und F wurden als Bomber und Aufklärer eingesetzt. Die deutsche Beteiligung an diesem Krieg ist weniger als »Nachbarschaftshilfe« unter nationalistischen Regimen zu verstehen, sondern als willkommene Gelegenheit, neue Waffensysteme unter realistischen Bedingungen testen zu können. Eine Möglichkeit, die auch von Mussolini wahrgenommen wurde. Die spanische Kennung der Do 17 F und -P lautete R.3, Reconocimiento (Aufklärung).

Gemäß einer Meldung des Generalquartiermeisters vom 19. September 1938 verfügte die Luftwaffe über einen Gesamtbestand von 1235 Bombern der Typen Do 17, Ju 86 und He 111. Davon waren Dornier-Bomber:

- Do 17 E (Bestand = 328, Klarmeldung = 271 Flugzeuge)
- Do 17 M (Bestand = 102, Klarmeldung = 80 Flugzeuge)
- Do 17 Z* (Noch nicht berücksichtigt, Erstflug März 1938)
- Do 17 F (Bestand = 77, Klarmeldung = 69 Flugzeuge)
- Do 17 P (Bestand = 72, Klarmeldung = 59 Flugzeuge)**

Gesamtbestand zum 19. September 1938:
579 Bomber und Aufklärer, davon einsatzbereit 479 Flugzeuge.

* Bei Kriegsbeginn waren auch 212 der insgesamt 913 Do 17 Z bereits gefertigt und in die Verbände integriert.
** Diese Maschinen gehörten zu einer Rechliner Erprobungsgruppe, die bei Kriegsbeginn als I./KG 25 teilnahm.

Insgesamt 13 Do 17 P verblieben nach der Beendigung des Bürgerkrieges in Spanien.

Am 23.Dezember 1938 flogen in Spanien 19 Do 17, welche auf den Flugplätzen Bunuel, Tauste und Sanjurjo stationiert waren. Zum gleichen Zeitpunkt standen 30 He 111 zur Verfügung.

Im Vergleich hierzu schlägt die He 111 mit insgesamt 570 Einheiten (alle Bomber) zu Buche. Hiervon waren 468 Flugzeuge per 19.9.1938 einsatzklar. Das Muster Ju 86 war mit einem Gesamtbestand von 235 Maschinen der Versionen Ju

Winterliche Impressionen, vermutlich aus Landsberg, abgelichtet im Jahre 1939. Foto: Fr. Gebhart.

Gliederung der Do-17-Verbände am Morgen des 1. September 1939

Verband	Ist-Bestand	Klarmeldung	Do 17-Version	Standort
ObTdL				
8.(F)/LG 2	12	11	Do 17 P/F	Werder
Westa I./ObdL	?	?	Do 17 Z	Berlin-Staaken
Luftflottenkommando 1				
1.(F)/121	12	10	Do 17 P/F	Stargard-Klötzow
3.(F)/121	12	7	Do 17 P/F	Stargard-Klötzow
Westa 1	?	?	Do 17	Stargard
Stab II./StG 2	3	3	Do 17 P	Stolp-Reitz
Stab III./StG 2	3	3	Do 17 P	Stolp-West
Stab IV.(St)/LG 1	3	3	Do 17 P	Stolp-Reitz
2.(F)/121	11	10	Do 17 P/F	Schönefeld-Crössingsee
1.(F)/120	12	11	Do 17 P	Neuhausen
Stab/KG 3	9	7	Do 17 Z	Elbing
II./ KG 3	38	36	Do 17 Z	Heiligenbeil
III./KG 3	39	30	Do 17 Z	Heiligenbeil
Stab I./StG 1	3	2	Do 17 P	Elbing
4.(F)/121	12	11	Do 17 P/F	Jesau
Stab/KG 2	9	9	Do 17 Z	Jesau
I./KG 2	36	33	Do 17 M	Gerdauen
II./KG 2	39	37	Do 17 Z	Schippenbeil
Luftflottenkommando 2				
I.(F)/122	12	10	Do 17 P	Goslar
Luftflottenkommando 3				
1.(F)/123	12	11	Do 17 P	Ansbach
2.(F)/123	12	11	Do 17 P	Würzburg
Stab III./StG 51	3	3	Do 17 P	Wertheim
Luftflottenkommando 4				
3.(F)/123	12	12	Do 17 P	Schweidnitz
Stab/KG 76	9	9	Do 17 Z	Breslau-Schöngarten
I./KG 76	36	36	Do 17 Z	Breslau-Schöngarten
III./KG 76	39	39	Do 17 Z	Rosenborn
Stab/KG 77	9	9	Do 17 E/F	Grottkau
I./KG 77	37	37	Do 17E	Brieg
II./KG 77	39	39	Do 17 E	Grottkau
III./KG 77	38	34	Do 17 E	Brieg
Stab I:/StG 2	3	3	Do 17 P	Nieder-Ellguth
3.(F)/122	12	10	Do 17 P	Woisseldorf
Stab I./StG 77	3	3	Do 17 P	Ottmuth
Stab II./StG 77	3	3	Do 17 P	Neudorf
Stab I:/StG 76	3	3	Do 17 P	Nieder-Ellguth
1.(F)/124	11	10	Do 17 P	Schlosswalden
Heeres-Verbände				
2.(F)/11 (H.Gr. Nord)	12	12	Do 17 P	?
3.(F)/10 (3.Armee)	12	9	Do 17 P	Wiesenhof
3.(F)/11 (4.Armee)	12	10	Do 17 Z	?
4.(F)/11 (H.Gr. Süd)	12	11	Do 17 P	Neiße
3.(F)/31 (10.Armee)	12	7	Do 17 P	Stubendorf
4.(F)/14 (14.Armee)	12	7	Do 17 P	Markendorf
1.(F)/22 (H.Gr. C)	12	10	Do 17 P	Rebstock
2.(F)/22 (5.Armee)	12	8	Do 17 P	Bonn-Hangelar
3.(F)/22 (1.Armee)	12	10	Do 17 P	Koblenz-Karthause
7.(F)/LG 2 (7.Armee)	12	11	Do 17 P/F	Deckenpfronn

86 A, D, E und G vertreten. Hiervon waren fünfunddreißig Ju 86 nicht einsatzbereit. Im Gesamten ergibt dies einen Bestand von 1235 Mittleren Bombern mit 1019 flugklaren Maschinen. Von der Ju 88 existierten zu diesem Zeitpunkt nur Prototypen. Die V6, welche als Grundmuster der Ju 88 A-Serie anzusehen ist, flog erstmals Mitte 1938. Zum Stichtag 1.9.1939 befanden sich lediglich **12** Ju 88 A bei der I./KG 25 in Jever. Das zahlenstärkste Muster war mit über 800 Flugzeugen die He 111. Mittelfristig sollten als erstes die Ju 86 sowie die Do 17 und auch die He 111 durch die Ju 88 ersetzt werden. Bereits 1938 existierten Pläne für den Bau von nicht weniger als 8600 Ju 88, welche bis April 1942 ausgeliefert werden sollten. Im Mai 1939 verließ die erste Ju 88A-0 die Werkhallen. In den künftigen Jahren rekrutierte sich die Horizontalbomberwaffe im Wesentlichen aus den Mustern Ju 88, Do 217, He 111 und dem »Sorgenkind« He 177.

Laut dieser Liste von Do 17-Verbänden standen mindestens 600 einsatzklare Maschinen zur Verfügung.

Die Meldung des Generalquartiermeisters der Luftwaffe, datiert 2. September 1939, weist einen Gesamtbestand von 1179 Maschinen (zuzüglich Reserve 30 Ju 86) der Bombertypen Do 17, Ju 88 (18) und He 111 aus:

- He 111 E =   38 Flugzeuge
- He 111 J =   21 Flugzeuge
- He 111 P =   349 Flugzeuge
- He 111 H =   400 Flugzeuge

Gesamt   808 He 111-Flugzeuge

Ein Propaganda-Foto aus »Adler«, Jahrgang 1940.

Do 17 E im engen Verbandsflug. Die Aufnahme entstand im Juli 1937 während eines Manövers.

Natürlich kam die Do 17 sowie ihr Pendant Do 215 genau so wenig wie die Ju 88 nur in der Bomberrolle zum Einsatz. Wie bereits dargestellt, war der Aufgabenbereich der Dornier-Muster breit gefächert. Betrachten wir die Do 17 in ihren jeweiligen Arbeitsbereichen.

Do 17-Bomber

Bei Kriegsbeginn wurden 371 Dornier-Maschinen bei den Kampfgeschwadern als Bestand gemeldet. Hiervon waren 320 einsatzbereit. Diese Zahlen verstehen sich ohne die bei den Stuka-Geschwadern genutzten Do 17, welche in die Liste vom 1.9.1939 ebenfalls aufgenommen wurden. Die He 111-Kampfflugzeugflotte umfasste über die doppelte Anzahl gegenüber der vorhandenen Do 17. Die He 111 B, F und J-Muster, die in der Meldung vom September 1938 zahlreich

Eine weitere Aufnahme aus »Adler«, Jahrgang 1940.

vorhanden waren, wurden durch die leistungsfähigeren Versionen He 111 H und P ersetzt. Die Zahl der E-Version sank von 171 auf 38 Einheiten. Die Ju 86 war bei Kriegsbeginn, zumindest bei der Bomberwaffe, gänzlich aus der 1. Linie angezogen worden. Wie erwähnt, hatte ein ungleich leistungsfähigeres und nicht nur als Bomber hervorragend geeignetes Muster die Endmontage der Junkerswerke verlassen. Die Rede ist von der Ju 88, welche künftig in größten Stückzahlen produziert bis Kriegsende zum Einsatz kam. Befanden sich zu Anfang des Krieges erst zwölf Flugzeuge bei der Truppe, so stieg deren Anzahl im August des Folgejahres bereits auf über 500 Kampfflugzeuge an. Wie im Fall der Do 17 kamen noch Flugzeuge für Aufklärungszwecke oder für die Nachtjagd. Die Gesamtzahl der Mittleren Bomber betrug im August 1940 1482 Stück der Typen Do 17, He 111 und Ju 88. Etwa zwei Drittel dieser Maschinen galten als einsatzbereit.

Zu diesen 42 Kampfgruppen addierte sich noch die Zahl von neun Sturzkampfgruppen sowie eine Schlachtgruppe. Die Summe der bombentragenden Flugzeuge erhöhte sich zu diesem Zeitpunkt auf annähernd 1990 Maschinen, wovon 1325 einsatzbereit gemeldet wurden. Vergleicht man die Produktionszahlen, so ergibt sich bei den Bombern bis 1941 folgendes Bild:

- Dornier Do 17 (1939 = 215, 1940 = 260, danach Einstellung der Produktion)
- Heinkel He 111 (1939 = 452*, 1940 = 756, 1941 = 950)
- Ju 88 (1939 = 69, 1940 = 1816, 1941 = 2146)
- Dornier Do 217 (1940 = 1, 1939 = 20, 1941 = 277)

Bereits im Polenfeldzug hatte die Luftwaffe beträchtliche Verluste hinzunehmen. Insgesamt 734 Mann waren gefallen, vermisst oder verwundet worden. Die Gesamtverluste an fliegendem Material betrug 285 Maschinen aller Kategorien, darunter 78 Kampfflugzeuge. Weitere 279 Flugzeuge waren bis 28.9.1939 zu mehr als 10 % beschädigt eingestuft.

An den Luftoperationen waren neun Do 17-Gruppen der Kampfgeschwader KG 2, KG 3, KG 76 und KG 77 beteiligt. Im Jahr 1940 begann nicht nur für die Luftwaffe die Zeit schmerzhafter Verluste. Die Zeit nach dem Polenfeldzug, die Verschnaufpause zur Zeit des »Drôle de Guerre«, endete abrupt mit dem Beginn des »Blitzkrieges« im Westen. Der auf breiter Front vorgetragene Angriff endete zwar mit einem militärischen Sieg, die Verluste an Mensch und Material waren jedoch enorm. West- und Nordeuropa war buchstäblich überrannt worden. Deutsche Truppen standen nun auch am Kanal und in Norwegen. Trotz der Erfolge hatten sich die Fehler im Aufbau und der Organisation bei den vorausgegangenen Operationen bereits deutlich abgezeichnet. Ausrüstungsmäßig war der nächste Schritt, der Sprung über den Kanal, nur schwer durchführbar. Grundvoraussetzung war hierbei die Luftherrschaft über einem weiträumigen Gebiet. Wie in den Geschichtsbüchern nachzulesen ist, scheiterte die Luftwaffe an dieser Aufgabe. Ausgestattet mit einer Bomberwaffe mit gerade noch ausreichender bis ungenügender Reichweite und einer Jagdwaffe mit Me 109, deren Reichweite den Gegebenheiten ebenfalls nicht genügte. Nicht zu vergessen die Zerstörergeschwader, deren Me 110 oft selbst des Schutzes bedurften. Eine mangelhafte Taktik mit einer zu starren Führung verursachte zusätzliche Verluste und die Luftschlacht um England, trotz der äußerst hohen Verluste der Briten, war verloren. Angesichts dieser Situation käme wieder der schon Jahre vorher propagierte und in den erforderlichen Stückzahlen nie gefertigte Schwere Bomber aufs Tapet. Doch dieser hätte schon aufgrund der begrenzten produktionsbedingten und materiellen Ressourcen niemals in der benötigten Stückzahl der Truppe zur Verfügung gestanden. Somit war die Entscheidung, den Mittleren Bomber zu forcieren, die einzig mögliche Wahl.

Am 13.August 1940, dem »Adlertag«, standen 13 Kampfgeschwader (plus LG 1), drei Stuka-Geschwader, zehn Jagdgeschwader und drei Zerstörergeschwader bereit. Aufklärer-

*Vor Kriegsbeginn wurden bereits 1252 He 111 gefertigt.

Die Augen des B-Stand-Schützen mochten noch so wachsam sein. Die Abwehrmöglichkeiten mit dem MG 15 waren situationsbedingt oft sehr begrenzt, da nicht nur die Zielgenauigkeit des Schützen über den Erfolg entschied, sondern auch die Widerstandsfähigkeit des angreifenden Flugzeugtyps.

Ein Do 17-Verband über der Themse. London war eines der bevorzugten Ziele während der Luftangriffe auf die britische Insel.

Gruppen u. a. nicht mitgerechnet. Der große Trumpf der Briten waren zweifellos die an der Küstenlinie positionierte Kette von Radarstationen, welche die deutschen Verbände meist früh entdeckten, und das Fighter Command somit in den alarmierten Sektoren effektiv reagieren konnte. Zwar waren die Verluste der RAF sehr hoch, dennoch gelang es der Luftwaffe nicht, die britische Abwehr wesentlich zu schwächen oder das diese auch nur einen Tag aussetzte. Auf britischer Seite kämpften Piloten aus 14 Nationen, darunter viele Polen, Tschechen und Franzosen. Auch die Rechnung, die RAF auf ihren Flugplätzen zu schlagen, ging trotz einiger Erfolge nicht auf. Aus diesem Grund gestalteten sich die Tagesangriffe der deutschen Bombergeschwader auf britische Industrieziele und Städte als äußerst verlustreich.

Lediglich die beiden BRAMO und das Seitenleitwerk lassen erkennen, welcher Flugzeugtyp hier fast bis zur Unkenntlichkeit verbrannte.

Mit dieser arg durchlöcherten Do 17 gelang dem Flugzeugführer noch eine Bauchlandung in einem Hopfengarten auf britischem Gebiet.

Erntesaison 1940 in England. Das ländliche Idyll wurde durch die Bauchlandung der Do 17 des KG 76 anscheinend nicht all zu sehr gestört.

So manches Besatzungsmitglied konnte sich trotz der überstandenen Bruchlandung aus einer solchen Situation nicht mehr retten. Der Fliegertod konnte auch sehr Qualvoll sein.

Göring befahl daraufhin schon bald, die Angriffe zu Nachtzeit vorzutragen. Die Verluste an Do 17, He 111 und Ju 88 hatten sich zwar reduziert, die Effektivität jedoch ebenfalls. Trotz dieser immensen Anstrengungen war es der Luftwaffe zu keinem Zeitpunkt gelungen, die Luftherrschaft über der Insel zu erringen. Die beabsichtigte Invasion wurde angesichts dieser Erkenntnis mehrmals verschoben und schließ-

lich von der Führung ganz aufgegeben. Über 3000 Piloten kamen auf britischer Seite zum Einsatz. Von ihnen fielen 520 Flugzeugführer. Ein nicht zu unterschätzender Vorteil der Briten war, dass man über eigenem Territorium kämpfte. Ein abgeschossener und unverletzt gebliebener Pilot konnte so schon nach kurzer Zeit wieder eingesetzt werden. Für einen deutschen Flieger bedeutete ein Absprung über England

Das »Winglet« ist auf eine Kollision im Verbandsflug zurückzuführen. Zumindest diese Crew hat die zu nahe Begegnung heil überstanden.

Zunächst in Barren gegossen wird danach wohl so manche deutsche Maschine den Bestandteil eines britischen Flugzeug gebildet haben.

bestenfalls die Gefangenschaft. Die spektakuläre Flucht des Lt. Franz von Werra blieb in diesem Zusammenhang nur eine von äußerst seltenen Ausnahmen. Bei Notwasserung oder Absprung über See endete dies für Piloten beider Seiten oft mit dem Tod. Daran konnten auch die im Kanal positionierten Rettungsinseln, Rettungs-Schnellboote oder die Seenotstaffeln oft nichts ändern. Die vorliegenden Zahlen der deutschen militärischen Verluste unterscheiden sich drastisch von denen der Briten. Im Zeitraum vom 1. August 1940–31. März 1941 hatte die Luftwaffe folgende Frontverluste:

• Fliegendes Personal: gefallen = 1741, gefangen oder vermisst = 2537, verwundet = 891
• Fliegendes Material: Kampfflugzeuge = 1142, Stuka = 128, Aufklärer = 136, Zerstörer = 330, Jäger = 802. Insgesamt 2265 Flugzeugverluste aller Verbände durch Feindeinwirkung. Inklusive aller Maschinen mit über 10% Beschädigung erhöht sich dieser Wert auf 3132 Flugzeuge.

Trotz aller verbissener Gegenwehr konnte die britische Seite den Abwurf von über 37 000 t Bomben und fast drei Millionen Brandsätzen auf ihre Städte, Flugplätze und sonstige Einrichtungen nicht verhindern. Über 23 000 Zivilisten ließen hierbei ihr Leben, weitere 32 000 wurden verletzt. Diese nüchternen Zahlen des Zeitraums Juli–Dezember 1940 können das Leid kaum widerspiegeln. Trotz des Scheiterns der deutschen Luftoffensive blieben auch weiterhin, wenngleich in geringerem Maße und von längeren Zeitabschnitten unterbrochen, britische Ziele im Visier der Luftwaffe. An die Stelle der Do 17 traten nun modernere Muster wie Do 217, Ju 88/188 und He 177. Von der sog. »Luftschlacht um England« erholte sich die Luftwaffe nur materialseitig. Die personelle Situation verschärfte sich zusehends, da sehr viele der erfahrenen Besatzungen gefallen waren oder sich in Gefangenschaft befanden. Diese waren künftig nicht mehr zu ersetzen. Dies war nicht nur das Problem der Kampffliegerei, sondern der Luftwaffe schlechthin. Der Angriff auf die UdSSR, im Juni 1941, und der zunehmende Druck an der Westfront drängte die Luftwaffe schon bald an ihre Leistungsgrenze. Der Bedarf an neuem fliegenden Personal stieg entsprechend den immer höheren Frontverlusten. Die Schulen konnten nur mit immer mehr verkürzten Ausbildungszeiten reagieren. Nicht wenige Fluglehrer wurden an die Front abkommandiert. Dies war dem Ausbildungs-

standard alles andere als zuträglich. Die ohnehin unerfahrenen Besatzungen bezahlten das Manko schon oft bei den ersten Feindflügen mit dem Leben.
Die (siehe S. 81) Auflistung beinhaltet Do 17-Einheiten, die an der Luftschlacht um England teilnahmen.
Im Januar 1941 verlegten Teile der Luftwaffe nach Nordafrika. Der italienische Bundesgenosse geriet dort militärisch in arge Bedrängnis. Die Entsendung deutscher Truppen sollte das Blatt wenden. Auch in Griechenland gab es ähnliche Probleme. Die Wehrmacht begann am 6.4.1941, zwei Monate vor dem Angriff auf die Sowjetunion, mit dem Balkanfeldzug. Hierbei überschritten deutsche Truppen die Grenzen Griechenlands und Jugoslawiens, wo man Folgen eines Staatsstreichs zu bereinigen versuchte. Im Einsatz gegen Jugoslawien standen der Luftwaffe auch Flugzeuge deutscher Herkunft gegenüber. Wie bereits erwähnt, wurden an Jugoslawien Do 17 geliefert und dort auch in Lizenz gefertigt. Zudem verfügte der Gegner über Jäger des Typs Me 109. Betrachtet man die Stärke und Ausstattung der Streitkräfte dieser beiden Länder, so wird deutlich, dass weder Griechenland noch Jugoslawien dem Druck der Wehrmacht lange standhalten konnten. Dennoch band der nach der Kapitulation entfachte Partisanenkrieg starke deutsche Kräfte, welche im Westen oder an der Ostfront schon bald dringend benötigt wurden.

Nach Beendigung der Kampfhandlungen formierten sich die dann auf der deutschen Seite kämpfenden kroatischen Verbände. Zu deren Ausstattung zählten ebenfalls Do 17, Do 215 und Me 109. Weiteres Personal, etwa 300 Mann, wurden in Deutschland ausgebildet. Dieses bildete den Grundstock für neue Bomber- und Jägerstaffeln, welche durch weitere Do 17 und Me 109 aus deutschen Beständen ergänzt wurden. Je zwei Bomber- und Jägerstaffeln bildeten zunächst die Kroatische Luftwaffenlegion. Gegen Ende 1941 zählte die Kroatische Luftwaffe (Zrakoplovstvo NDH) über 95 Flugzeuge, organisiert in vier Gruppen mit zwölf Staffeln. Vier dieser Staffeln zählten zur erwähnten Legion. Neben den aus deutschen Beständen gelieferten Flugzeugen erhielten die Kroaten auch Beuteflugzeuge aus dem Flugpark der ehemaligen Jugoslawischen Luftwaffe. Im Jahr 1942 wurden die Kroatischen Streitkräfte durch weitere sechs Do 17 E und elf Do 17 K verstärkt. Aus Italien trafen insgesamt 20 Jäger, Bomber und Trainer ein. Insgesamt handelte es sich hierbei um einen Zugang von 98 Flugzeugen.

Verband	Kennung	Muster	Stationierung	Bemerkung
Aufkl. Gr 10	T1	Do 17 P	?	3.(F)10
Aufkl. Gr 11	6M	Do 17 P	Gebiet Le Bouget	2.(F)11, zudem Me 110 C
Aufkl. Gr 14	5F	Do 17 P	Normandie	4.(F)14, auch Me 110 Cu. Hs 126
Aufkl. Gr 21	P2	Do 17 P	Bergen	Zudem Hs 126
Aufkl. Gr 22	4N	Do 17/Me 110	1.(F) 22 Lille	Zudem Me 110
		Do 17	2.(F) 22 Stavanger	
		Do 17	3. (F) 22 Stavanger	
Aufkl. Gr 31	5D	Do 17 P	St. Bric	3.(F)/31, zudem Me 110
Aufkl. Gr 121	C6	Do 17	Normandie	4.(F)/121, zudem Ju 88
Aufkl. Gr 123	4U	Do 17/Ju 88	1.(F) 123 Nähe Paris	
		Do 17/Ju 88	2.(F) 123 Nähe Paris	
		Do 17/Ju 88	3.(F) 123 Puc	
III./KG 1	V4	Do 17 Z	Rosieres-en-Santerre	I. u. II. Gr. m. He 111
Stab/KG 2	U5	Do 17 Z	Saint-Leger	
I./KG 2	U5	Do 17 Z	Epinoy	
II./KG 2	U5	Do 17 Z	Saint-Leger, Arras	
III./KG 2	U5	Do 17 Z	Cambrai	
Stab/KG 3	5K	Do 17 Z	Le Culot	
I./KG 3	5K	Do 17 Z	Le Culot	
II./KG 3	5K	Do 17 Z	Antwerpen/Deurne	
III./KG 3	5K	Do 17 Z	St. Trond	
Stab/KG 76	F1	Do 17 Z	Cormeilles-en Vexin	
I./KG 76	F1	Do 17 Z	Beauvais	II./KG 76 mit Ju 88
III./KG 76	F1	Do 17 Z	Cormeilles	
Stab/StG 1	A5	Do 17 M/Ju 87	St. Pol	
Stab/StG 3	S7	Do 17M u. Z He 111	Brittany	
Stab/StG 77	S2	Do 17 Z		Geschwader mit Ju 87 B/R
KGr 606		Do 17 Z	Brest/Cherbourg	
NJG 2	R4	Do 17	Gilze-Rijen	Hauptsächlich Ju 88 C/Me 110 D
Wekusta 1./ObdL	T5	Do 17 Z	Stavanger	Auch Ju 88
Wekusta 51	4T	Do 17 Z	Puc	Auch Ju 88

* Inklusive andere Flugzeugtypen

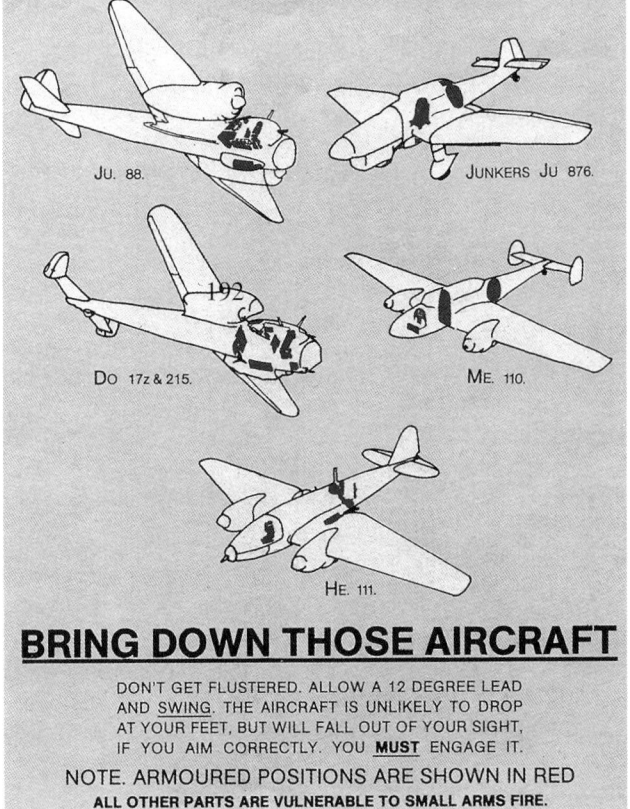

Bei harten Witterungsbedingungen, die in der Extremform hauptsächlich an der Ostfront auftraten, war es oft äußerst schwierig den Flugzeug-Klarstand in ausreichender Weise herzustellen. Hier wird gerade ein BRAMO mit Warmluft wieder zum Leben erweckt.

Ein britisches Plakat z.Zt. der Luftschlacht um England, das speziell Flakbedienungen ansprach. Die gepanzerten, geschützten Bereiche der häufigsten Feindmaschinen waren hervorgehoben.

Kreativität war unter solch unwirtlichen Witterungsbedingungen unerlässlich. Hier brachte ein zuverlässiges Transportmittel, der Panje-Schlitten, die Crew mit nur einem zotteligen PS zum Flugzeug. ▶

Die größten und verlustreichsten Schlachten standen der Luftwaffe noch bevor. Hierbei sollte das Engagement auf dem Afrikanischen Kriegsschauplatz den weit geringeren Teil bilden. Am 22.Juni 1941 drang die Wehrmacht auf sowjetisches Territorium vor. Die Luftwaffe griff mit 29 Kampfgruppen, neun Stuka-Gruppen, einem Schlachtgeschwader und zwei Zerstörergruppen auf breiter Frontlinie an. Zwanzig Jagdgruppen sollten die Luftüberlegenheit erringen und sichern. An den Operationen beteiligten sich acht Fernaufklärer-Staffeln und sieben Ergänzungs-Gruppen (Jäger/Zerstörer).

Die erwähnten 29 Kampfgruppen waren mittlerweile fast ausschließlich mit Ju 88 und He 111 ausgerüstet worden. Die Ausnahme bildete hierbei das KG 2, welches mit Stab und der I. sowie III.Gruppe mit Do 17 im Einsatz stand. Auch die III./KG 3 flog noch die Do 17 Z. Die Aufklärerstaffeln (F) nutzten zunehmend die Ju 88 oder die Me 110. Lediglich die 2.(F)/ObdL war mit Do 215 und die 2.(F) 11 mit Do 17 P vertreten. Hinzu kamen an der Ostfront noch wenige Do 17 der Wetterstaffeln Westa 1 und 26. Insgesamt handelte es sich hierbei um 22 Do 215 (14 einsatzbereit) und 133 Do 17 Z (65 einsatzbereit). Die Aufklärer- und Wetterstaffeln verfügten über einen Bestand von 18 Do 17, wovon 15 als startklar galten. Der überwiegende Teil der Bomber- und Aufklärereinheiten bildete die He 111, Ju 88 und Me 110. Auch der legendäre Stuka, dessen Englandeinsatz sich als äußerst verlustreich erwies, konnte an der Ostfront wieder große Erfolge verbuchen.

Der erste Luftangriff auf Moskau fand in der Nacht des 21./22. Juli 1941 statt. Die Angriffshöhe der insgesamt 195 Maschinen (127 über Ziel) betrug 2000–4000 m. Moskau war nicht nur die Hauptstadt, sondern zudem ein wichtiges Rüstungs- und Verkehrsziel. Geführt von der Kampfgruppe 100 warfen die Flugzeuge der KG 2, 3 und 53 104 t Spreng- und 46 000 Brandbomben.

Nachfolgend zwei Erlebnisberichte von Besatzungsmitgliedern des KG 2, welche Luftangriffe auf Moskau flogen.

Bericht 1

»Am 21. Juli 1941 fliege ich (Fw. Göttle, 2.IK G. 2) als Bordmechaniker in der Besatzung Fw. Dümpelmann in dem Flugzeug U5 + EK. Wir haben den Auftrag, zusammen mit der Besatzung Lt. Schuh als Rottenführer die Gleisanlagen südlich Rshew zu zerstören.

Der Start erfolgt um 03.30 Uhr in Silce. Die Wolkenhöhe beträgt 1.200 m und reißt hinter Witebsk völlig auf. Deshalb greifen wir im Tiefflug an und beschädigen einen Personenzug und unterbrechen die Eisenbahnstrecke.

Nach diesem Angriff werden wir von elf feindlichen Jägern angegriffen. Fünf Jäger vom Muster Rata greifen unsere Maschine an und sechs vom Muster I-16 die Rottenführermaschine. Zunächst fliegen wir östlichen Kurs, um die Sonnenwirkung auszunutzen. Dann wird in einem Flussbett auf Westkurs gedreht. 10-15 Minuten lang werden wir dauernd angegriffen, dabei behalten wir den Tiefflug bei.

Ein Jäger fliegt etwa 30 m von vorn links an, und es gelingt mir zusammen mit dem Funker Uffz. Bielaczek, zwei Trommeln auf den feindlichen Jäger abzuschießen. Er zeigt daraufhin Rauchentwicklung und stürzt ab. Bei einem weiteren Angriff von hinten schießt der Funker einen weiteren Jäger ab, der senkrecht abstürzt. Ich kann den Aufschlag beobachten.

Plötzlich führt unsere Do 17 Schlingerbewegungen aus; ich stelle fest, dass das linke Leitwerk vom Rumpf getrennt ist. Dadurch ist der Flugzeugführer gezwungen hochzuziehen. Sofort erfolgt ein weiterer Angriff von sechs feindlichen

Jägern, die bis dahin das Rottenführerflugzeug verfolgt hatten. Der Rottenführer zieht daraufhin auch hoch, kurvt entgegen und setzt sich hinter unser Flugzeug, um weitere Angriffe von uns fern zu halten, was ihm auch gelingt.

Wir fliegen dann weiter westlichen Kurs und kommen über die Stadt Bjeloj. Dort erhalten wir heftiges, sehr gut liegendes Flakfeuer, da unsere Flughöhe nur 200 m beträgt. Der Rottenführer Lt. Schuh versucht durch Anfliegen der Flakstellung das Feuer auf sich zu lenken. Wir erhalten jedoch einen Treffer in den rechten Motor, der sofort Rauchentwicklung zeigt und stehen bleibt.

Durch das fehlende Leitwerk und den stehenden Motor ist an ein Weiterfliegen nicht mehr zu denken. Deshalb gibt der Flugzeugführer den Befehl zum Aussteigen. Der Funker und der Beobachter (Fw. Rüger) springen als erste ab. Ich befinde mich noch zur Unterstützung beim Flugzeugführer, um Höhe zu gewinnen. Es nutzt nichts, die Maschine lässt sich nicht mehr halten. Bei etwa 200 m Höhe springe ich durch die Bodenluke ab. Vorher kann ich noch beobachten, wie sich der Flugzeugführer nach rechts dreht, um mir zu folgen.

Nachdem nun das Flugzeug führerlos geworden ist, wird es stark kopflastig und stürzt in einer Rechtsspirale ab. Ein Abspringen des Flugzeugführers kann ich nicht beobachten und ist auch von der Besatzung Lt. Schuh, die während des Absturzes unser Flugzeug umkreist, nicht gesehen worden. Kurz nach meiner Landung sehe ich noch zwei Fallschirme in meiner Nähe schweben. Ein Fallschirm ist nicht bemannt. Um meine Kameraden auf mich aufmerksam zu machen, gebe ich ein paar Schüsse ab, aber nichts erfolgt. So wende ich mich nach Westen und laufe quer durch Wälder und Sümpfe. Gegen Mittag erreiche ich ein einzelnes Haus und betrete es, um Wasser zu bekommen. Eine Frau gibt mir zu essen und zu trinken. Nach kurzem Aufenthalt mache ich mich wieder auf den Weg. Ich höre Artillerie und marschiere in der Richtung, aus der das Schießen kommt. Gegen 20.30 Uhr erreiche ich die Spitze der 20. Panzerdivision und werde zum Divisionsstab gebracht. Hier werde ich verpflegt und meine Verwundungen versorgt.«

Bericht 2

»Nachtangriff auf die Stadt Moskau, Höhe 3.000 m, so lautet der Befehl. Wir (Besatzung Ofw. Broich, 3.IKG. 2) fliegen zusammen mit der III.IK.G. 3. Unsere Maschinen sind an den Flächen und Rümpfen ganz normal gestrichen, also nicht für Nachteinsätze geschwärzt. Wir ahnen noch nicht, was das bedeuten soll.

Der Anflug kommt uns sehr lang vor. Vielleicht liegt das aber auch daran, dass wir ständig in den Morgen hineinfliegen. Der Himmel zeigt uns den beginnenden Tag. Unterwegs sind vielerorts Brände und Artilleriefeuer zu sehen. Bei uns ist alles ruhig, aber irgendwie ist man unruhig, weil dieser Einsatz so ganz anders ist.

In der Ferne erkennen wir, dass der Angriff bereits im Gange ist. Und jetzt sind auch wir am Ziel und werfen unsere Bomben in den befohlenen Zielraum. Da erfasst uns auch schon ein Scheinwerfer. Im Nu ist es dann eine ganze Serie, etwa 30, die uns in gleißendes Licht hüllen und nicht mehr loslassen. Sofort krachen die ersten Flakgranaten um uns herum. Wir werfen die restlichen Bomben im Notwurf ab, und nun beginnt unser Kampf mit der Flak. Mein (Uffz. Heimann) Flugzeugführer versucht durch Kurven, ändern der Höhe, Verstellen der Tourenzahl der Motoren, das Zielen der Flak zu erschweren und aus den Scheinwerferkegeln herauszukommen. Der Bordmechaniker Hans wirft nach dem Englandrezept Zeitungen und Flugblätter mit Passierschei-

nen aus der Maschine, aber es hilft alles nichts. Da erblickt Peter eine Chance, über eine scheinbar nicht ganz so stark verteidigte Stelle der Stadt hinauszukommen. Mit starkem Andrücken der Do 17 zur Erhöhung der Geschwindigkeit kommen wir auch durch. Ohne weitere Zwischenfälle fliegen wir dann zurück nach Witebsk.«

Doch schon bald ließen zuerst starke Regenfälle die militärischen Operationen im Schlamm versinken. Anschließend kam »Väterchen Frost«, der die schnelle und bisher erfolgreich verlaufende Offensive buchstäblich erstarren ließ. Vom frühen Winter mit ungenügender Ausrüstung überrascht, kam das Heer vor Moskau zum Stehen. Auch die Luftwaffe sah sich einem in dieser extremen Form bisher nicht gekannten Problem gegenüber. Dieser Feind brachte den Sowjets entscheidenden Zeitgewinn, um sich neu formieren zu können. Die Kälte, die Witterungsbedingungen generell, behinderten die weiteren Pläne. Die Witterung hatte sich bereits seit dem 7.Oktober 1941 wesentlich verschlechtert. Tief verschlammte Rollbahnen des Heeres, aufgeweichte Flugplätze behinderten eine koordinierte Kriegführung auf das stärkste. Nach der Zeit der Schlammbäder hoffte man auf milden Frost, welcher den Untergrund wieder verfestigen sollte. Ab Mitte November standen nur wenige Tage zur Verfügung, um erneut in die Offensive gehen zu können. Bald behinderte neben starken Gegenangriffen der Nebel und Temperaturen von -30° das weitere Vorgehen. Ein fatales Ereignis war auch die Verlegung des 2. Fliegerkorps in den Mittelmeerraum. Hiervon war das KG 3, KG 53, StG 77, SKG 210 und JG 51 betroffen. Am 8. Dezember kam Hitlers Befehl (Weisung Nr. 39), die Bodenangriffe einzustellen und das gesamte bisher eroberte Territorium zu halten. Die Luftwaffe hingegen wurde angewiesen, nun verstärkt Rüstungszentren und Ausbildungseinrichtungen hauptsächlich in Leningrad, Moskau, Stalingrad und Rostow anzugreifen.

In ungleich gemäßigteren klimatischen Breiten befand sich im Januar 1942 das KG 2 und KG 3. Die beiden letzten mit Do 17 ausgerüsteten Kampfgeschwader, welche nun auf dem Balkan stationiert waren. Die Umrüstung, bzw. Umschulung der Besatzungen auf Do 217 hatte bereits schon vor einem Jahr begonnen. Die Einheiten wurden staffelweise aus dem Einsatz gezogen. Die Umrüstungsphase des KG 2 von Do 17 Z auf Do 217 E-1 gestaltete sich folgendermaßen:

I./KG 2
• Oktober 1941 – 1./KG2, 2./KG 2 und 3./KG 2 in Rheine

II./KG 2
• Januar/Mai 1941 – 6./KG2 in Achmer (zwischenzeitlich Einsätze mit Do 17 Z).
• Februar 1941 – 5./KG 2 in Achmer
• April 1941 – 4./KG 2

III./KG 2
• Juli 1941 – 7./KG 2, 8./KG 2 in Achmer
• September 1941 – 9./KG 2 in Hespe/Achmer

Das Kapitel Do 17 schloss sich zumindest im Bereich der Kampfflieger. Gegen Ende des Jahres wurden auch die Do 17 Z des KG 3 durch Do 217 E ersetzt. Bei den Luftwaffen der von verschiedenen verbündeten oder befreundeten Staaten stand dieses Muster auch als Bomber weiterhin im Einsatz. Nutzer dieser Flugzeuge waren die Luftwaffen der Staaten Bulgarien, Finnland, Kroatien, Rumänien und Ungarn.

Ausrüstung wie folgt:
• Bulgarien (1940–1941: 11 Do 17 Kb1, 12 Do 17 P, 1943: 12 Do 17 M).
• Finnland (Anfang 1941/42: 15-16 Do 17 Z-1, Z-2, Z-3).

• Kroatien (1942-1943: 11 Do 17 K, 36 Do 17 E, zudem geliehene Do 17 Z, welche dem KG 3 und KG 53 unterstellt waren).
• Russland (ROA*) (1 Do 17, 14 Ju 88, 1 He 111, 2 Ju 52, 18 Me 109, Fi 156).
• Ungarn (Sommer 1942-März 1944: 8 Do 215 B-4).

*Wlassow-Armee. Aufstellung der ROA-Luftwaffe im Dezember 1944. Die Anzahl der Flugzeugmuster entspricht dem Stand Ende März 1945. Die Nachtjagdstaffel und die Jagdstaffel starteten am 13.4.1945 zu ihrem ersten und einzigen Einsatz. Ziel war der sowjetische Brückenkopf Erlenhof (Oder).

Im Januar 1941 erhielt die finnische Luftwaffe auf Befehl Görings 15 Do 17 Z aus Luftwaffenbeständen. Die entsprechenden Besatzungen wurden in Warschau geschult. Die Flugzeuge hatte man im Januar 1942 in der 1., 2. und 3/.LeLv 46 zusammengefasst. Die im besetzten Polen auf Do 17 geschulten Crews starteten am 1.4.1942 zum ersten Einsatz mit diesem Muster gegen die Sowjets. Nur wenige dieser Flugzeuge überstanden den Krieg. Viele Verluste waren jedoch nicht auf Feindeinwirkung zurückzuführen, sondern wurden oft durch die im karelischen und nordfinnischen Kampfraum vorherrschenden Witterungsbedingungen verursacht. Im Herbst 1944 wandten sich finnische Truppen, bedingt durch den finnisch-sowjetischen Waffenstillstand (September), gegen die zurückweichenden deutschen Truppen. Die letzten verbliebenen Do 17-Exemplare wurden bei der finnischen Luftwaffe 1948 ausgemustert.

Laut Publikationen wie »Suomen Imavoimien Historia« setzt sich der Do 17-Bestand der LeLv.46 wie folgt zusammen:

Werk-Nr.	Kennung (Finnland)	Kennung (Luftwaffe)	Einheit (Luftwaffe)
3323	DN-51	BC+NE	-
2608	DN-52*	DM+DV	-
4242	DN-53	-	-
2856	DN-54	PF+CW	-
3498	DN-55	V5+MH	
3425	DN-56	V5+BK	
1155	DN-57	C4+BZ	
2905	DN-58	5K+DV	KG 3
3238	DN-59	VS+GL	-
2818	DN-60	5K+CR	KG3
4187	DN-61	CQ+HG	-
1218	DN-62	V5+?	
2873	DN-63	PF+DN	-
2622	DN-64	5M+?	AufklGr.(F) 122
1175	DN-65	PG+GA	-
?	DN-79**		-

* Später zu PleLv.45 (1946)
** Flugzeug wurde in Aircam S2 in einer Zeichnung dargestellt. Die Maschine flog gemäß dieser Darstellung mit finn. Markierungen und in Lw-Sichtschutz 70/71/65. Es soll sich hierbei um einen Fotoaufklärer gehandelt haben.

Die nachfolgende Auflistung umfasst alle Bomberverbände, welche zu irgend einer Zeit die Do 17 im Bestand führten. Hierbei sind auch die Maschinen für sekundäre Aufgaben berücksichtigt.

*Wlassow-Armee. Aufstellung der ROA-Luftwaffe im Dezember 1944. Die Anzahl der Flugzeugmuster entspricht dem Stand Ende März 1945. Die Nachtjagdstaffel und die Jagdstaffel starteten am 13.4.1945 zu ihrem ersten und einzigen Einsatz. Ziel war der sowjetische Brückenkopf Erlenhof (Oder).

Einheit	Kennung	Flugzeugtyp	Bemerkung
Eins. KGr Ju 88 Gen.d.Fl. Ausbildung	K5	Do 17	Überwiegend Ju 88, Die Einheit bestand aus drei Staffeln, der Erg. KGr Ju 88, aufgestellt 1943.
Erg.KGr 3	?	Do 17	Drei Staffeln mit Do 17 und He 111.
KG 1	V4	Do 17 Z	Nur III./KG 1, andere Gruppen mit He 111.
KG 2	U5	Do 17 M/Z	Stab und alle drei Gruppen mit Do 17, später Do 217, Ju 88, Ju 188. Weitere Muster: Do 215, He 111, Ju 52, Me 110, Me 410.
KG 3	5K	Do 17 Z	Stab und drei Gruppen mit Do 17. I. u. II. Gruppe ab 1941 mit Ju 88.
KG 4	5J	Do 17	Hauptmuster He 111 und Ju 88. Beim Verband wurden auch Do 217, He 177 und die Ju 52 genutzt.
KG 6	3E	Do 17	Hauptmuster: Ju 88 (Ju 188). Zum Bestand zählten auch Do 217, He 111, Ju 86C.
KG 27	1G	Do 17	Hauptmuster: He 111. Im Bestand befanden sich auch Ju 88.
KG 30	4D	Do 17	Hauptmuster: Ju 88. Flugzeuge für sekundäre Aufgaben: Do 17, He 111, Ju 52, Ju 87.
KG 51	9K	Do 17 E/M	Nur I. Gruppe mit Do 17. Die II. und III. Gruppe mit He 111, später Geschwaderausstattung mit Ju 88, Me 410. Als KG(J) mit Me 262 ausgerüstet.
KG 53	A1	Do 17/He111	Weitere Muster He 177, Ju 88
KG 76	F1	Do 17 E/Z	I. und II. Gruppe mit Do 17. II. Gruppe mit He 111 ausgestattet.
KG 77	3Z	Do 17E	Umrüstung des Geschwaders auf Ju 88 A.
St.G.1	A5	Ju 87	Do 17, He 111, Ju 52, Ju 88 für sekundäre Aufgaben.
St.G.2	T6	Ju 87	Do 17, Do 217, Ju 52, Ju 88 für sekundäre Aufgaben.
St.G.3	A5	Ju 87	Do 17, He 111, Me 110 für sekundäre Aufgaben.
St.G.5	L1	Ju 87	Do 17 und C.445 für sekundäre Aufgaben.
St.G.76	F1	Ju 87	Do 17 für sekundäre Aufgaben.
St.G.77	S2	Ju 87	Do 17, Ju 52, Ju 88, Me 110 für sekundäre Aufgaben.

Unter großem Getöse der beiden BMW 132-Motoren beginnt für diese Aufklärer-Besatzung ein neuer Feindflug. Die Do 17 P-1 war der 3.(F)/10 unterstellt.

Do 17-Aufklärer

Im Gegensatz zu den Do 17-Bombern, welche in den Kampfgeschwadern der Luftwaffe bis zum Jahresende 1942 leistungsstärkeren Flugzeugmustern weichen mussten, sah man die Do 17 in der Aufklärerrolle noch geraume Zeit länger. Sie stellte nur eine von vielen Flugzeugmustern dar, welches für diesen Einsatzzweck aus Bombern und Jägerkonstruktionen seit bestehen der Luftwaffe abgeleitet wurde. Nur wenige Muster wurden von Anfang an als Aufklärer in Auftrag gegeben. Die herausragenden Beispiele waren in diesem Zusammenhang die Bv 141, Bv 155, Fw 189, Hs 130 (auch an der Bomber »B«-Ausschreibung beteiligt) und die Bf 161 aus dem Jahre 1938. Die »Arbeitspferde« der Luftwaffe, He 111, Ju 88 und die hieraus entwickelte Ju 188, wurden für eine breite Verwendungsfähigkeit konzipiert. Das herausragende Beispiel ist hier wohl die Ju 88, die sich als Bomber, Aufklärer, Schlachtflugzeug, Nachtjäger oder Panzerjäger erfolgreich zeigte und über die gesamte Kriegsdauer im Einsatz stand.

Aber auch von der Do 17 existierten für eine vielseitige Einsatzmöglichkeit zahlreiche Varianten. Die langlebigste Art stellten die Do 17-Aufklärer dar. Die folgende Tabelle auf S. 85 gibt Auskunft über die Bezeichnungen der mit diesem Muster ausgestatteten Verbände sowie über andere im Laufe der Zeit genutzte Flugzeugtypen.

Vorbereitungen für einen neuen Aufklärungseinsatz der 3.(F)/11 (Do 17 P-1). Links führt der Schlauch zum Außenbordanschluss der Sauerstoffversorgung. Unter dem Rumpf sind die ETC zur Aufnahme der Blitzlichtbomben sichtbar.

Einheit	Kennung	Flugzeugtyp
Aufkl.Gr 10	T1	Do 17 P
Aufkl.Gr 10	T1	Do 17 P.
Aufkl.Gr 11	6M	Do 17 P
Aufkl.Gr(H) 12	H1	Do 17
Aufkl.Gr(H) 13	4E	Do 17
Aufkl.Gr(H) 14	5F	Do 17 P
Aufkl.Gr(R) 18	?	Do 17
Aufkl.Gr(H) 21	P2	Do 17
Aufkl.Gr(F) 22	4N	Do 17 P
Aufkl.Gr(F) 24	?	Do 17
Aufkl.Gr 31	5D	Do 17
Aufkl.Gr 32	V7	Do 17
Aufkl.Gr 33	H8	Do 17
Aufkl.Gr 88		Do 17 F
Aufkl.Gr 100	T5	Do 17/215
Aufkl.Gr (F) 120	A6	Do 17 P
Aufkl.Gr (F) 121	7A	Do 17 F/P/215
Aufkl.Gr (F) 122	F6	Do 17 P
Aufkl.Gr 123	4U	Do 17 P
Aufkl.Gr 124	G2	Do 17 P
Aufkl.Gr 125 (See)	7R	Do 17
Aufkl.Gr.(F) Nacht	K7	Do 17/215
Aufkl.Gr Ob.d.L	T5	Do 17/215
Aufklärerkette Norwegen	1R	Do 17
Aufkl. St. 88		Do 17
Aufkl. St. 7.Fliegerdivision	4Q	Do 17
Aufkl.St.(F)		Do 17
Aufkl.St.(F) II: Flakkorps		Do 17
Aufkl.Sta.(H) Kroatien	9H	Do 17
Aufkl.St. z.B.V		Do 17
Erg. Aufkl.Gr/Ob.d.H.		Do 17
Erg. Aufkl.Gr/Ob.d.L.		Do 17
FAGr 5	9V	
Nacht Aufkl. St. 1	K7	Do 17/215
Nacht Aufkl. St. 2	K7	Do 17/215
Nacht Aufkl. St. 3	K7	Do 17
NaGr 3	J2	Do 17
NaGr 9	J3	Do 17
NaGr 13	2U ?	Do 17

Zu den hier aufgelisteten Einheiten existierten noch zahlreiche Nahaufklärer-Verbände (H), welche sinnvoller Weise taktisch dem Heer unterstellt waren. Dies jedoch nur von 1939 bis Mai 1942. Allerdings waren auch während dieser Phase die Verbände zeitweise direkt einem Fliegerkorps unterstellt. Das bisher praktizierte Koluft-System wurde durch einen Verbindungsstab mit Fliegerverbindungsoffizier (Flivo) bei jedem Fliegerkorps abgelöst. Der erwähnte Verbindungsoffizier wurde einer Heeresgruppe oder Armee zugeteilt. So wurde eine Schnittstelle zwischen Luftwaffe und Heer geschaffen, welche Informationen oder Anforderungen des Heeres für Aufklärungsflüge an die entsprechenden fliegenden Einheiten weiter leitete.

Die Fernaufklärer waren von dieser Umorganisation von 1942 betroffen. Die Staffeln wurden zu Fernaufklärer-Gruppen zusammengefasst. Die Stärke einer solchen sollte im Regelfall aus vier Staffeln für die Tagaufklärung sowie einer Nachtstaffel bestehen. Dies war nur ein Richtwert. Die Verbände variierten in der Stärke je nach Erfordernis. Ihre Stärke schwankte nicht selten zwischen zwei und zehn Staffeln. Am Anfang des Krieges war auch jedem Kampfgeschwader eine Aufklärungsstaffel zugeteilt. Deren Aufgabe war es, für das Objekt vor dem Angriff Informationen zu sammeln, nicht zuletzt die Wetterbedingungen im Zielgebiet zu erkunden sowie die Schäden nach dem Angriff der Bomber zu

dokumentieren. Die Stärke der Einheiten bewährte sich jedoch im Normalfall nicht. In Konsequenz dieser Erkenntnis wurden die entsprechenden Staffeln 1940 auf Schwarmstärke reduziert und während der Umorganisation im Jahr 1942 ganz aufgelöst. Die Fernaufklärung kannte drei verschiedene Taktiken:

- Zu Anfang des Krieges hatten die Besatzungen bei Abwehr in einer Flughöhe von 6500–8000 m direkten Kurs auf das aufzuklärende Ziel zu nehmen.
- Die an neue Gegebenheiten angepasste Taktik schrieb vor, dass nach dem Start der Flug in Richtung des Zielraumes zunächst noch im Tiefflug zu erfolgen hat. Bei relativer Zielnähe sollte die Crew auf 6500–9000 m steigen, die Zielaufnahmen anfertigen und während des Rückfluges wieder eine niedrige Flughöhe einnehmen. Bei Feindberührung waren heftige Ausweichmanöver auszuführen und der Rückflug in möglichst geringer Höhe fortzusetzen.
- In den Jahren 1943/44 hatte die Luftwaffe ihre Überlegenheit längst eingebüßt. Die Luftherrschaft über den Operationsgebieten hatten alliierte Flieger errungen. Die Folge waren drastisch steigende Verluste, welche in allen Teilen der Wehrmacht die Handlungsfähigkeit zunehmend beeinträchtigte. Auch die Aufklärung wurde zu einer immer gefährlicher werdenden Tätigkeit. Die alliierte Luftherrschaft, zu diesem Zeitpunkt konnte man bereits von einer solchen sprechen, zwang auch in der Aufklärung zu neuen Verfahrensweisen. Die neue Taktik beschränkte die Möglichkeiten auf die Sichtaufklärung und die Möglichkeit von Schrägbildaufnahmen.

Oft »mogelten« sich die Besatzungen an der Wolkenuntergrenze oder im Tiefstflug zum Ziel durch und auf die selbe Weise wieder zurück. Piloten, die mit Ar 234 oder Me 262 zum Aufklärungsflug starteten, hatten allein schon durch die überlegene Geschwindigkeit dieser Flugzeuge ungleich bessere Chancen, die Aufgabe zu erfüllen und unbeschadet zurückzukehren. Jedoch hatten die Piloten der »Turbos« ein anderes, ebenfalls nicht unbeträchtliches Problem. Ihre Heimatplätze wurden in zunehmendem Maß von alliierten

Hierbei handelt es sich um eine von den Amerikanern erbeutete Do 17 E. Das Flugzeug wurde von seinen neuen Herren „Axis Sally" getauft.

Ein wohl mehr symbolischer Tarnungsversuch. Die Do 17 P-1 (5F+AM) flog 1940 in den Reihen der 4.(F)/14.

Diese Aufnahme einer rabenschwarzen Do 17 P-1 der 3.(F)/Auf-kl.Gr. Nacht entstand gegen Mitte 1942 in Pleskau.

Jägern überwacht und während des Starts oder der Landung von diesen angegriffen. Die Do 17-Besatzungen standen gänzlich anderen Widrigkeiten gegenüber. Wie schon bei den Bombern war auch die Abwehrbewaffnung der Do 17-Aufklärer als relativ dürftig zu betrachten. Schon seit Beginn des Westfeldzuges hatte dieses Manko so manchen Verlust zur Folge. Das MG 15 entsprach auch in der Anfangsphase des Krieges kaum noch den Erfordernissen. Der angreifende Gegner verfügte meist über selbstdichtende Tanks und war an den neuralgischen Stellen gepanzert. Ein modernes Flugzeug wie die Hurricane oder Spitfire konnten oft zahlreiche Treffer des MG 15 überstehen. Umgekehrt ist dies auch bei der Do 17, He 111 oder Ju 88 auf Fotos dokumentiert. Auch hier kam so manches Flugzeug wie das sprichwörtliche »Sieb« zum Einsatzhafen zurück, da auch der Gegner zunächst hauptsächlich MG`s von kleinerem Kaliber verwendete. Die Einführung stärkere Kaliber, beispielsweise die 20-mm-Bewaffnung der Spitfire oder Hurricane, änderte die Situation drastisch. Im Zuge des Krieges waren die Konstrukteure stetig dabei, auf die Verbesserungen der Technik des Gegners zu reagieren, um die Effizienz, aber auch die Überlebensfähigkeit der eigenen Flugzeuge zu steigern; einen Kompromiss zwischen Leistungserhöhung und der Fähigkeit, mehr Sicherheit für Mensch und Maschine zu schaffen. Eine stärkere Abwehrbewaffnung und Panzerung schlug mit einem nicht unbeträchtlichen Mehrgewicht zu Buche. Dieses drückte die Leistungsparameter von Geschwindigkeit, Steigvermögen, Reichweite und militärische Nutzlast. Die dürftige Abwehrfähigkeit mit einhergehenden hohen Verlusten waren letztendlich ein wesentlicher Punkt, der mitunter zur Ablösung der Do 17 führte. Im Fall der Bomber kam hinzu, dass die einst pfeilschnelle Do 17 relativ wenig Nutzlast bei einer ebenfalls nicht mehr befriedigenden Reichweite befördern konnte. Die Do 17 blieb an der Ostfront bis weit in das Jahr 1942 bei verschiedenen Nachtaufklärer-Einheiten im Gebrauch, bis sie auch dort durch die Ju 88 ersetzt wurde.

Die gleichermaßen unentbehrlichen wie unermüdlichen »Schwarzen Männer« beim Auftanken eines Do 17 P-1-Aufklärers. Interessant sind auch die Details des Leitwerkbereichs.

Do 17-Nachtjäger

Nur wenige Exemplare dieser interessanten Unterart der Do 17 wurden produziert. Hier schlüpfte die Do 17 in die Rolle des Schweren Jägers, dessen Aufgabe es war, weit entfernte britische Bomberflugplätze zu erreichen, sich dort im Schutz der Dunkelheit zu verbergen und im richtigen Moment Feindflugzeuge während des Starts oder des Landeanflugs anzugreifen. Die Fernnachtjagd hatte neben den materiellen Verlusten des Feindes auch eine nicht zu unterschätzende psychologische Wirkung zufolge. Die sich bereits in Sicherheit wähnenden britischen Crews, deren Nerven nach dem Einsatz ohnehin »blank« lagen, wurden in der Nähe oder direkt während der Landung auf ihrem Heimathorst angegriffen. Dies gefährdete nicht nur die betroffene Maschine, sondern auch andere, welche wie auf einer Perlenkette aufgereiht sich in Warteposition befanden. So konnten die Fernnachtjäger bei klug angewandter Taktik Verwirrung und Panik verursachen. Die Wahrscheinlichkeit von Kollisionen oder Bruchlandungen in dieser sensiblen Phase stieg stark an. Anflüge mussten abgebrochen oder die auf die Landung wartenden Bomber gegebenenfalls umgeleitet werden, falls eine Maschine auf der Landebahn zerschellte und diese für eine gewisse Zeit blockierte. Trotz aller Vorteile durch das Überraschungsmoment gegenüber dem Gegner mussten allerdings die deutschen Fernnachtjäger ihrerseits auf der Hut vor britischen Nachtjägern sein. Betrachtet man die Erfolge der Fernnachtjäger, so ist es kaum verständlich, dass Hitler die Fernnachtjagd einstellen ließ. Die Do 17 und Ju 88 hätten bei Fortführung der Einsätze wohl nur die erste Generation solcher Flugzeuge dargestellt. Mit leistungsstärkeren Mustern, wie der He 219 oder gar der Do 335, wäre diese Art der Jagd weiter perfektioniert worden. Neue Taktiken hätten allerdings dann auch den verstärkten und ausgeklügelteren Gegenmaßnahmen der Briten Rechnung tragen müssen.
Der Fernnachtjagd-Verband I./NJG 2 gruppierte sich aus der II./NJG 1, welche am 11.9.1940 aus dem NJG 1 ausgegliedert wurde. Das NJG 1 entstand seinerseits aus der I./ZG 1.
Die I./NJG 2 bestand aus drei Staffeln:
- 1./NJG 2 mit Ju 88
- 2./NJG 2 mit Do 17 Z-7 und Z-10. Die Staffel entstand aus der 1./ZG 1 und I./ZG 76, jedoch ohne deren 1.Staffel.
- 3./NJG 2 mit Ju 88 C-2

Von besonderem Interesse ist hier die mit Do 17 ausgestattete 2./NJG 2. Die als »Kauz I« und »Kauz II« bezeichneten Do 17 wurden in elf oder zwölf Exemplaren produziert. Anhand verschiedener Gefechtsberichte wird der Einsatz dieser Flugzeuge authentisch dargestellt:

Gefechtsbericht
Besatzung: Hptm. Jung, Uffz. Schurks, Uffz. Thomas.
11./12. Februar 1941 (mit Do 17)
»Start 23.45 Uhr, Landung 03.46 Uhr, im Raum von 01.00-03.00 Uhr.
Bei erleuchtetem Flugplatz 10280 vier hereinlandende Maschinen beobachtet. Eigenes Flugzeug wurde zu früh erkannt, Platzbefeuerung wurde ausgeschaltet. Von 01.00–01.45 Uhr in drei Angriffen 120 Brandbomben auf Unterkünfte und Hallen abgeworfen, Abwurfhöhe 500 m. Zahlreiche anhaltende Brände beobachtet. In sechs Tiefangriffen Feuerlöschmannschaften beschossen. Um 02.20 Uhr bei Flugplatz 10242 sechs landende Maschinen beobachtet. Bei Angriff eines Flugzeuges in 100 m Höhe wurden die Positionslampen sofort gelöscht, weitere Verfolgung blieb ergebnislos. Um 02.30 Uhr Abschuss einer Wellington bei

10242 in 200 m Höhe. Nach zwei Feuerstößen brannte der rechte Motor und das Flugzeug explodierte in der Luft. Trotz Luftkampf erfolgte gutliegende leichte Flakabwehr, sechs Treffer in eigener Maschine. Um 03.00 Uhr bei Great Yarmouth in 800 m Höhe eine E.S. (rot-gelb) schießende Bristol Blenheim mit drei Feuerstößen beschossen. Treffer und Brandwirkung einwandfrei erkannt. Weitere Beobachtung des Flugzeuges war nicht möglich. Mit späterem Verlust des Flugzeuges kann gerechnet werden.«

Gefechtsbericht

Besatzung: Oblt. Schulz, Uffz. Krüger, Ogfr. Lüttringhaus.
»Start 23.50 Uhr, Landung 03.51 Uhr im Raum von 01.00–03.00 Uhr (mit Do 17).
01.10 Uhr Abschuss einer Bristol Blenheim bei Flugplatz 10242. Angriff erfolgte in 200 m Höhe aus 100 m Entfernung. Bei den ersten Schüssen brach der linke Motor heraus. Das Flugzeug trudelte über die rechte Fläche senkrecht ab. Aufschlag konnte nicht beobachtet werden, da englische Nachtjäger vom Typ Defiant oder Spitfire die Do 17 angriffen. Eigenes Flugzeug wurde viermal von Nachtjägern ohne Erfolg beschossen. Um 02.05 Uhr 120 Brandbomben aus 800 m Höhe auf Flugplatz 10841 abgeworfen. Mehrere anhaltende Brände in Baracken und Flugplatzanlagen erkannt. Besondere Beobachtungen: Trotz Luftkampf leichte Flakabwehr bei 10242. Keine Scheinwerfertätigkeit. 2–3 Nachtjäger nördlicher Raum C beobachtet. Englische Nachtjäger flogen zwischen hereinlandende Flugzeuge über Zielnummer 10242.«

Gefechtsbericht

Besatzung: Lt. Feuerbaum, Gefr. Denzin, Uffz. Funke.
»Start 00.07 Uhr Landung 04.01 Uhr im Raum von 01.00–03.00 Uhr (mit Do 17).
Um 02.10 Uhr in 300 m Höhe bei Flugplatz 10144 eine Wellington in der Platzrunde beschossen. Treffer und Brandwirkung in Rumpf und linker Fläche festgestellt. Beim Unterfliegen des feindlichen Flugzeuges wurde dieses von hinten beschossen. Treffer lagen Mitte Rumpf. Mit späterem Verlust des Flugzeuges kann gerechnet werden. Anschließend Abwurf von 120 Brandbomben aus 300 m Höhe auf Zielnummer 10144. Stark anhaltende Brände beobachtet.«

Die Fernnachtjagdeinsätze endeten im Oktober 1941 abrupt durch Hitlers Weisung. Im relativ kurzen Zeitraum vom 23.7.1940 bis 30.9.1941 konnten die Fernnachtjäger nicht weniger als 141 gesicherte Abschüsse für sich verbuchen.

Do 17-Nachtjagdverbände

Einsatzverband	Kennung	Muster
NJG 1	G9	Do 17, Do 215, Do 217, He 219, Ju 88,
NJG 2	4R	Do 17, Do 215, Do 217, Ju 88, Me 110
NJG 101	9W	Do 17, Do 217, Ju 88, Me 110
NNJ-Schwarm Luftflotte 1	2B	Do 17, Ju 88, Me 110
NNJ-Schwarm Luftflotte 2		Do 17, Ju 88, Me 110
NNJ-Schwarm Ost	8V	Do 17, Ju 88, Me 110

Do 17 an Flugschulen

Für die durch modernere Muster bei den Einsatzverbänden ersetzte Do 17 hatte man bei den Flugschulen noch eine vielseitige Verwendung. Bei der Deutschen Luftwaffe wurde sie im Jahr 1942 bei den Frontverbänden ausgesondert. In den Reihen anderer Luftwaffen war die Do 17 jedoch noch länger zu finden. Die nun ausgemusterten Do 17 wurden vorwiegend in Blindflugschulen oder den Flugzeugführerschulen B und C verwendet.

Do 17 bei Erprobungsstellen

Ein wahres Sammelsurium an Flugzeugtypen trug die Rechliner Kennzeichen. Es handelte sich hierbei um Stammkennzeichen und sog. Erprobungskennzeichen, welche sich aus einem »E«, gefolgt von einer dreistelligen Zahlenreihe gestaltete (Beispiel: E2+04). Die Stammkennzeichen setzten sich hingegen aus vier Lettern zusammen. Über 200 Rechliner-Stammkennzeichen sind bekannt und in »Die Deutsche Luftfahrt«, Bd. 27 (Bernard & Graefe) dokumentiert. Im Rahmen dieser Dokumentation sind jedoch nur die Kennzeichen der Do 17 von Belang. Insgesamt 20 Flugzeuge dieses Typs konnten im Zeitraum Dezember 1939–Oktober 1940 nachgewiesen werden.

Muster	WNr.	Stammkennzeichen	Bemerkung
Do 17		GL+AI	
Do 17 V6	656	GL+AJ	Vormals D-AKUZ.
Do 17		Gl+AJ	
Do 17 MV1	691	GL+AL	D-AELE.
Do 17		GL+AN	
Do 17		GL+AO	Tests mit BMW 132.
Do 17 P		GL+AP	Motorenerprobung.
Do 17 M	2164	GL+AR	
Do 17 M	2159	GL+AT	Im November 1940 bei einem Erprobungsflug verunglückt (E7).
Do 17 Z V-2		GL+AU	Vormals D-APRT, Tests bei Abt. E7.
Do 17 Z		GL+AV	Versuchsreihen bei E5.
Do 17 Z		GL+AW	Erprobung bei E7.
Do 17		GL+AX	
Do 17 Z	2517	GL+AY	Vormals D-APFF. Absturz im Mai 1944 während Testflug (E3).
Do 17 Z		GL+AZ	Testreihen bei den Abteilungen E3, E5 und E7.
Do 17 Z		GM+AA	Vormals D-ACJJ. Versuche bei E5 und E7.
Do 17 Z		GM+AB	Tests bei E7.
Do 17 Z		GM+AC	
Do 17 Z		GM+AD	Testreihen d. Abteilung E4
Do 17		GM+AE	Vormals D-APDC. Versuche bei E7.

Zwei Generationen im Bild vereint. Im Vordergrund eine Do 17 P, daneben zwei Do 217-Prototypen.

◀ Überflug der Do 17 V6.

Die Hauptabteilungen der E-Stelle Rechlin wie folgt:
- E2 (Flugzeuge und Einbau)
- E3 (Triebwerke)
- E4 (Nachrichten und Navigation)
- E5 (Ausrüstung)
- E6 (Bordmunition)
- E7 (Abwurfwaffen)
- E8 (Bodengeräte)

Diese Hauptabteilungen waren zudem in eine ganze Reihe von Unterabteilungen gegliedert. Diese Darstellung entspricht dem Zeitraum von Frühjahr 1939 bis Ende 1944. Zudem sind Abstürze folgender Do 17 bzw. Do 215 bekannt:
- Do 17 M, D-AAQU (Absturz 24.6.39 in den Fleesensee bei Gühren).
- Do 17 M, WNr. 2159, GL+AT (Absturz 21.11.40 in Rechlin).
- Do 17 R, WNr. 2194, CT+NA (Bruch 16.12.40 in Rechlin).
- Do 17 M, WNr. 2153, RG+NW (Absturz 9.5.44 in Lärz)
- Do 17 Z, WNr. 2517, GL+AY (Absturz 21.5.44 bei Minden)
- Do 215 B-5, WNr. 0066, NO+TP (Absturz 14.5.43 bei Kotzow).

Auch bei der E-Stelle Travemünde wurde mindestens eine Do 17 registriert. Es handelte sich hierbei um die Do 17 M, WNr. 2190 (TJ+HM), vormals D-AQJO. Die Maschine diente in Travemünde als fliegender Teststand. In der E-Stelle Werneuchen wurden Do 17-Nachtjäger »Kauz« mit dem »Spanner«-Ortungsgerät getestet.

Do 17 bei Wetterflugstellen und Wetterstaffeln

Die Do 17 wurde nicht nur zur Aufklärung von Objekten, sondern auch zur Beobachtung der Witterung herangezogen, welche oft entscheidenden Einfluss auf den Ausgang militärischer Operationen hatte. Im Fall der Do 17 Z-6 handelte es sich im Gegensatz zur Z-3 um einen reinen Wetteraufklärer. Vermutlich wurde nur eine Maschine in dieser Konfiguration fertig gestellt. Die entsprechenden Einheiten oder Organisationen waren für diesen Zweck mit Do 17 P und Z sowie mit einer Vielzahl anderer Muster wie Do 215, Do 217, He 111, Ju 52, Ju 86, Ju 88 und Siebel 204 ausgestattet. Do 17 verschiedener Versionen wurden den Wetterflugstellen Berlin, Hamburg, Königsberg oder München

unterstellt. Verluste waren auch hier unausbleiblich. Wetterbedingte Ursachen, Feindeinwirkung oder aber technische Defekte forderten auch während dieser vergleichsweise unkriegerischen Einsatzart bei den Westa und Wekusta-Verbänden für nicht unbeträchtliche Ausfälle.

Erwähnung sollen an dieser Stelle auch die Wettererkundungsstaffeln der Luftwaffe finden. Die Ausstattung dieser Verbände zeigt eine breite Palette an Flugzeugtypen:
- Wekusta 1 (D7) flog neben der Do 17 die Flugzeugtypen He 111, Ju 52, Ju 88 und die schon antiquierte W.34.
- Wekusta Ob.d.L. flog mit Do 17 und He 111.
- Wekusta 26 (5M) verfügte neben den zweimotorigen Typen wie Do 17, He 111, Ju 88, Ju 188 und Me 110 auch über Kl 35 und W.34.
- Wekusta 51 (4T) wurde mit Do 17, He 111, Ju 52, Ju 88, Me 110 und Me 410 ausgestattet.
- Wekusta 76 nutzte die Do 17 und Do 24. Weitere Muster waren die Fw 58, He 111, Ju 52, Ju 88, Kl 35 und W.34.
- Wetterkette Nord (1B) hatte lediglich Do 17 und He 111 im Bestand.

Es handelte sich hauptsächlich um ehemalige, bei Fronteinheiten genutzte Maschinen, welche für solche Zwecke noch zu verwenden waren.

Diese Do 17 P trug die Aufschrift »Wetterflug Rhein-Main«. Beachtenswert ist die »Nose Art« unter dem Cockpit.

Die Exportversion Do 215

Im Zuge der Do 17-Entwicklung entstand neben der Do 17 K eine weitere Exportausführung vom »Fliegenden Bleistift«. Dieses Muster stellte eine für den Exportmarkt zugeschnittene Ausführung auf der Basis der Do 17 Z dar. Im Herbst 1939 orderte Schweden insgesamt 18 Flugzeuge mit der Bezeichnung Do 215 A. Der Grund für diese außerhalb der bisherigen Systematik vergebenen Typennummern war folgender: Die Belegung des Alphabets von E-Z war mit Ausnahme weniger Buchstaben durch Serienversionen oder Projekte belegt. Es machte auch wenig Sinn, dieses neue Muster im Bereich A-D anzusiedeln. Somit vergab das RLM die noch freie Typennummer »215«. Zu Beginn fertigte Dornier zunächst drei Versuchsmuster, welche auf der Basis der Do 17 Z-0 entstanden.

Unschwer zu erkennen, dass es sich bei diesem Flugzeug um die Exportversion Do 215 handelt.

Die Do 215 B (NO+TB) aus einer anderen Perspektive. Dornier München fertigte insgesamt 105 Flugzeuge dieses Typs.

Diese interessante Aufnahme zeigt eine Do 215 B mit Abgasturbolader.

Do 215 V1(D-AFFY)

Das erste V-Muster der Do 215 stürzte bereits 1938 noch während der Testphase ab. Das Flugzeug unterschied sich zwar bezüglich seiner Ausrüstung von der Do 17 Z, deren Antrieb in Form des BRAMO 323 A blieb hier noch erhalten.

Do 215 V2 (D-AIIB)

Da neben Schweden auch Jugoslawien Interesse bekundete, entstand ein zweiter Prototyp mit Gnôme & Rhône 14N-Motoren, welche bereits in der Do 17 K Verwendung fanden. Die Testergebnisse zeigten gegenüber den in Jugoslawien in Lizenz gefertigten Do 17 K in den verschieden Bewertungskriterien keine Verbesserungen.

Do 215 V3 (25+C03)

Erst das dritte V-Muster entsprach leistungsmäßig weitgehend den Erwartungen. An Stelle von BRAMO oder Gnôme & Rhône-Motoren entschieden sich die Konstrukteure, wie bereits bei der Do 17 R und -S, für den DB 601 A. Der leistungsstärkere 12-Zylinder-Reihenmotor erzeugte 1100 PS Startleistung. Im Vergleich zu den bisher verwendeten Sternmotoren bot der DB 601 zudem einen geringeren Stirnwiderstand. Dieser Unterschied verbesserte die aerodynamischen Eigenschaften und schlug sich bis zu einem gewissen Grad in höherer Geschwindigkeit nieder. Die Höchstgeschwindigkeit der Do 215 stieg auf stolze 486 km/h. Die Do 17 Z erreichte ihr Limit bei etwa 420 km/h.

Auch die schwedische Luftwaffe hatte ursprünglich Interesse an der Breguet Br 694. Das nur in einem Prototyp verwirklichte Muster basierte auf der im Jahre 1935 begonnenen Breguet 690-Reihe, deren letzter Spross die Breguet Br 697 darstellte. Im Fall des Unikats Breguet Br 694 handelte es sich um einen Aufklärungsbomber, welcher am 1. Juni 1940 an die französische Aeronavale (franz. Marineluftwaffe) übergeben wurde. Auch in Belgien hatte man die Absicht, die Br 694 zu beschaffen. Die Kriegsereignisse vereitelten jedoch die bereits geplante Produktion. Schweden hatte bereits für dieses Muster die Typennummer S10 vergeben. Die Do 215 hätte die Kennung S 11 erhalten. Im Zuge der weiteren Ereignisse übernahm die Luftwaffe alle gefertigten Do 215 für den Einsatz bei Aufklärungs- und Nachtjagdverbänden. Die Ausnahme bildete die Abgabe von Maschinen an die verbündeten ungarischen Luftstreitkräfte (MKHL).

Seitenansicht einer Do 215 B-1 (NO+TB). Im Gegensatz zu dem BRAMO 323 der Do 17 Z, erzeugten hier zwei DB 601 A die zum Flug benötigte Energie.

Die Ausführungen der Do 215

Do 215 A-1

Unter dieser Bezeichnung sollten die Maschinen an Schweden geliefert werden. Die Do 215 A entsprach weitgehend dem Bauzustand der Do 215 V3. Die ab August 1939 produzierten Flugzeuge wurden in der Folge entsprechend dem deutschen Ausrüstungsstandard umgerüstet und als Do 215 B bei der Luftwaffe in Dienst gestellt.

Do 215 B-0/B-1

Die Vorserie wurde als B-0 bezeichnet. Ihr folgte die Erstserie Do 215 B-1. Das Muster B-0 war in der Lage, bis zu 1000 kg Bomben zu tragen und zudem Aufklärungskameras mitzuführen. Die maximale Nutzlast der B-1 lag bei 1500 kg. Die erhöhte Bombenlast ergab sich aus der Reduzierung der Treibstoffmenge. Auch hier war es möglich, Reihenbildgeräte zu installieren.

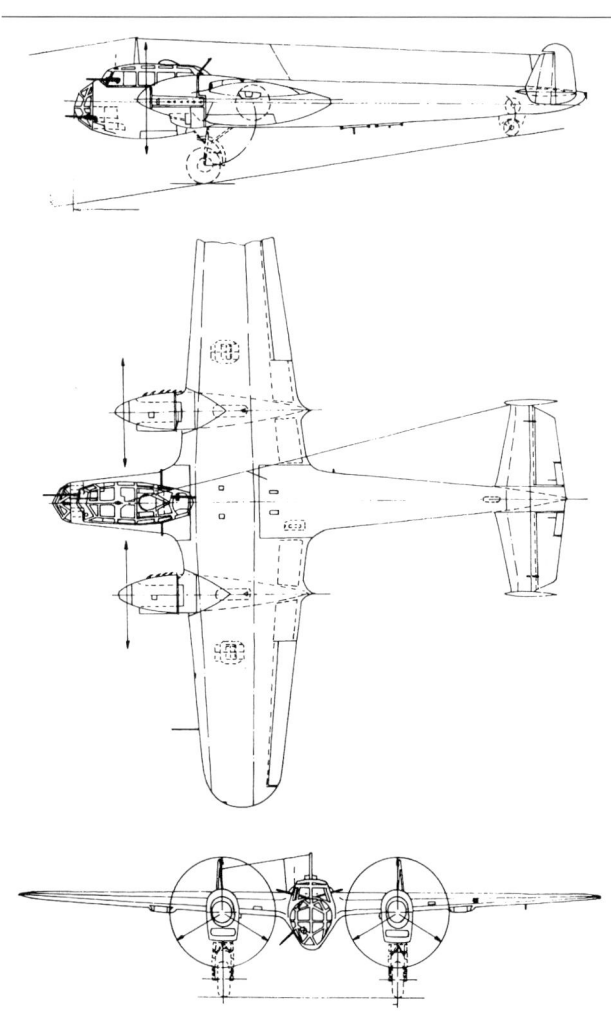

3-Seiten-Ansicht der Do 215 B-1. Dieses Muster entsprach noch weitgehend der Vorserie B-0.

Die Merkmale:
* Die Funkanlage beinhaltete die Geräte FuG X, FuG 25, Peil GV, Fu Bl 1.
* Verwendung der Kurssteuerung K 4ü.
* Einbau der Reihenbildkamera Rb 20/30 in der Einstiegsluke.
* Einbau von Daimler-Benz DB 601 A-Triebwerken mit jeweils 1100 PS Startleistung und 960 PS Steig- und Kampfleistung.
* Das Fluggewicht der Do 215 B-1 betrug 9050 kg.

Do 215 B-2

Im Gegensatz zu den bombentragenden Aufklärern handelte es sich hier um eine reine Bombervariante. Die Ausführung erhielt eine aus fünf MG 15 bestehende Defensivbewaffnung und ebenfalls Triebwerke des Typs DB 601A-1.

Do 215 B-3

Das Muster B-3, gleichfalls eine reine Bomberausführung, wurde an die Sowjetunion geliefert. Das Deutsch-Sowjetische Abkommen ermöglichte es der UdSSR 1939/40 Flugzeuge aus deutscher Produktion käuflich zu erwerben. Die sowjetische Delegation reiste deshalb im Herbst 1939 nach Deutschland. Zur Luftfahrtgruppe zählten bekannte Namen wie Jakowlew, Polikarpow, Kusnezow und Petrow. Die Delegation besichtigte die Fabriken verschiedener deutscher Flugzeug- und Motorenhersteller sowie die Werke der Ausrüstungsindustrie. Natürlich ging man deutscherseits nicht an das sprichwörtlich »Eingemachte«. Die brandneuen Strahlflugzeuge He 176 und He 178, aber auch der neue Jäger Fw 190 (Erstflug V1 am 1.6.1939), der sich zu dieser Zeit in Erprobung befand, enthielt man den Sowjets vor. Dennoch war der Besuch für die Sowjets von großem Nutzen. Insgesamt wurden über zwanzig Flugzeugtypen, angefangen vom Jäger, Bomber bis hin zum Hubschrauber und Schulflugzeug vorgestellt. Einige Maschinen durften auch von sowjetischen Piloten nachgeflogen werden. Der »Einkaufzettel« beinhaltete nicht nur die erwähnten Flugzeuge, sondern auch verschiedene Motorentypen wie DB 601, JUMO 207 (Dieselmotor) und JUMO 211. Man zeigte sichtlich beeindruckt Interesse an zwölf Flugzeugtypen, wovon insgesamt 36 Maschinen bestellt wurden. Die »Einkaufsliste« beinhaltete beispielsweise Flugzeugtypen wie zwei Do 215 B-3 (mit leistungsstärkeren DB 601Aa, 1175 PS), Me 109 E-3 (5), Me 110 C-4 (5), He 100 (6) und Ju 88 A (2). Hierzu wurde zusätzlich jeweils ein kompletter Ersatzteil-Satz geordert. Dazu kamen Bestellungen über tausende von Zündkerzen, Kolbenringe oder flexible Kraftstoff- und Schmierstoffleitungen sowie Bomben und Munition für Bordwaffen. Allein für die bis zum Sommer 1940 gelieferten Erzeugnisse entrichtete die Sowjetunion 25 Millionen Rubel. Es verwundert, dass man sich für die Do 215 und nicht für die leistungsfähigere Do 217 entschied. Im Zuge des bald nahenden Krieges sollten den Sowjets ungleich mehr deutsche Flugzeuge zur Verfügung stehen, so auch die Do 217, die bei der E-Stelle NII VVS in Erprobung stand. Beispielsweise wurden auch etwa 80 Ju 52 aus Beutebeständen wieder instand gesetzt.

Die 1939/40 erworbenen Maschinen wurden teils in Deutschland, teils in der UdSSR montiert und verschiedenen Testzentren zugeteilt. Um die Sache zu beschleunigen, kamen die Parteien zu der Übereinkunft, dass verschiedene Flugzeuge durch deutsche Piloten in die UdSSR überführt werden sollten. Die ersten Maschinen, welche auf dem Luftwege dorthin gelangten, waren die beiden Do 215 B-3. Die Flugzeuge schwebten am 28.4.1940 um 15.32 Uhr auf dem Moskauer Zentralflughafen zur Landung ein. Stalin und Molotow wurden durch ein Telegramm davon informiert.

Die Hauptanlaufstelle der gelieferten Flugzeuge war das Forschungsinstitut der Luftstreitkräfte. Dort auf »Herz und Nieren« geprüft, gaben die Flugzeuge auch Details preis, welche nicht selten bei der Konstruktion sowjetischer Muster in gleicher oder abgewandelter Form berücksichtigt wurden. Die Konstruktion und Verarbeitung der Maschinen wurde von den Spezialisten für solide, durchdacht und modern befunden. Die Untersuchung der deutschen Flugzeuge machte Mängel und veraltete Lösungen bei vielen eigenen Flugzeugen um so deutlicher. Zur Do 215 und Ju 88 kam der Chef der Untersuchungskommission, Genosse Filin, zu dem Schluss: »...ungeachtet ihres abstoßenden Äußeren, sind die beiden moderne Bomber.« Die beiden Do 215 wurden von den Testpiloten Mushtayev und Gallaj (Versuchsstelle LII) getestet. Allerdings brauchten sich die sowjetischen Konstrukteure keinesfalls zu verstecken. Die zu dieser Zeit in Erprobung befindliche Pe-2 war nur ein Beispiel für ihre Leistungen.

Do 215 B-4

Die Ausführung B-4 wurde als Aufklärer mit DB 601 A-1 konzipiert. Ausrüstungsmäßig spiegelte dieses Muster das Equipment der Do 215 B-1 wider. Einen wesentlichen Unterschied bildete jedoch eine schüsselförmige Abdeckung an der Einstiegsklappe, welche ein Reihenbildgerät aufnahm. Über dieses Detail verfügte bereits die Do 215 B-3. Alle bisher dargestellten Ausführungen der Do 215 entsprachen den Abmessungen der Do 17 Z.

Do 215 B-5

Für eine gänzlich andere Einsatzart als bei den bisherigen Maschinen entstand 1940 die Do 215 B-5, gen. »Kauz III«. Das Metier dieser Flugzeug war die Nachtjagd. Für diesen Zweck wurden die letzten zwanzig in Produktion befindlichen Do 215 B-4 als B-5-Nachtjäger fertiggestellt. Die ersten B-5 wurden gegen Ende 1940 der 4./NJG 1 sowie der II./NJG 2 zugeführt. Darunter befanden sich auch auf B-5-Standard modifizierte Do 215 B-1.

Die Merkmale:
*   Die Do 215 B-5 entsprach ausrüstungsmäßig in sehr vielen Bereichen der Do 17 Z-10 (»Kauz II«). Entsprechend der Z-10 wurde bei dieser Variante die Bugsektion neu gestaltet. Der Dural-verkleidete Waffenbug nahm vier MG 17 auf. Der Sensor des Spanner-Sichtgeräts wurde mittig angeordnet. Ein MG-FF wurde in einer Wanne unter dem Rumpfbug installiert. Bei der B-5 ist noch eine andere Variation mit MG 17 und drei MG-FF zu beobachten.
*   Zur weiteren Ausrüstung zählte das Ortungsradar FuG 202, dessen Dipole direkt in vier Positionen an der Bugnase platziert wurden. Diese Technik revolutionierte die Nachtjagd, war jedoch noch keinesfalls vollkommen. Auch geeignete Jagdtaktiken mussten sich erst durch Erfahrungen herausbilden. Die Erprobungsstellen und

Seitenansicht der Do 215 B-4 (PK+FH). Die Maschine trägt zudem unter dem Cockpit und am Balkenkreuz des Rumpfes die Werknummer 40.

Eine interessante Flugaufnahme der Do 215 B-4 (PK+EM). Die Verkleidung für die Aufklärungskamera ist hier gut erkennbar.

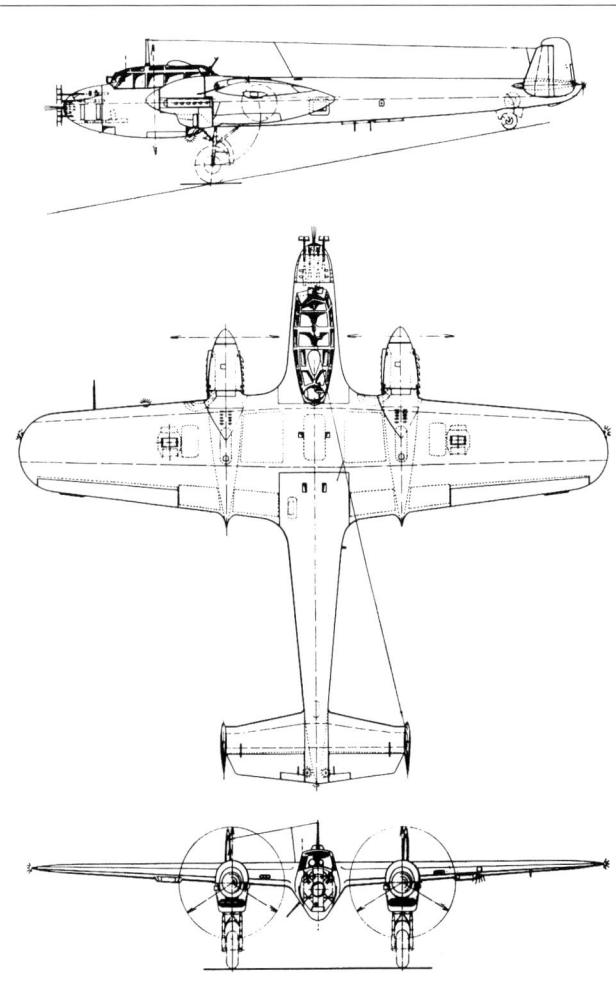

Für einen gänzlich anders gearteten Einsatzzweck entstand 1940 der Nachtjäger Do 17 B-5.

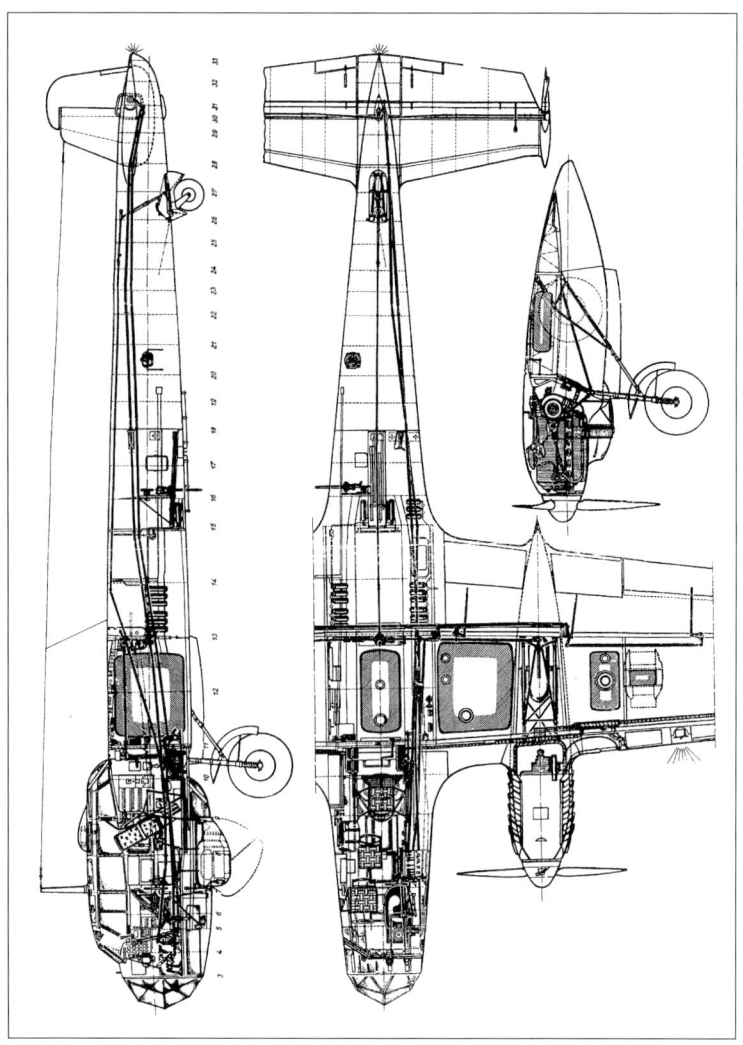

Röntgenzeichnung der Do 215 B-4 (Werkzeichnung).

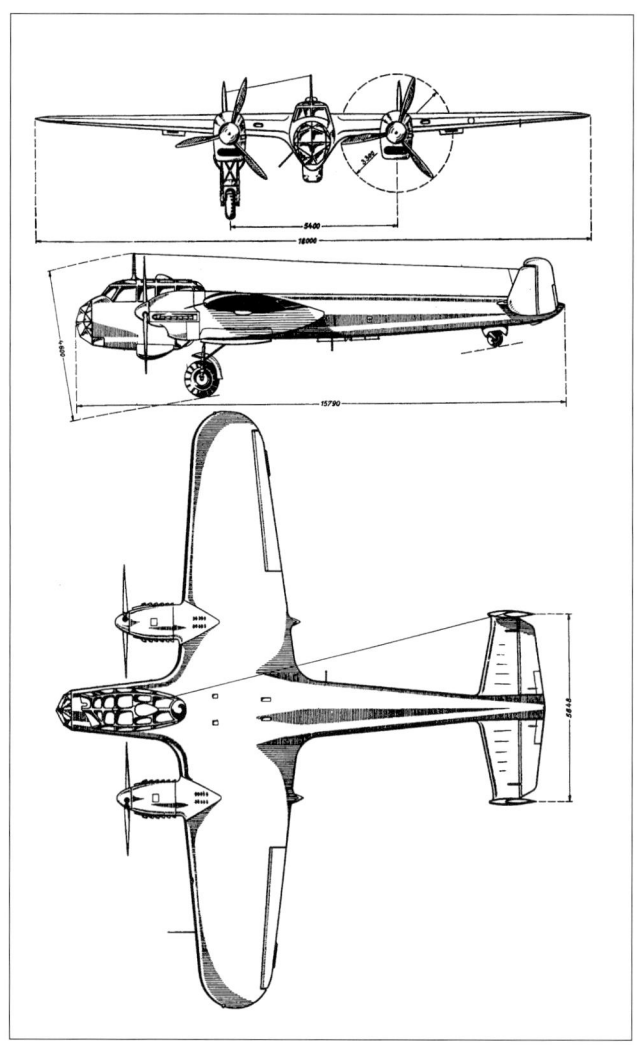

3-Seiten-Ansicht der Do 215 B-4.

Nahaufnahme des Nachtjägers B-5, genannt »Kauz III«. Am Bug befinden sich die Dipole für das Ortungsgerät FuG 202. Das Flugzeug zählte zum Bestand des NJG 2.

Eine der seltenen Flugaufnahmen des »Kauz III« (NJG 2).

nicht zuletzt die »Asse« unter den Piloten zeigten hier den gangbaren Weg.

- Das FuG 202 (Liechtenstein B/C) war ab Herbst 1941 als einsatzbereit zu betrachten. Das Gerät arbeitete auf einer Betriebsfrequenz von 490 MHz. Lt. Skala verfügte es über eine Reichweite von 8000 m. In der Praxis waren jedoch 4000 m der reale Wert. Schon bald wurde die neue Technik unter Einsatzbedingungen getestet. Hierzu verwendete man eine Do 215 B-5, welche im August und September 1941 entsprechenden Truppentests diente. Oblt. Becker gelang bei mehreren Flügen der Abschuss von insgesamt sechs britischen Bombern. Die noch störanfällige Technik hatte sich im Prinzip bewährt, musste jedoch im Detail noch verfeinert werden. Ein nicht zu unterschätzender Nachteil war die komplexe Antennenanlage, welche am Bug in vier Positionen installiert, zwischen 30-40 km/h Geschwindigkeitsverlust verursachte. Ein Problem, das auch in der Zukunft den Nachtjägern weitgehend erhalten blieb. 1942 wurde das FuG 202 unter Verwendung einer Do 17 Z-10 getestet. Hier war die Aufgabenstellung jedoch eine andere. Man untersuchte eine schräg nach oben gerichtete Anordnung der Antennen, welche höher fliegende Gegner orten sollte, um sie mit der sog. »Schrägen Musik« zu bekämpfen (FuG 202 O). Zudem wurden Versuche mit einer anderen Aufgabenstellung per He 111 durchgeführt. Eine Entwicklung aus dem FuG 202 stellte der Rückwärtswarner FuG 214 dar (Liechtenstein BC/R). Ab 1942 wurde das FuG 212 (Liechtenstein C1) entwickelt. Im Folgejahr erschien das bekannte FuG 220 (Liechtenstein SN2). Dieses optimierte Gerät befand sich noch in der Truppenerprobung, als es den Briten gelang, die Liechtenstein B/C-Geräte durch Düppel (Störung durch abgeworfene Stanniolstreifen) nahezu »erblinden« zu lassen. Ab Oktober 1943 kam das FuG 220 (SN2) in großen Stückzahlen zum Einsatz. Die Erfolgsquote stieg merklich an. In verschiedenen Varianten blieb dieses Gerät bis Kriegsende im Einsatz. Den Abschluss bei der Entwicklung der Liechtenstein-Geräte bildete das FuG 228 (SN3). Ein Mustergerät kam Anfang 1945 noch zur Erprobung. Die geplante Fertigung wurde jedoch zugunsten des FuG 218 aufgegeben.
- Dem Problem, durch weithin sichtbare Auspuffflammen frühzeitig entdeckt zu werden, begegnete man durch Flammenvernichter im Bereich des Abgasaustritts der DB 601 A-Motoren.

- Im Gegensatz zu den Do 215-Bombern und Aufklärern reduzierte sich die Crew auf drei Besatzungsmitglieder.
- Die Defensivbewaffnung wurde auf zwei MG 15 verringert.

Mit der Fertigstellung der letzten Do 215, welche im Dornier Werk München produziert wurden, endete die werksseitige Geschichte vom »Fliegenden Bleistift«. Das letzte von etwa 20 Do 215 B-5-Flugzeugen verließ dort Anfang 1941 die Endmontage. Aufgrund der guten Flugleistungen und des Handlings waren die Maschinen bei den Besatzungen beliebt. Die letzten B-5 standen noch bis Mai 1944 im Einsatz.

Do 215 B-6

Im Oktober 1941 begannen bei Daimler-Benz Testreihen mit dem Hirth-Abgaslader TK 9 (Geräte-Nr. 9-2281). Für die entsprechenden Versuchsreihen wurde eine Do 215 entsprechend modifiziert. So ausgestattet, wurden Flughöhen bis zu 10 500 m erreicht. Gegen Ende des Jahres wurde auch die He 111 V32 mit DM 601 U und TK 9C in die Testreihen mit eingebunden. Zwei weitere He 111 folgten. Zunächst die He 111 V1 und im Jahr 1943 die WNr. 7880. Beide Maschinen wurden mit der Kombination JUMO 211 und TK 9 getestet. Den Abgaslader TK 9, ausgestattet mit einem zweistufigen Verdichter, fertigte Hirth speziell für Versuchszwecke in einer Kleinserie. Das Limit erreichte der Lader bei einer Drehzahl von 22 000 U/min. Durch die Verwendung von Hohlschaufeln waren auch Abgastemperaturen bis 1100 °C kein Problem. Mit der Kombination DB 601 und TK 9 konnte eine Volldruckhöhe von 11 000 m nachgewiesen werden. Aufgrund der Schwierigkeiten mit dieser komplexen Technik konnte der Höhenaufklärer, zumindest in dieser Konfiguration, nicht verwirklicht werden. Zudem wäre bei diesen Flughöhen eine Druckkabine unverzichtbar gewesen. Auch die Kombination DB 601 und TK 9A ging nicht in Serie. Neben dem DB 601 T war auch die Variante »U« mit einem Abgaslader ausgestattet. Die Leistung der beiden Versionen betrug 1300 PS bzw. 1350 PS (Volldruckhöhe 9000 m). Die tatsächliche Serienreife erreichte die Technik des Abgasladers erst bei BMW.

Nachstehend die wesentlichen Vergleichsdaten zu Do 215, Do 17 Z und der schwedischen Saab 18, welche den deutschen Mustern mindestens ebenbürtig waren.

Wie bereits erwähnt, schlug für Schweden die Beschaffung der Br 694 und Do 215 fehl. Die schwedische Nation war

Tech. Daten	Do 215 B-1	Do 17 Z-2	Saab 18 A	Saab B18B
Spannweite	18,00 m	18,00 m	17,04 m	17,04 m
Länge	15,80 m	15,80 m	13,23 m	13,23 m
Höhe	4,60 m	4,55 m	4,35 m	4,35 m
Flügelfläche	55,00 m²	55,00 m²	43,80 m²	43,80 m²
Leergewicht	5780 kg	5210 kg	5484 kg	6093 kg
Startgewicht	8840 kg	8800 kg	8693 kg	8793 kg
Höchstgeschw.	462 km/h	412 km/h	465 km/h	570 km/h
Reisegeschw.	328 km/h		415 km/h	480 km/h
Dienstgipfelhöhe	9200 m	8200 m	8000 m	9800 m
Reichweite	2450 km	1160 km	2200 km	2600 km
Triebwerke	DB 601 A-1	BRAMO 323 P	P & W R-1830 (Lizenzbau)	DB 605 B (Lizenzbau)
Leistung	1100 PS	1000 PS	1065 PS	1475 PS
Bewaffnung	4-6 MG 15 2x13,2 mm MG	6 MG 15	3x13,2 mm MG	1x7,9 mm MG
Zuladung	Bis 1500 kg	1000 KG	---	1400 kg
Equipment	Rb 20/30		2 Kameras Ska5, Ska10	
Besatzung	4	4	3	2-3
Konfiguration	Aufklärer / Bomber	Bomber	Aufklärer	Bomber

Das »Gesicht« der Do 215. Auch Schweden wollte ursprünglich 18 Maschinen beschaffen. Die Typenkennung S11 war bereits vergeben worden. Die zuständige deutsche Behörde verweigerte jedoch kriegsbedingt die Liefergenehmigung.

durch seine neutrale Haltung während des Krieges in vielen Bereichen isoliert. Es erschwerten sich auch die Beschaffung von Waffen und Flugzeugen, somit war die Industrie des Landes gefordert. Bereits im Jahr 1938 begann Saab mit Vorarbeiten zur Entwicklung eines zweimotorigen Bombers. Anfang 1939 wurde der entsprechende staatliche Auftrag erteilt. Der Erstflug des Versuchsmusters verzögerte sich jedoch aufgrund verschiedener Ursachen mehrmals. Erst am 19. Juni 1942 rollte der Prototyp der Saab 18 zum ersten Start. Der Jungfernflug des leistungsgesteigerten, mit DB 605 ausgerüsteten Musters B18B ließ bis Mitte 1944 auf sich warten. Keine der beiden Ausführungen musste den Vergleich mit der Do 215 fürchten. Saab fertigte insgesamt 244 Einheiten in folgenden Ausführungen:

- S18A (Aufklärer)
- B18A (Bomber)
- B18B (Bomber)
- T18B (Torpedobomber)

Die Ausführung S18A wurde zwischen März 1944 und Dezember 1945 ausgemustert. Soweit einige Angaben bezüglich einer schwedischen Alternativlösung zur Do 215.
Die Do 215, in lediglich 105 Expl. verwirklicht, war in den Reihen der Luftwaffe ein verhältnismäßig »seltener Vogel«. Die Verfügbarkeit dieser Maschinen war auf bestimmte Aufklärer- oder Nachtjagd-Einheiten beschränkt. Nachdem die noch verfügbaren Flugzeuge dieses Typs in den Jahren 1942/43 bei den Frontverbänden durch andere Muster ersetzt wurden, setzte die Nutzung für sekundäre Aufgaben ein. So nutzte auch GFM Kesselring eine Do 215 B-1 als Reisemaschine. Einheiten setzten die Do 215 als Verbindungsflug-

Die Reisemaschine von GFM. Kesselring. Die in RLM 65 lackierte Rumpfunterseite erhielt zusätzlich Sprenkel in einem nicht bekannten, dunkleren Farbton. Die Flächenunterseiten und die Cowlings waren hiervon nicht betroffen.

zeuge oder für Schulungszwecke ein. Bei der Nachtjagd verschwand die Do 215 erst im Jahr 1944. Ein weiteres Betätigungsfeld fand sie vereinzelt in der Wetterfliegerei.
Folgende Verbände der Luftwaffe nutzten die Do 215 zeitlich begrenzt zur Erfüllung ihrer Aufgaben:

Verband	Kennung		
Aufkl. Gr. 100	T5	NJG 1	G9
Aufkl. Gr.(F) 120	A6	NJG 2	4R
Aufkl. Gr.(F) 121	7A	NJG 101	9W
Aufkl. Gr. 124	G2	Nachtjagdschule 1	
Aufkl. Gr.(F) Nacht	K7	Wekusta 1 Ob.d.L.	
Aufkl. Gr. OB.d.L.	T5	Wekusta 2 Ob.d.L.	

Erfolgsbilanz am Leitwerk. Die Besatzung konnte drei Abschüsse für sich verbuchen. Das Flugzeug zählte zum Bestand der 4.(F)/Aufkl.Gr.Ob.d.L.

Bei den Luftstreitkräften der Verbündeten beschränkte sich die Verwendung der Do 215 auf die Luftwaffe Ungarns. Bulgarien, die Kroaten, aber auch Finnland verfügten in diesem Zusammenhang nur über verschiedene Ausführungen der Do 17. Die am Ostfeldzug beteiligten ungarischen Streitkräfte hatten im Zuge der Kampfhandlungen einen hohen Zoll an Menschen und Material zu entrichten. Um die Verluste wenigstens teilweise auszugleichen, wurde Ersatz aus Deutschland geliefert. Unter diesen Flugzeugen befanden sich auch acht Do 215 B-4 aus dem Bestand der Luftwaffe, welche im Zeitraum Sommer 1942 bis Dezember 1942 dort eintrafen. Vier Maschinen plus drei He 111 P standen ab Juli zur Verfügung, vier weitere Flugzeuge bis Dezember 1942. Eine andere Quelle (Squadron Signal »Hungarian AF«) nennt in diesem Zusammenhang sieben Do 215 B-4 und drei B-1. Innerhalb der Zeitspanne bis Anfang März 1944 erhielt die »Magyar Kiralyi Honved Legiero« zudem 66 Me 109 F und G, 51 Ju 88 A, C und D, 16 Fw 189 A, 13 Ju 87 D und 10 He 111 P. Von letzteren wurden fünf Maschinen wieder rückgeführt. Die Liste erweitert sich zudem um die Muster Bü 131 und Fi 156.
Muster wie die Me 210, Me 109 sowie DB 605 wurden in Lizenz gefertigt. Von der Me 210 Ca (a für Ausland) wurden bei Donau Flugzeugbau A in Budapest 270 Maschinen gefertigt. Etwa 160 Maschinen wurden den ungarischen Luftstreitkräften übergeben, der Rest nach Deutschland überführt. Insgesamt 92 Flugzeuge des Typs Me 109 Ga wurden bei der Ungarischen Eisenbahnwaggon- und Maschinenfabrik in Györ produziert. Alle 92 Exemplare konnten landeseigenen Fliegereinheiten zugeführt werden. Der DB 605 entstand bei den Manfred Weiss Werken in Budapest. Weitere Lizenzen wurden an Alfa Romeo, Fiat und an Schweden vergeben. Dies als Hintergrundinformation.
Die von den Ungarn geflogenen Do 215 kamen als Aufklärer bei der 1./1 Fernaufklärerstaffel an der Ostfront zum Einsatz. Im Laufe der harten Kämpfe an der Ostfront standen verschiedene dieser Flugzeuge auf der Verlustliste. Die verbliebenen wurden gegen Ende des Jahres 1943 zur Schulung eingesetzt. Ihr Nachfolger wurde bei den Ungarischen Frontverbänden die Ju 88. Den ursprünglichen Plänen zufolge sollten den Ungarn auch einige Ju 188 geliefert werden. Dieses Vorhaben wurde jedoch nicht mehr realisiert.

Die Do 17 im Modell

Wenn der Modellbauer heute eine Do 17 bauen möchte, dann scheint auf den ersten Blick die Welt in Ordnung. Denn sowohl in 1:72 als auch in 1:48 stehen Bausätze zur Verfügung. Im kleineren Maßstab sogar drei Stück!

Die Do 17 E/F von Airfix und die Do 17 Z von Monogram und Revell. Dies scheint eine gute Basis. Der Blick in die Bausätze bereitet bedingt Freude. Bei Airfix sehen wir versenkte Blechstöße, liebevoll, etwas stark betont gearbeitete Stoffbespannungen, moderate Nietreihen, filigrane Fahrwerke mit ordentlichen Rädern, gar ein paar Elemente des Besatzungsraumes. Bei Monogram finden wir sehr fein strukturierte Oberflächen mit vielen Details bis zu den Tankdeckeln, zwar erhaben aber fein. Die Fahrwerke ebenfalls filigran mit schönen Rädern, die Klappsitze mit Gartenstuhlambiente sehen gut aus. Doch der Schalensitz des Piloten ist zu klein und im Besatzungsraum ragen acht Säulen aus den Rumpfwänden, auf die Sitze geklebt werden sollen, die Seitenwände zeigen wenig und die falsche Struktur. Und bei Revell? Hier handelt es sich um den alten Bausatz von Frog, dessen Oberflächen so gut wie nichts darstellen, tiefe Sicken sind dort, wo das Plastik zu dick gespritzt ist, die Querruder klein, der Besatzungsraum hat außer den Gartenstühlen und der Form der Instrumententafel ebenfalls nichts mit dem Original zu tun.

Also viel Arbeit schon auf den ersten Blick. Geplant hatte ich zusätzlich zu den aus Bausätzen verfügbaren Modellen den Bau einer Do 17 V1, einer Po 17 P und einer Do 215. Für diese Umbauten gibt es auf dem »Zweiten Markt« Hilfe. RS Resin-Modelle bieten einen Umbau der Airfix Do 17 E zur V1 mit Resin-Nase, neuen Leitwerken und Abdeckungen für den oberen Waffenstand und die Bombenschützen-Position. Airmodell hatte zwei Motorgondeln in Vacu für die Do 215 im Programm, zu verwenden mit dem Do 17 Z-Bausatz von Frog/Revell. Damit bleiben zwei Motorgondeln übrig für den Umbau einer Do 17 E zur P mit Motoren von der Ju 86 von Italerei. Von Intermodell gab es auch einen Umbau für die Frog Do 17. Dieser enthält eine schöne vordere Rumpfsektion für eine Do 17 K, ebenfalls DB 601-Motoren und einen Satz unbrauchbare BMW VI-Verkleidungen. Und für die spartanischen Besatzungsräume der Do 17 Z hat AIRES Abhilfe im Programm: eine vollständige Cockpitausstattung in Photo-Ätz-Technik.

Fazit: Alles was man braucht, ist als Halbzeug vorhanden.

Beginnen wir mit dem Bau aus der Schachtel mit der Do 17 E. Die genauere Betrachtung des Airfix-Bausatzes ergibt als Fazit: Die Kabine muss im Eigenbau völlig neu aufgebaut werden. Mit Ausnahme der Instrumententafel kann man nichts gebrauchen. Und Dokumentation ist ebenfalls rar. Zum Glück bietet das Archiv von Herrn Haffner Kopien der Handbücher /Ersatzteilkataloge und es gibtden Bernard & Graefe Verlag.

Die Sitze: Der Pilot hatte einen recht voluminösen kastenartigen Blechsitz mit Schale für den Sitzfallschirm und komplexem Gestell zur Sitzpositionsänderung. Der Bombenschütze und Funker teilen sich einen Sitz. Ebenfalls ein Blechkasten mit nach vorn abgerundeten Seitenwänden trägt eine hohe Rückenlehne mit abgerundeter Kopfstütze. Hier stimmt die Airfix-Form. Nach vorne bietet der Sitz für den Kommandanten/Bombenschützen eine Sitzschale mit Fallschirmmulde. Nach hinten ist eine in der Neigung verstellbare Sitzfläche angebaut, die dem Funker einen Sitzplatz gewährt, so dass bei Start, Landung und Reiseflug sich diese Kameraden Rücken an Rücken diesen Sitz teilen. Die runden Wangen enthielten Schienen, entlang derer der Sitz nach vorn in die Horizontale geklappt wurde, so dass eine Liege für den Bombenschützen entstand. Der Sitzteller mit Wandhalterung ist eine Erfindung von Airfix.

Neben den Sitzen empfiehlt sich in jedem Falle noch die Darstellung der Seitenruder-Schienen und der Pedalerie, der Einbau des Funkgerätes in ein entsprechendes Gestell auf der rechten Kabinenseite, die Motor-Bedienkonsole, der Anlasskraftstofftank und das Tragegestell für Erste-Hilfe-Kasten und Mutterkompass links hinter dem Piloten.

Höhenatmer, Batterien und andere Details nach Geschmack. Bedenkt man, das die Verglasungen sehr klein sind, lohnt sich eine Vollausstattung kaum. Wichtig ist noch die Struktur des vorderen Flügelholmes, denn der liegt offen im oberen Waffenstand.

Nach dem Bau des Cockpits kann der Rumpf geschlossen werden. Bei den Leitwerken sollte zumindest an den Seitenrudern eine Verjüngung der Hinterkanten erfolgen. An den Höhenrudern ist dies fast unmöglich, es sei denn, man entfernt die Oberflächenstruktur.

Bei den Motoren verdienen die vielen Löcher eine dunkle Hinterklebung.

Beim Anbau der Flügelbaugruppe an den Rumpf muss man die inneren Flügelrippen anpassen, um möglichst schmale Spalten und eine V-Form von 0 Grad zu erreichen. Auch die Motorgondeln bedürfen der Anpassung.

Als Anstrich habe ich den optisch attraktiven 4-Farb-Anstrich RLM 61, 62, 63, 65 gewählt, mit der Parteifahne am Leitwerk und der fünfstelligen Flugzeugkennung. Hierbei bietet sich bei richtiger Wahl des Verbandes auch die Möglichkeit, die eisernen Kreuze mit roten Kreisen zu übermalen, um die rote Partei bei den Manövern 1937 darzustellen. Bremsleitungen an die Fahrwerke, evtl. Fahrwerkschächte ausbauen, mit RLM 02 lackieren, verschmutzen, fertig.

Etwas aufwändiger entsteht aus diesem Airfix-Bausatz der Urahn der Do 17-Reihe. Die V1 machte dem Spitznamen dieser Bomberfamilie alle Ehre: Fliegender Bleistift. Sie verfügt noch nicht über den runden Glasbug, sondern hat eine lange, spitze Metallnase. Und die schlanke Linie des Rumpfes bleibt bis zum Heck, nur unterbrochen von dem Windschutz der Besatzung, schlank. Das Seitenruder ist noch aufgebaut auf einer zentralen Seitenflosse, so dass der Gesamteindruck leicht und schön ist.

Der Bauablauf entspricht dem der Do 17 E, allerdings kann man beim Besatzungsraum sparsam arbeiten, da eben nur der obere Windschutz zum Einblick bleibt.

Wenn der Rumpf geschlossen ist, trennt man (am einfachsten mit einer Styroporlaubsäge) den vorderen Rumpfbereich und das Heck vom Original, ersetzt diese durch die Resin-Teile. Ebenfalls aus diesem Umbausatz stammen die Höhenruder und die Abdeckungen der verbliebenden Rumpföffnungen. Dann werden einige Passagierfenster ergänzt. Der Anbau von Flügel, Trieb- und Fahrwerken erfolgen wie gehabt.

Bei diesem Modell ist der Anstrich interessant, da auf den mir bekannten Fotos das Flugzeug nur ohne Anstrich auftaucht. Hieraus interpretiere ich, das alle Metallflächen blank waren, die stoffbespannten Flächen den rot-braunen Farbton des Spannlackes wiedergeben und an den Blechstößen nach Abschleifen von Unebenheiten diese Bereiche mit RLM 02 freihändig übersprüht wurden.

In der Konsequenz wurden mit zwei verschiedenen Silbertönen die Blechflächen lackiert, dann RLM 02 entlang der Blechstöße gesprüht; zum Abschluss die Stoffflächen mit Rotbraun gestrichen. Ein auffälliges Finish in jeder Modellsammlung.

Bei der Do 17 Z von Monogramm geht die Arbeit richtig los. Ein Ausmessen des Modells beweist den immer schon gespürten Eindruck: die Tragflächen sind viel zu tief: 7 mm! Hier muss umgebaut werden. Ich bevorzuge in solch einem Fall die Scriber-Methode. Vor dem Schneiden habe ich noch die Motorverkleidungen und Fahrwerkgondeln abgetrennt.

Ein Stahllineal mit doppelseitig klebendem Tesa-Film entlang der vorher ausgemessenen Schnittlinie, hier den hinteren Holm, später 7 mm davor fixieren. Nun mit dem scharfen Scriber entlang des Lineals die Flächenteile trennen.

Nach 8 x schneiden sind die 7-mm-Plastikstreifen auf dem Tisch. Der Zusammenbau der Flächenelemente erfolgt auf einer schmalen Lippe aus Plastik. Hier ist der Flüssigkleber hilfreich, da er kapillar in die Fuge einläuft und dort die verbindende Kunststoffmasse entstehen lässt, und die Fuge schließt. Hiernach lohnt sich in jedem Falle noch das Heraustrennen der Querruder, so dass diese später mit einem feinen Lichtspalt wieder in Position gebracht werden können. Der Zusammenbau des Flügels erfordert nun ein wenig Aufmerksamkeit, da die Querruderaussparung keilförmig geschlossen werden muss. Jetzt die Randbögen abrunden und die Fahrwerkgondel-Abschlusshauben auf den Landeklappen neu anpassen, da nach 7 mm Verkürzung der Fahrwerkgondeln neue Konturen entstehen.

Sind alle Klebungen an den Tragflächen gut getrocknet, können die Oberflächen geschliffen und die Blechstöße und Zugangsdeckel durch Scriben (Einritzen) dargestellt werden. Nach Abschluss dieser Arbeiten müssen die hinteren Spitzen des Flügel-Rumpf-Überganges im Rumpfinneren mit Gießharz aufgefüllt werden, um die Einstrakung des nun 7 mm schmaleren Flügels entsprechend nach vorn zu verlegen. Dies geschieht am besten am trocken zusammengesteckten Modell mit Hilfe eines langsam laufenden Graviergerätes mit domförmigem Schleifaufsatz.

Im Rumpf ist wieder der Ausbau des Besatzungsraumes fällig. Wie erwähnt, gibt es hierfür einen schön detaillierten Foto-Ätz-Teilesatz. Ich nutze diesen als Muster oder Schablone zum Herstellen der Einzelteile aus Evergreen-Plastik und baue lieber die Details materialkonform auf. Da auch bei der Do 17 von Frog (später Do 215) analog die Inneneinrichtung fehlt, habe ich gleich beide Innenausstattungen parallel gefertigt und eingepasst, mit dem kleinen Unterschied, dass bei der Do 215 die Foto-Aufklärer-Ausstattung mit den Filmkassetten ergänzt wurde.

Sind diese Arbeiten abgeschlossen, geht es routinemäßig aus der Schachtel weiter: Innenanstrich, Rumpf zusammenbauen, Flächen und Leitwerke anbauen, Instrumententafel und letzte Details ins Cockpit und dann die vorderen und unteren Verglasungen anbringen.

Für die Motoren nehmen wir die vom Flügel abgetrennten Motorverkleidungen, kleben deren Hälften zusammen und setzen einen eigenen BRAMO-Fafnir, z.B. aus der Revell BV 222, knapp hinter die Klebekante für den vorderen Verkleidungsring ein. Die Motorandeutungen in diesen Nasenringen haben wir vorher entfernt! Sitzen die Motoren angestrichen am Platz, kleben wir nun die strahlenförmig vom Getriebe zur Verkleidung ragenden Verkleidungsträger in Position. Hierbei ist der noch fehlende Nasenring sehr hilfreich, denn auf die Klebekanten können die Streben gut in kleine Kerben eingeklebt werden. Ist der Nasenring angeklebt und die Klebung gut getrocknet, können die herausragenden Streben abgeschnitten und verschliffen werden. Ansaugstutzen ankleben und beiseite legen.

Nach dem Abkleben der Verglasung das »Gewächshaus« mit Maskol aufkleben, dann kann der Anstrich beginnen. Hier sollte man wegen der Sprühschablonen allerdings noch auf die Kleinteile wie Antennen, Ausgleichsgewichte, Waffen verzichten.

Der Anstrich ist bei den Flugzeugen Do 17 Z und Do 215 der übliche RLM 70, 71, 65, wobei ich leider in meinem Falle das Schwarzgrün von Gunze zu wenig aufgehellt habe.

Nach dem Anstrich Markierungen nach Wahl, wobei die Monogram-Abziehbilder eigentlich unbrauchbar, die von Frog und die neuen von Revell hingegen phantastisch sind.

Nach der Klarlackversiegelung wird die Kabine vom Rumpf getrennt, die Abklebungen vom Glas entfernt und nach dem Waffeneinbau erfolgt der endgültige Cockpitabschluss. In diesem Stadium verwende ich gerne den klaren Uhu-Plus Zwei-Komponenten-Kleber. Zum Abschluss Antennen und Ausgleichsgewichte und die obligatorischen Nutzungsspuren-Simulation, besser bekannt als »wheathern«, und fertig ist das Modell zum Anbau der Fahrwerke und Fahrwerktore. Hier bietet das Monogram einen viel zu flachen, völlig falschen Fahrwerkschacht, der entfernt werden kann (siehe Flügeltrennung) und durch Eigenbau aufgebaut werden sollte. Motoren und Propeller dran. Geschafft.

Zur Do 215. Bei dem Revell/Frog-Bausatz ist die Tragflächenform korrekt, aber es müssen die Querruder entfernt und neu aufgebaut und die Sicken vor allem am Randbogen verspachtelt und verschliffen werden. Nach diesem Basismodellbau kann man die Blechstöße scriben (einritzen) und nun die aus dem Airmodel Vacu gebauten Motorgondeln anbauen. Ich für meinen Teil habe nur einen Motor und eine Fahrwerkgondel gebaut, diese dann in RaiRo-Silkonform abgegossen und zwei Resin-Kopien erstellt. Diese Methode birgt den Vorteil, bereits die Basis für weitere Umbauten zu haben.

Aufwändig beim Anbau der Motoren an die Flügel ist in diesem Falle die Einstrakung der Motorverkleidung an die Flügelnase. Die Ölkühler unter den Flügeln sind kleine Kisten aus Plasticard. Der Rest des Baus ist Standard.

Bei allen Modellen sollte man überlegen, die Reifen durch eine Lage Plasticard um 0,5 mm breiter zu bauen. Für meinen Geschmack sieht dies echter aus, auch wenn die Schieblehre die Breite der Reifen aus den Bausätzen bestätigt. Der Durchmesser der Reifen bei Monogram sollte in jedem Falle reduziert werden, auch wenn hierbei das Profil verschwindet. Zu erwähnen ist noch, dass sich die Beschaffung der Falcon-Verglasungen für alle Varianten lohnt, da sie einen klareren Blick in die aufwändig detaillierten Cockpits erlauben.

Weitere Umbauten bieten sich an: Mit den Motoren der Do 215 mit verkürzten Gondeln an die Do 17 E besteht die Basis für Do 17 V8, deren lange Glasnase wir vom Intermodell-Bausatz oder scratch bauen. Mit dieser Glasnase kann man auch die an Jugoslawien gelieferte Do 17 K bauen, die anstelle der DB 601 die Gnôme & Rhône-Sternmotoren der Bloch 220 von Heller verpasst bekommt. Der dritte Umbau verwendet die Motorgondeln der Frogschen Do 17 Z an einer Do 17 E mit BMW 132-Motoren der Ju 86 von Italeri, fertig ist die Do 17 P. Der vierte Umbau benötigt einen verfeinerten Revell/Frog-Bausatz: die Do 17 Z3, »Kauz I«. Der erste Do 17-Nachtjäger entsteht durch Ausgießen der Glasnase mit Resin und anschließendem Rundschleifen derselben. Nach Darstellung der Waffen und des Spannergerätes (Infrarot-Nachtsichtgerät) haben wir in schwarzem Anstrich den »Kauz I«. Unter Verwendung der Do 217 J-Nase erhalten wir den »Kauz II«, unter weiterer Veränderung mittels der DB 601-Motoren den »Kauz III«. Man sieht, die relativ alten Bausätze von Airfix und Revell/Frog bieten ein erhebliches Potenzial zum Bau der gesamten Reihe von der Do 17 V1 bis zur Do 215.

In allen Fällen gilt allerdings: Der Weg ist das Ziel.